マイノリティの名前は
どのように扱われているのか

日本の公立学校におけるニューカマーの場合

リリアン・テルミ・ハタノ 著

ひつじ書房

序文

　本書は、2001年に完成した博士論文『USAGE OF NAMES AMONG MINORITIES IN JAPAN: THE CASE OF *NIKKEIJIN* CHILDREN IN JAPANESE SCHOOLS』を、その後の情報を補足して日本語に翻訳・再構成した第1部と、2008年にブラジル領事館から提供を受けたデータを基に分析した第2部とからなる。

　博士論文を基とする第1部は、ニューカマーと呼ばれる人々のうち在日ブラジル人・ペルー人の子どもたちの置かれた状況を、彼・彼女らの名前の使い方・使われ方から描き出すべく、日本国内の四つの市区町村で、1995年から2000年という20世紀末から21世紀初頭の5年をかけて実施した、エスノグラフィー調査、フィールドワークの成果である。

　研究の目的は、子どもたちの名前が学校などでどのように登録され使われているか具体的な資料を集め、それが本当に子どもたちの意思に沿うものなのかどうか、研究することであった。また、子どもたちがどのような名前を選択するのかが、国籍国の文化や言語に対する心理的態度変化の指標にもなっているのではないか、観察して確かめる意図もあった。

　言うまでもなく、日本社会にはブラジル人・ペルー人の他にも数多くのマイノリティ・グループが存在し、マイノリティの個人名の扱いは歴史を通して変遷してきた。第1部は、名前登録過程でのマイノリティの「適合化 (domestication)」が、マイノリティ・グループごとにどのような差異をもって行われてきたかを明らかにする一助となるだろう。「同化 (assimilation)」は、マイノリティ・グループに対する、組織的な働きかけによって、あるいは、無意識的な提案という形で、進められてきた。日本名の強制・圧力がどのような効果を持つのかは、日本政府の外国人管理方針が在日韓国・朝鮮人にもたらした歴史的事実を通して知ることができるが、ある特徴を持った名

前、つまり日本式の名前の使用を無意識的に提案される環境がアイデンティティの形成期にある子どもたちに深刻な影響を与えていることが、ブラジル人・ペルー人の子どもたちの間でも観察された。

　名前がどのように登録されるのか。このことの持つ意味は、これまで多くの日本人や外国人が想像していたのをはるかに越えて重大な問題であることが、本研究を通して確認できるであろう。

　また、市区町村による名前の扱い方は差異が著しく、登録状況自体にも問題があった。自分の名前や保護者の名前を、保護者の言語、あるいは自身の国籍国の言語でまだ書くことのできない子どもたちが、そのルーツを表す名前はまったく登録されず日本式の名前だけになっていたり、あるいは、発音が日本式のローマ字読みになっていたり英語読みになっていたりという具合である。このような状況は、言語的人権（言語に関する人の権利、linguistic human rights）の観点から厳しく問われるべきである。そして、日本における外国人の名前の登録手続の改善が、緊急に、かつ、注意深く実際的な計画をもって行われることの必要性が痛感された。

　第1部は全6章で構成され、各章は節に分かれている。第1章は序説的なもので、「仮説」「名前についての子どもの反応と意見」「問題と課題」「研究の目的」という四つの節で構成される。中でも「名前についての子どもの反応と意見」は非常に内容豊富な節である。子どもたちがどの形式の名前を好んでいるのか。また、環境ごとに名前を使い分けているのはなぜか。この節で紹介する子どもたちの説明が、本研究を始める動機となった。

　第2章は、本書の基礎となる理論的枠組みを示すもので、五つの節に分かれている。第1節では分析的考察に続いて文献調査を行い、第2節では本書がこの分野で占める重要性と貢献度を示す。第3節では、用語法について述べる。第4節では、WU（1999）[1] が紹介する名前の四つの変更可能性について言及する。第5節では、データの取扱いを含めた方法論を述べ、本書のために収集したデータと、さらに後の章でより詳しく分析する量的データを表に示したものとの、概括的説明を行う。

　第3章では、日本におけるマイノリティのいくつかの状況を概観し、

ニューカマー、そしてその子どもたちの置かれた状況を紹介する。

　第4章では、名付けに関するさまざまな習慣を紹介する。これらの習慣の存在を知ることは、名前に関して起きる摩擦と誤解について理解するための基礎となるだろう。日本における名前の使用に関する歴史的出来事などの関連情報についても説明し、比較のために日本の名前の配列の特徴などを解説する。日本のマイノリティの事例として、韓国・朝鮮人、中国帰国者、ブラジル人、ペルー人について、それぞれ項目を立てて紹介する。

　本研究が焦点を当てるブラジル人・ペルー人の子どもたちの名前について論じるのが第5章で、本書の核である。第1節では、日本で外国人が体験することになる官僚的手続、特に名前登録手続について紹介する。この手続は、市区町村役場など地方当局での外国人登録で始まり、子どもの場合、教育委員会と公立学校においても登録がある。公立学校へ通う子どもの場合、クラスでの体験や学校生活への参加が、全体として、彼・彼女らの教育だけでなく、日本社会に対して抱く印象そのものに影響する。第2節以降では、ある都道府県の四つの市区町村の公立学校に通う子どもたちの名前の使用について、詳細な分析を行う。それぞれの名簿の特徴、名前の形式と配列、登録可能な名前の形式、ケース・スタディ、直面した問題の概観を、それぞれ独立した形で描く。同時に説明されるのが、日本でブラジル人・ペルー人の子どもの名前が扱われる際に見られる、二つの大きな傾向である。すなわち、ブラジル名、ペルー名の「日本語化（Japanization）」と、いくつかのブラジル名の「英語化（Englishization、Anglicization）」である。これらの傾向が生じる理由は言語学的に説明されるものなので、ここでは言語学的観点も考慮した。

　結びとなる第6章では、文化の違いを克服して背景の異なる人同士が、互いの違いをポジティブに受容して共存していくための幾つかのアイデアを提案する。本章では、人の名前には単なる名称以上の意味があり、名前が文化的アイデンティティの鍵にもなることを確認する。本書が与するのは、エスニック・ネームはマイノリティの人権の一つとしてより注意深く扱われるべきだという考えである。そして、差別と闘おうと真に意図するのならその意

思表示として、さまざまなスタイルの名前の共存が自然なこととして認められる環境に変えていくことこそが良いスタートであり、マイノリティに対して「自発的に」名前を変えるよう強制するなど論外なのである。

　第2部では、2005年から2007年までに在日ブラジル領事館へ届け出のあった新生児の名前のデータを基に、日本での暮らしが、子どもたちの名付けにどのような影響を与えているか、分析を試みた。

〈注〉
1　参考文献 [123] 参照。

著者の経歴と背景

　私はブラジルの小さな村で生まれ、1歳以降の人生の大半をサン・パウロやヒオ・デ・ジャネイロという大都市で過ごした。日系二世のブラジル人で、両親とは日本語で会話し、妹弟とはポルトガル語で会話するという環境で育った。友人たちともポルトガル語で会話しており、今、振り返ると、非常に多文化的、多民族的な生活環境であった。最も仲の良かった友人たちは、中国生まれのロシア人の子どもだったり、イタリア系やポルトガル系、ドイツ系、日系、フランス系、中国系、アラブ系だったりという具合で、他にもどこ系の子かよく知らない友だちも大勢いた。「普通」とは、「異なること」だった。外見、行動、思考、衣服、食事など、皆違うということが、人にとって自然な環境だったのだ。
　私自身がずっとマイノリティだったので、社会の中のマイノリティについて常に意識させられてきた。妹と弟、そして私は、通っていた学校ではほとんどいつも唯一の日系人だったし、近所でもそうだった。通りを歩くときにはいつも「日本人(japonês)」として見られている……子どもの頃、いつもそう意識させられていた。
　そんな私がアイデンティティの危機に直面したのは、大学学部生として日本に初めて留学してきた時のことだ。両親の親戚は皆、日本で暮らす日本人で、私が訪ねるといつもあたたかく迎えてくれた。日本人は外国人に対して親切なものと、私は思っていた。
　しかし、大学生活が始まると、日本社会の違う面を目の当たりにする機会が増えていった。他の在日外国人グループに対して日本人、日本社会が与える冷遇に、私は非常に困惑した。そしてすぐに、日本社会がどういう外国人を「ポジティブ」に考え、どういう外国人を「ネガティブ」にとらえているかが、わかるようになった。私は元々、エスニシティというものに格段関心を持っているわけではなかったのだが、日本での生活経験の中で、自分を

「リリアンです」と自己紹介するたびに、自分のエスニシティというものを、いつも意識させられた。私の自己紹介を聞いた日本人は、皆、困惑の表情を浮かべるのだ。どうしてこんなアジア系の顔をした人間が「リリアン」などという名前を持っているのか、と。私が、「自分は日系ブラジル人なので」と言うと、彼・彼女らは救われたような安堵の表情に変わる。そんな体験が星の数ほどあった。この外見に加えて、私が日本語を話すからでもあるのだろうが。

　私は英文学と日本文学の学士号をヒオ・デ・ジャネイロ連邦大学で取得した。ヒオで暮らすようになってから、日系ブラジル人の子どもに日本語を教えるアルバイトを始めた。そのときの生徒2人が、家族と共に日本に移住することになり、それがきっかけで、日系ブラジル人の日本への移動に関心を持つようになった。私が在日ブラジル人の子どもの状況を調査するために来日した動機は、こうした個人的な経験に基づくものである。

　これまでマイノリティとしてずっと生きてきた経験、そして、日本に以前留学した経験は、日本語を話せないのが当たり前なのに外見だけは「日本人のように」見える日系ブラジル人の子どもたちが日本の学校で受ける待遇、置かれる境遇を心配させるには十分だった。不幸にしてその予感は的中し、それどころか、予想以上に深刻なものであった。しかし、幾度も驚かされたのは、その極めて差別的で問題のある学校環境にもかかわらず、それでもまだ学校に通おうとする子どもたちが存在することだった。そうした子どもたちのほとんどは、どんな書物に書かれているよりもはるかに効果的かつ内容豊富な「生き抜くための戦略と戦術」「異文化理解の技術」を自然に身につけていた。

　子どもたちは、私を研究者として、教員として、あるいは子どもたちとその保護者のために通訳をして有益な情報を教えてくれる人物として、信頼してくれた。彼・彼女らの信頼と、私自身が日系ブラジル人であるということが、子どもたちの経験を我がことのように感じさせた。子どもたちの経験が私の個人的な体験と重なることもたびたびあり、その度に、ほとんど調査が続行できなくなるほどだった。論文に書けない話もたくさんあったし、それ

以上研究者としては子どもに関われなくなったこともたびたびだった。「研究より先になすべきことがある」という感情に、突き動かされたからだ。

　私が子どもたちを裏切っていないことを、そして、子どもたちを取り巻く問題について少しでも多くの人が気づくきっかけにこの研究がなってくれることを、祈っている。差異を差異として受け入れることが、いまだに目新しい話として扱われているこの日本社会で。

2009 年 3 月 3 日
リリアン・テルミ・ハタノ

【略語表】

J	Japanese
NJ	Non-Japanese
JN	Japanese Name；日本の名前。
NJN	Non-Japanese Name；日本の名前以外の名前
GN	Given Name；名
FN	Family Name；姓
JGN	Japanese Given Name；日本名
NJGN	Non-Japanese Given Name；非・日本名
JFN	Japanese Family Name；日本姓
NJFN	Non-Japanese Family Name；非・日本姓
1GN	First Given Name；出生証明書での名前の配列で最初に来る名*
2GN	Second Given Name；出生証明書での名前の配列で2番目に来る名*
3GN	Third Given Name；出生証明書での名前の配列で3番目に来る名*
1FN	First Family Name；出生証明書での名前の配列で最初に来る姓*
2FN	Second Family Name；出生証明書での名前の配列で2番目に来る姓*
3FN	Third Family Name；出生証明書での名前の配列で3番目に来る姓*

(* 第2部の分析においては、GN、FN等の前の数字は、出生証明書での配列ではなく、それぞれの個数を示す。)

本書において、日本の名前、日本姓、日本名とは、名前、姓、名のルーツが日本にあると言えるものを指す。非・日本姓、非・日本名とは、それ以外の名前を指す。エスニック・ネームとは、日本とは異なるルーツを示す名前を指す。

また、「姓」と「名」を合わせて指す場合は「名前」または「姓名」を用い、「given names」を指す「名」とは区別する（第2章第3節を参照）。

目　次

序文　　　　　　　　　　　　　　　　　　　　　　　　　　　　　iii

第1部　マイノリティの名前の扱い
　　　―日本の公立学校におけるニューカマーの子どもの名前―　　1

第1章　マイノリティの名前とは　　　　　　　　　　　　　　　　3
　　1.1　名前をめぐる仮説　　　　　　　　　　　　　　　　　　3
　　1.2　名前についての子どもの反応と意見　　　　　　　　　　7
　　1.3　名前の選択をめぐる問題と課題　　　　　　　　　　　　11
　　1.4　マイノリティの名前の研究がめざすもの　　　　　　　　14

第2章　マイノリティの名前をめぐる研究の枠組み　　　　　　　　19
　　2.1　分析的考察と文献調査　　　　　　　　　　　　　　　　19
　　2.2　ニューカマーの子どもたちの名前を研究する意義　　　　32
　　2.3　名前についての用語　　　　　　　　　　　　　　　　　34
　　2.4　名前変更過程の四つの可能性　　　　　　　　　　　　　36
　　2.5　方法論的考察　　　　　　　　　　　　　　　　　　　　38

第3章　在日エスニック・マイノリティの概観　　　　　　　　　　51
　　3.1　日本のマイノリティ　　　　　　　　　　　　　　　　　51
　　3.2　ニューカマー　　　　　　　　　　　　　　　　　　　　56
　　3.3　日本で暮らすニューカマーの子どもたち　　　　　　　　60

第4章　名付けに関する習慣と背景　　　　　　　　　　　　　　　69
　　4.1　概説　　　　　　　　　　　　　　　　　　　　　　　　69
　　4.1　関連する歴史的事件と「通名」使用の社会背景　　　　　71

4.2　日本名についての基礎知識　　　　　　　　　　　　74
　　4.3　在日韓国・朝鮮人の名前　　　　　　　　　　　　　75
　　　4.3.1　朝鮮の名前の伝統　　　　　　　　　　　　　　75
　　　4.3.2　通名（通称名）　　　　　　　　　　　　　　　76
　　4.4　中国系の名前　　　　　　　　　　　　　　　　　　78
　　4.5　南米系ニューカマーの名前　　　　　　　　　　　　81
　　　4.5.1　ブラジル人の名前　　　　　　　　　　　　　　82
　　　4.5.2　ペルー人の名前　　　　　　　　　　　　　　　85

第5章　ブラジル人・ペルー人の子どもたちの学校内での名前　91

　　5.1　名前の登録手続　　　　　　　　　　　　　　　　　91
　　　5.1.1　市区町村役場　　　　　　　　　　　　　　　　91
　　　5.1.2　教育委員会　　　　　　　　　　　　　　　　　95
　　　5.1.3　学校　　　　　　　　　　　　　　　　　　　100
　　5.2　4市区町村の名簿の分析　　　　　　　　　　　　 104
　　　5.2.1　名簿の形式　　　　　　　　　　　　　　　　105
　　　5.2.2　登録された名前の形式　　　　　　　　　　　115
　　　5.2.3　登録された名前の配列　　　　　　　　　　　141
　　　5.2.4　自治体間の比較と子どもの心理　　　　　　　152
　　　5.2.5　ケース・スタディ　　　　　　　　　　　　　153
　　　5.2.6　直面した問題　　　　　　　　　　　　　　　164
　　5.3　外国人名の日本語化状況　　　　　　　　　　　　165
　　5.4　ブラジル名の英語化　　　　　　　　　　　　　　167
　　5.5　ペルー人の名前の状況　　　　　　　　　　　　　170
　　5.6　いくつかの言語学的観点　　　　　　　　　　　　170

第6章　差異の受容から未来へ　　　　　　　　　　　　　177

　　6.1　相互理解へ　　　　　　　　　　　　　　　　　　177
　　6.2　名前だけの問題ではなく：感受性、柔軟性、交渉、妥協　180
　　6.3　文化的アイデンティティへの契機としての名前　　184
　　6.4　言語的人権としてのエスニック・ネーム　　　　　187
　　6.5　結び　　　　　　　　　　　　　　　　　　　　　191

第 2 部 日本で出生登録がされたブラジル人の名前（2005–2007 年）の分析　195

第 7 章　日本で出生登録がされたブラジル人の名前　197

7.1　はじめに　197
7.2　背景とデータ　198
　7.2.1　在日ブラジル人人口の推移　198
　7.2.2　分析対象データの絞り込み　201
　7.2.3　入手データ全体に見る名前の個数　202
　7.2.4　2005 年から 2007 年に生まれた子どものデータに見る名前の個数　203
7.3　名前の配列と個数　204
　7.3.1　名前の配列　204
　7.3.2　名と姓の配列の概要　204
　7.3.1　名と姓の配列の詳細　206
7.4　登録された名前の表記の特徴　220
7.5　結論　228

付録　231
参考文献　245
謝辞　253
索引　259

第1部
マイノリティの名前の扱い
——日本の公立学校における
ニューカマーの子どもの名前——

第1章　マイノリティの名前とは

1.1　名前をめぐる仮説

　経済のグローバル化の進展は、各地の産業構造・社会構造のみならず労働力市場にも混乱と摩擦、激変をもたらし、労働力の大規模な移動を生じさせている。現代のほとんどの社会が、この労働力移動の影響を受けている。

　現在の日本が経済大国であり、開発途上国の経済的・政治的状況に対して有する直接的な影響力に見合う指導力を求められているのは、否定できない事実である。日本が指導力を発揮した典型が、「単純労働者」の、ただしその多くは日系人とその家族（日本人の子孫）[1]の、入国を促進しようという意図でなされた出入国管理及び難民認定法（以下、入管法）の1989年改定であった。

　OGBU(1991)とOGBU(1994)[2]によると、マイノリティ[3]には「自発的」と「非自発的」の二つのタイプとで明確な違いがあるという。学校の勉強の到達度に関してマイノリティの子ども同士の間に見られる差異を説明するために、OGBUは、マイノリティ・グループを「自発的」タイプの移民マイノリティ（immigrant minority）と、「非自発的」タイプの非・移民マイノリティの二つに分類する。OGBUによれば、移民マイノリティとは、生まれ育った社会から他の社会へ自発的に移動した人々で、移民することによってより良き機会、経済成長、より良き目標到達がなされると信じて移民をした人々である。対照的なのが、移民ではないマイノリティ・グループ（非・移民マイノリティ）である。彼・彼女らが、現在の状況に至った背景

には、奴隷制や征服、植民地支配などがある。その例として、在日韓国・朝鮮人や部落民[4]が挙げられている[5]。

OGBU の分類で広くとらえるなら、外国からやって来る移住労働者は、「自発的」な移民マイノリティということになるだろう。しかし、移民マイノリティの子どもたちの「自発性」の程度については、疑問を呈さざるをえない。言い換えるなら、こうした子どもたちが移住するのは、親に伴われた結果なのが常であり、移住を決定するにあたって相談されたとしてもその最終的意思決定プロセスに子どもたちが参加することは稀なのである[6]。

本書では、マイノリティと向き合わねばならなくなった現代産業国家の一つである日本に焦点を当てる。日本の歴史の中で、マイノリティにどのような処遇が与えられてきたかは、時代によってもさまざまであるし、マイノリティ・グループの歴史的背景によってもさまざまである。しかし、本質においては共通する点がいくつもあり、名前の使用について調査・分析することからその共通点が浮かび上がるだろう。

名前に関する伝統が異なるグループが移民を通じて出会うとき、何らかの衝突が起きることは想像しやすい。本研究は、名前の登録過程において、「同化（assimilation）」「適合化（domestication）」を強いる圧力がさまざまなレベルで、さまざまなマイノリティに対して、どのように向けられてきたかを、特にニューカマーに注目して、示す。

名前のスタイルの強制、あるいは、ある特徴を持った名前を選ばねばならなくなるということは、日本社会で不利な立場に置かれた人々が「同化」を強いられていることを示す徴候である。そして、名前がどのように登録されるかが持つ意味は、ほとんどの人が思っている以上に重大なものなのである。

　　アメリカ人の名前についての著書を幾つも持つ Elsdon Smith によると、人名の正しい綴りと発音は、この問題に関する最高の権威、つまり、その名前の持ち主である本人の希望にこそ、結局は基づくべきなのだ。Louie (1998: 7)[7]

理論的にはすべての子どもは自分の名前の持ち主であるはずなのに、子どもの意思に関わりなく、何が子どもの最善の利益であるかを判断する誰かによって、名前に関するたくさんの決定がなされている。同じ文化圏内での「移動」であれば、名前の使用に関して問題状況に直面することは少ないが、名前について異なる伝統を持つ国や文化圏に移動をしたときには、さまざまな問題が生じる。そしてそのような状況下では、子どもが自分で名前の使用について決定できるほどの成人になるまでは、ほとんどの決定は第三者によってなされるのだ。

　たとえば、子どもが自分の名前に感じているアイデンティティについて、名前登録の際に尋ねられることはまずない。考慮されるとしても、関連するたくさんの問題の中に合わせて入れられ、名前の公式登録のための簡単な方法で処理されるだけだ。もし子どもが、その新たな住居地における一般的な形式の名前を選択しようとすれば、登録担当者は、新しい環境に適応しようという子どもの強い意思の現れだと解釈するかも知れない。しかし、子どもたちの事例を見ると、力関係の違いがほとんどの決定において重要な役割を果たしていることがわかる。親、兄姉、学校の教師、保護者が働く派遣会社の担当者、通訳、世話人、そして教育委員会のような機関が、子どもたちの名前の使用の決定に重要な役割を果たすのである。本研究は、子どもたちの名前の好みが、名前登録に際して必ずしも尋ねられてもいないし優先されてもいない実状を示す。

　当初、筆者は、ブラジル人の子どもが日本の学校に溶け込もうとする際に生じる多様な文化摩擦に焦点を当てたフィールドワークを行っていた。その過程で、学校で使われている子どもたちの名前と、教育委員会で登録されている子どもたちの名前が異なることを発見した。研究を進めると、保護者や教師が、そして子どもの幾人かは自分自身で、さまざまな理由から意識的にあるいは無意識的に、ある形式の名前を選択し、あるいは名前を変更していることがわかってきた。そして、その選択や変更は、彼・彼女らの姿勢と社会の課してくる同化圧力の双方を反映したものと言えるのではないかと考えるに至った。

WU（1999: 22）[8]は、「アジア系移民が、アメリカ合衆国への他のすべての移民たちと同様に、適応の一手段として名前についての戦略」をどのように変化させたかについて、議論を展開している。彼女のこの研究は、名前の選択の根底に横たわる同化とアイデンティティに焦点を当てるという点で、日本におけるニューカマーを対象とする本書と関心が共通する。しかし、日本における南米人の場合、彼・彼女らが祖先の国、つまり19世紀末から20世紀半ばにかけて祖先が旅立った国にやって来るという点で、より複雑な面がある。ヨーロッパやアメリカの移住労働者と違い、南米からのニューカマーの多くにとって、日本は、単により良い生活の機会を求めて訪れるだけの場ではない。それは自分の原点を探す旅の目的地であり、その旅はブラジル人やペルー人としての、あるいは日系人としてのアイデンティティを再構築するための旅でもあるのだ。

　祖先とつながるその国において、子どもたちの名前の選択に、社会がどのような圧力を加えているのか。一般的に言って、日本社会は、統一化（uniformity）と等質化（equalization）とをおおいに優先する社会である。表面的なものについてでさえ、統一性と等質性を維持するために多大な努力が集中される[9]。学校環境の中では、統一化と等質化に向けた努力が、ニューカマーの子どもがマジョリティ・グループにより積極的に受け入れられやすくするのに役立つとの信念から、名前に関しても展開される。表面的な統一が一旦達成されさえすれば、子どもの新環境への適応に役立つと考えられているのである。その際、子どもが名前の変更を強いられているという単純な事実は、意識の外にある。生まれたときに名付けられた名前や、慣れ親しんでいる名前を、自分以外の誰かの発案で別のものに変えねばならない。そのような状況が名前の持ち主である子どもに苦しみや悩みをもたらす可能性のあることなど、考慮されていない。

　子どもが呼ばれたいと思っている名前や自分を表すものと考えている名前は、保護者が選ぶ名前や、時には教師が選ぶ名前とは、違っていることがある。そしてその選択は、子どもへの相談なしになされることがある。このような現実は、自分の背景にある文化に対する子どもたちの態度に強い影響を

及ぼす。再構築するはずだった「日系人としてのアイデンティティ」にも、当然、影響する。

本研究は、来日前に使っていたのとは違う新しい名前の選定が、社会の主流（メイン・ストリーム）メンバーから「無意識的に提案される」とき、日系人の子どもの同化プロセスを決定的に加速することを示す。本研究のために行った子どもたちへのインタビューを通して実感したのは、日本で暮らすマイノリティの子どもたちが自分たちの文化に背を向けて主流文化に接近していくプロセスは、名前の選定から始まる、という現実であった。

1.2　名前についての子どもの反応と意見

初対面の人同士が出会ったとき、最初に交わす質問の典型例は「お名前は何ですか？」だろう。この問いに対する答えは極めてシンプルだと思う人が多いだろうが、日本にいるブラジル人・ペルー人ニューカマーの子どもたちが問われた場合を想定するなら、答えはけっして単純なものではない。

以下に紹介するのは、ある中学校での取り出し授業中[10]に、筆者がある女の子とポルトガル語で交わした会話の再現である。その日の取り出し授業では、その女子生徒と筆者、日本語指導の教師の3人だけが教室にいた。

筆者　「私の名前はリリアンです。あなたの名は？」
生徒　「どの名前を知りたいの？」
筆者　「私にはどう呼んでほしい？」
生徒　「う～ん、学校で？　それとも学校以外で？」
筆者　「学校で」
生徒　「じゃあ、ヨシコって呼んでください」
筆者　「学校の外ではどう呼ばれたいの？」
生徒　「家と一緒で、ジョアナって呼んで」
筆者　「どうして違うの？」

生徒 「理由はわからないけど、学校ではブラジル名で呼ばれたくないの」

　これほど単純な質問の答えでさえ、受け手によって、あるいは質問者や状況によって、非常に複雑なものとなるのである。これがもし日本人相手に質問されたのであれば、ほとんどの場合、答えも単純であり、姓名両方か、そのどちらかのみが返ってくるであろう。しかし、上記の会話の少女の反応は、非・日本人が同じ文化背景を持つ者から名前を問われた時さえ、日本においては答えが複雑なものとならざるをえない場合があることを示している。

　その後、他の子どもたちに同じ質問したときも同様であった。名前を問う質問に対する返答は、しばしば別の質問となって返ってくるのである。たとえば、「どの名前が知りたい？」「ブラジル名、日本名？」「本当の名前、それとも日本の名前？」といった具合に。

　筆者は、そのような反応が生まれる理由を理解しようとした。会話自体はどれも名前を尋ねる単純な質問から始まっていた。そして気づいたのは、自分自身の名前に関する意見や考えが子どもによって違う背景には、二つの理由があるということであった。一つは、彼・彼女らは自分自身の名前に最も関心を持っているグループだからということ。もう一つは、彼・彼女らはこれまでに日本でそれぞれ独自の体験を積み重ねてきたからということ、である。

　以下は、本書の基礎となり出発点となった、子どもそして保護者たちが実際に話してくれた意見とコメントである。

・「日本人とは親しい友だちになれない。だから、ブラジル名で日本人には呼ばれたくない。学校ではみんなぼくを日本名で呼んでる」（十代のブラジル人少年）

　この少年は、家庭において両親や姉との間でもほとんど日本語で会話をしていた。来日してからはブラジル名が彼ら家族を指すものとして使われるこ

とはなくなっていた。にもかかわらず、彼はブラジル名について言及した。彼にとってエスニック・ネーム (ethnic name)[11]で呼ばれるのは親しさの印であり、ポルトガル語で話ができ、お互いにブラジル名で呼び合える、ブラジル人の友だちが欲しかったのである。しかし、彼の家族はブラジル人コミュニティーから孤立しており、最も愛着を持ちアイデンティティを感じている名前で呼んでくれる人に出会う機会はなかった。

・「彼ら（日本人）はぼくの名前（ブラジル名）を正しく発音できないから、正しく発音できる名前で呼ばれる方がいいんだ」（十代のブラジル人少年）
・「誰もぼくの名前をちゃんと発音できないんだ。日本ってとっても発展してるけど、そうでないものもあるみたい。おかしいよね。ぼくの名前を正しく発音するっていう、こんなに簡単なことが、どうしてできないんだろう？」（小学校に通うブラジル人少年）
・「どの名前かなんてどうでもいいんだ、ブラジル名も日本名もぼくの名前だし、どっちも好きだから」（小学校に通うブラジル人少年）

　エスニック・ネームで呼ばれるか日本名で呼ばれるかに特に関心がない子どもたちもいる。そういう子どもたちは、どちらも自分の名前で好きだから、と説明する。

・「日本にいる間は日本の名前を使う。ブラジルに帰ったら、ブラジル名を使うつもり」

　どの国に住んでいるかで名前を切り替えるという、非常に実用的な考えを持つ子どもたちもいる。日本にいるから日本名を使い、でもブラジルに帰ったら再びブラジル名を使おうと考えている子どもたちである。

・「家に居るときと、友だち（日本人の同級生は含まれていない）と居るときは、ブラジル名を使ってる。学校では、（日本人の同級生や先生との間で

は）日本名を使ってる」

　非・日本名を使うか日本名を使うか、場面や相手によってはっきりと区別している例である。

・「幼稚園に迎えに行ったとき、ブラジル名で呼びつづけても私の方にやって来なかった。いつもはブラジル名で呼んでいたんだけど。それで、呼び方を変えざるをえなくなった」（幼稚園に通う子どもの保護者へのインタビューで）
・「私のことを名前で呼ばないで、名字（姓）で呼んで。日本ではみんな名字で呼ぶものなのよ」（中学生の少女）

　異なる背景を持つことを知られたくない、知られるのが恥ずかしい、と感じる子どもたちがいる。ブラジル人の子どもの幾人かは、周囲の人々から区別されたり違った形で呼ばれたりするのを望まない。周囲の人が姓で呼ばれていれば、自分も同じように姓で呼ばれたいと言う。
　日本名を持っていない子どもの中にも、日本の姓で呼ばれたがる子どもがいる。日本人同級生に囲まれた状況を思えば、理解できる。しかし、同じ文化的背景を持つ人々の中にいて、皆が名で呼び合っている時でも、姓で呼ばれたいという子どもたちもいる。

・「私のブラジル名が日本人に発音されると、変な意味の別の単語になってしまう。私のブラジル名を日本で使うのはイヤ」

　自分の非・日本名が日本語の単語に関連づけられるのを知って、非・日本名を使いたがらない子どもたちがいる。名前が別のものに結びつけられるのを嫌ったり、その日本語の単語の意味自体が嫌だったりするのである。
　ある少女は、自分のブラジル名の一部が日本語では動物に関連づけられるので、ブラジル名を使いたくないと語った。その彼女がブラジルに住んで

いたとき、逆のことが日本名に関して起きていた。彼女の日本名は「こ」/ko/ で終わるのだが、日本の女性の名としては一般的なこの末尾が、彼女の母語であるポルトガル語では、男性名の末尾として使われるものなのである。つまり彼女の日本名は、ブラジルでは普通は男の子の名前と認識されてしまうので、彼女は、ブラジルでは日本名で呼ばれるのが嫌だったというのである。異文化の中における名前に関して起きがちな現象なのであろうが、子ども本人にとっては極めて深刻で重大な問題である。グローバル化が進展した結果、子どもの命名に際しては、どの社会でも受け入れられやすい名前を選ぶという、そんな視点も必要な時代に突入したと考えるべきであろう。

1.3　名前の選択をめぐる問題と課題

　ここで少し、外国、中でもブラジルやペルーなどから日本に到着したばかりで、この国で話されている言葉のわからない保護者が、子どもたちが学校に通えるようにと、教育委員会で登録をしようとしている状況を思い描いてみてほしい。

　新しい学校環境に何を期待できるかがわかっていないという不安や、登録手続において生じるコミュニケーションの問題はひとまず横に置くとする。教育委員会で、保護者はまず、二つの質問を受けることが多い。一つは、子どもの年齢についてである。これは、日本の学校のどの学年に入るかを決めるうえで必要な情報である。来日したばかりの保護者でも、その質問の意味・意義はすんなり理解できる。だが、もう一つの質問はそうはいかない。その問いとは、「名前はどうするか」である。

　到着したばかりの南米出身者にとって、問われる目的と意味がきわめて不明確でわかりにくい、非常に難しい質問である。正式な名前があるのに、それをどう登録したいかが問題になるとはどういうことか、意図がまったく見当もつかず、保護者は困惑することになる。

　なぜこのような質問がなされるかというと、日本人の名前は、普通、一つ

の姓と一つの名で構成されている。そこで、日本人の名前に合わせて作成された日本式の登録用紙に名前を記入するために、二つ以上の名や姓を持っている人に対しては、使いたい姓と名をどれか一つずつ選ぶよう提案されるのである。そこには、名や姓の数だけではなく登録する姓名の形式も含めて統一しようとする目的がある。

さらに学校でも保護者と子どもは教師から再び尋ねられることがある。「学校ではどちらの名前を使いたいですか？」

実際の質問の仕方はさまざまでも、核心は同じである。名前の使い方についてのこれらの質問は、ブラジルやペルーなど複数の名と姓を持つのが一般的な文化圏から日本にやって来たニューカマーには、非常に奇妙に映る。質問は、使う名前かその形式を選択するのが義務なのだと暗示している。「学校ではそうする必要があるのだ」と解釈することも可能だし、「名前の書き方[12]が十分なものではないので何かを変える必要がある」とほのめかされていると見ることもできる。

名前の選択を強いる理由を筆者が尋ねたところ、教育委員会や学校の担当者が必ず挙げる「問題」が、ペルー人やブラジル人の名前は長すぎるということであった。他に、自分の民族的背景・ルーツを秘密にしておきたいという外国人[13]がいるので、エスニシティ（ethnicity）を示す名前を知られてもよいかどうかを確認する必要がある、というものもあった。エスニシティの感じられる名前の代わりにより日本風の名前（more Japanese-like name）を使うのを選ぶ方が、マジョリティとは異なるという問題を解決するための最も容易な方法だと、考えられているようである。しかし、名前の形式の選択に関しては、さまざまな論点や多様な感じ方、意見があり、それらは注意深く配慮すべきものである。たとえば、保護者がより日本風の名前を選んだ場合、その選択をどう受け止めるべきか。ルーツを秘密にしておきたいからというケースもあるだろうが、必ずしもそうとは限らない。保護者の中には、子どもが日本人の子どもたちやその親、教師たちによりあたたかく迎えてもらうための戦略として、日本風の名前を使い、自分たちはマジョリティである日本人と同じ背景を持つのだと強調しようとする者もいるのである。ま

た、「新しい環境に完全に適応したい」という意思表明があったのだと解釈できる場合もあるかも知れない。あるいは、日本風の名前にすることで、受入側の人々にとって子どもの名前を覚えやすくあるいは呼びやすくするという、思慮に満ちた戦略なのかも知れない。しかし、これまで使っていた名前から日本風の名前への変更の過程に子どもが参加せず、子ども自身がどう呼ばれたいかが顧慮されないならば、名前の変更は重大な問題を生みかねないのである。

ここで、「均質的」な環境の中にやって来た「異質の存在」という状況を解決するための現実的な方法と考えられていることが、より困難な問題を将来生むことになるのではないかが、問われねばならない。学校に入る時に、複数の名前の中から一つだけを選んだり、特殊な形式の名前を選んだりしなければならないということは、「異質な存在」であるということ、すなわちニューカマーの子どもであるということは肯定的な意味を持つものではないのだと、受入側社会が鮮明に宣言しているに他ならない。そこでは、この社会の主流（メイン・ストリーム）とは異なった背景や経験、視点を有する彼・彼女らが、その存在自体によってこの社会を豊かにするうえで貢献するだろうという肯定的な受け止め方が直ちになされることなどないのである。

誰もが気づいているように、名前とは、人を互いに識別するためだけのものではなく、人にアイデンティティを与え、また、社会的属性やルーツ、帰属意識を示すものでもある。すべての文化が名付けについてそれぞれのルールを持っており、そのような独自性は尊重されるべきであるだけでなく、マイノリティにとっての個人の権利として、マジョリティ・グループによって受け入れられるべきものでもある。不幸にしてその権利は、グループ間の地位の格差が大きいところでは顧慮されないのが常である。名前の選択と変更を迫る圧力は過去も今も、意識的にせよ無意識的にせよマイノリティに課せられており、将来の問題をも明らかに生み出しつづけている[14]。本研究は、子ども自身のあずかり知らぬところで行われることさえある、マイノリティの子どもの名前の変更に関する事例を詳細に描き出す。

1.4 マイノリティの名前の研究がめざすもの

　本研究の目的は、在日ブラジル人・ペルー人の子どもたちの名前の使用について分析を行うことである。その際、子どもたちの使っている名前が本当に子どもたち自身の好んでいる名前かどうかに着目する。アイデンティティの形成過程の年齢層にある子どもにとって、アイデンティティとはまさに現在進行形で確立中のものである。日本における名前の選択が、子どもたちの言語や文化に対する態度の変化の指標になるということを、呼ばれ方に関して子どものとる戦略を描くことで示す。

　もう一つの目的は、日本で暮らすマイノリティの子どもたちの名前の登録過程に影響を与えるさまざまな力関係、権力関係について考察することである。その前提として、さまざまなマイノリティ・グループが日本社会の中で置かれた状況の概要や、彼・彼女らが日本社会で歩んできた歴史的背景のあらまし、そして、名前について異なる伝統を持つ外国人の名前登録手続について概観する。その際、名付けの伝統に変更を加えることに関するグループ間の経験、態度と理由の相違に着目する。

　研究の焦点はニューカマーの子どもたちの公立学校での状況に当てる。なぜなら、日本で暮らすニューカマーの子どもたちの事例において、彼・彼女たちのエスニック・ネームを扱う場合に問題が存在していることを示すのが、本研究の主要な目的だからである。それは、在日コリアンたちが直面しつづけてきた問題でもある。本書が、日本においてのみでもなくニューカマーについてのみでもなく、他の社会で暮らし同様の状況に置かれた他のマイノリティについての今後の研究に示唆を与えることを期待している。

　筆者は、フィールドワークに基づくこの研究が、最も関心を持ち関わりを持ちながらも最も声を聞かれることのなかった子どもたちの声を集めることで、さらなる研究へのヒントとなってくれるよう願っている。同時に、子どもたちが新しい環境にどれほど適応したがっているのかを読者に理解してもらううえで貢献することを願っている。ニューカマーの子どもたちも、普通の人間として、周囲の人々に受け入れられたいと思っている。友だちに囲ま

れ、自分が価値ある存在だと認められたいのである。しかし、フィールドワークを通して目撃した子どもたちの歩む道のりは、生易しいものではなかった。ほとんどのケースで子どもたちは不利な状況からスタートしなければならなかった。しかも、新しい環境に慣れてくるや否や、自分が最も誇れるものが歓迎されないでいることに気づきはじめるのだ。自分たちの文化は尊敬されず、言語は関心を持ってもらえず、たとえどんなに努力しても、自己のルーツに対する尊敬や尊重を勝ち取ることはできず、自らを普通の人間として認めてもらいたいという望みは永遠にかなえられないかに見えた[15]。そのような厳しい状況の改善に向けた動きに、本研究が役立つことを切に願う。

なお、ここで明らかにしておかねばならないのは、個人がどの名前を選ぶのが最良の選択であると指摘するとか、その選択をしなかった人々を批判するなどということは、筆者の意図するところではまったくないということである。そのうえで、本書では、考慮すべき基本的な問題が幾つかあること、そしてそれは外国人の名前を扱おうとするあらゆる社会にとって共通する問題であるということを示したい。そして主要な問題がどこにあるのか、外国人の名前を日本において扱う際の現実的な解決方法としてどのようなものがあるのかも、示すつもりである。

どの社会にあっても、生まれた子どもの名前は、親や親戚、その子の世話をする共同体が最大の配慮を持って名付ける。この意味を噛みしめるなら、他人の名前を扱う時には一層の注意がなされてしかるべきであろう。マイノリティの名前を扱う場合には一層の柔軟性と注意がなされるべきである。特に学齢期の子どもの名前を扱う場合には、なお一層の倍加した感受性が求められるのである。

〈注〉
[1] 現在では「日系人」という語は、主にブラジル、ペルーといった南米諸国から一時的な労働のために来日した、日本人の子孫とその家族を指す語として使われることが多

い。家系が日系の場合も含むため、日本人の血統的子孫でなくても、その配偶者らも、ここで使う意味での「日系人」に含まれる。すでに日系移民の六世代目となる日系人も生まれている。本論文での用語の扱いについては、第2章3節「用語」を参照。

〈2〉 参考文献の［79］［80］を参照。

〈3〉 本書におけるマイノリティの定義は、SKUTNABB-KANGAS, T. R. PHILLIPSON (1995)［102］の以下の定義に従う。「マイノリティ・グループは、国家人口の中で少数派であり、その構成員がエスニシティに関して (ethnic) あるいは人種的・宗教的あるいは言語的に他の集団とは異なった特徴を有し、表明するか否かを問わず、自らの文化と伝統、言語を守ろうという意思に導かれる。この定義にあてはまる集団はすべて、エスニシティに関してまたは宗教的あるいは言語的なマイノリティ・グループとして扱われるべきである。この定義に従う限り、マイノリティ・グループであるかどうかは国家の認定に関わるものではなく、（定義にあてはまればいいだけなので）"客観的に"、あるいは（本人の個人的選択に従うことで）"主観的に" も認定できるのである」。本書では、エスニシティについて議論しないが、エスニシティについてのより一層の議論については PETERSEN W.〈他〉(1982)（参考文献［87］）を参照。

〈4〉 人種差別撤廃条約が定義する「世系による差別」に部落差別は該当すると考えられるが、日本政府はそのような解釈に消極的である。

〈5〉 この問題に関する英語の文献としては NEARY (1997: 53)（参考文献［75］参照)、WEINER (1997)（参考文献［120］)、DE VOS (1992)（参考文献［13］）などがある。

〈6〉 志水 (2000)（参考文献［98］）は、OGBU の文化モデルを日本で暮らすニューカマーに当てはめて論じている

〈7〉 参考文献［52］。

〈8〉 参考文献［123］。

〈9〉 在日韓国・朝鮮人の名前と歴史についての、伊地知 (1994)（参考文献［33］）などを参照。

〈10〉 取り出し授業とは、ニューカマーの子どもたちを週に数時間、通常の授業から特別に分離して実施する授業で、日本語使用に困難があると見なされた子どもの在籍する学校の多くで採用されている指導形態である。一般的には、日本語の知識が多く必要だと判定された科目、つまり社会や理科、国語（日本語）の時間に行われる。地域によっては「抽出授業」と呼ぶところもある。

〈11〉 本書において、エスニック・ネームとは、日本とは異なるルーツを示す名前を指す。

〈12〉 たとえば、自分が慣れ親しんだ名前の書き方や、パスポートや出生証明書、公文書など、人物の同一性を証明する文書に書く場合の名前の書き方。

〈13〉 主に在日韓国・朝鮮人のこと。ただし、彼・彼女らの数世代に渡る体験は、ブラジル人、ペルー人らニューカマーの経験とはまったく異なっている。

〈14〉 JERNUDD (1995)（参考文献［35］）参照。個人名は人権に関連するという議論を展開している。

〈15〉 日本の公立学校におけるブラジル人ニューカマーの子どもたちの状況について書かれた、公刊されていない HATANO の修士論文 (1997)（参考文献 [23]）参照。

第2章 マイノリティの名前をめぐる研究の枠組み

2.1 分析的考察と文献調査

　本研究は、西日本のある県の四つの市区町村の公立学校で実施されたエスノグラフィー調査に基づくものである。ニューカマーの子どもたちの名前がどのようにして登録されるのかを示し、エスニック・マイノリティの選ぶ名前がどのようなものであるかを、主に学校環境の中の事例を採り上げ、示す。保護者や教師あるいは行政職員が、子ども自身が関わることは稀なまま、子どもの名前をどう登録するかを決定し、また、日本の学校システムへの子どもの適応に向けた戦略を決定している実態を明らかにする。

　日本における他のマイノリティもそれぞれ名前に関する問題に直面させられているが、本研究は、在日ブラジル人・ペルー人の直面している諸問題が、歴史的には異なる背景を持つがやはり日本で暮らしてきた他のエスニック・マイノリティの経験と共通する面があることも明らかにするであろう。

　名前が社会言語学的な情報を与えるものだという事実も、大きな重要性を持つ。GARDNER (1999)[1]は、ボツワナでの英語使用に関して、個人名の持つ社会言語学的な資源がいかに無視されてきたかを指摘している。彼は、最広義の言語の中に名前を含めない社会言語学を批判している。

　本研究によって、個人が所属するグループのメンバーたちによって名前を選別されたり名前の使い方を変更されたりするという現象の根底には、その個人の背景にある「文化」に対するある種の態度が存在することが示されるだろう。ただし、本研究は、社会言語学用語で言う意味での言語的態度[2]

についての研究を意図するものではない。本研究が示すのは、あるエスニック・マイノリティの一員であるということ、つまり、多数派とは異なる文化的背景を持っているというエスニック・アイデンティティが、子どもたちの態度に関連性を有しているということである。

文献調査の結果は、名前が重要な情報の宝庫であることを示している。田中(1996)[3]は、人が日常生活の中でどれほどたくさんの固有名詞に囲まれているかを論じている。彼は、人類の歴史を振り返って、名前の意味の理論的分析の必要性を感じたという。

> つまり、個人の名であっても、その名を作っている民族という集団への帰属を示している点で、決して、個人のレベルにとどまることはできないのである。(田中、1996: 11–12)
>
> まさに、名前に、アイデンティティというものの二重性がある——自分は自分であって、それ以外のものではあり得ないと主張される自分は、他方ではどこかに所属している(どこにも所属しないことが、すでに所属である。人はこの独特の所属のしかたにもまた名をつけるであろうから)、あるいは所属せざるを得ないというこの原理は、名づけ、すなわち、ことばの原理そのものから発しているように思われる。(田中、1996: 13)
>
> 日本の国内ですら、慣れ親しんだ名前でなければ異様さが感じられる。聞いたこともない異様な名は、おそらく慣れないことば、慣れない習慣などと一体になっているだろう。これらのことを考えれば、固有名詞は、その名を帯びている人や物を孤立させるというよりは、より多く、所属をきめる目じるしの役割をはたしていると言えるであろう。(田中、1996: 87)

田中が指摘するように、名前の使用には、社会的アイデンティティの二つの側面が関係している。一つは、個人を他の個人と区別する、個人のアイデンティティの側面。もう一つは、グループのアイデンティティ、つまり、個々

人を彼・彼女が属している複数のグループに結びつけるものという側面である。ただし、田中は、異なる観念や意見を持つグループ同士が出会った時に生じる問題についてまでは、議論を展開していない。

本書全般の分析における枠組みは、学際的なそれであり、一つの研究領域の枠内に止まらないものである。名前に関する本書は、命名学（onomastics）[4]の分野において、あるいは現代日本についての研究、マイノリティについての研究、異文化間研究、言語的人権（Linguistic Human Rights）、日本語教育、マイノリティ教育などにおける重要な諸問題に迫ることになる。これら諸分野の研究は広範に渡るが、本書は、幾つもの分野に共通する主題についての学際的研究の実施に関して、革新的な見通しを提供するだろう。以下に、これら諸分野と本書の関連性を概説しておく。

命名学

名付けに関してそれぞれの文化が持つ異なった伝統を記述することは、それぞれの文化が名前に与えている重要性についての知識を深め展望を豊かなものとするうえで、素晴らしく豊かな情報源となる。それぞれの文化における名付けの方法や規則、名前の選択の中に、幾つもの情報が隠されていることは、あらためて述べるまでもなく、すでに明らかである。名前の中には、ジェンダーや世代、家族の伝統、宗教、血統、エスニック・バックグラウンドやルーツなど、さまざまな種類の情報が符号化され含まれているのだ。

あらゆる種類の名付け行為の内容と過程とを研究する命名学の分野における詳細な文献の存在は、名前がさまざまな領域の研究者たちの関心を呼んできたことを示している。例を挙げてみよう。たとえば、LAWSON (1987)[5]は、名前と名付けに関する1200冊もの書物の注釈付き目録を編纂している。しかもそれは、英語で出版された書物や論文を集めたものに過ぎないのである。のみならず、その後、LAWSON (1995)[6]は、目録収録文献を新たに追加して2200冊にまで増やしている。

名付けの過程に関する文献で文化人類学に基礎を置くもののほとんどは、本来記述的なものだった。ALFORD (1987)[7]が指摘したように、記述的

アプローチから説明的アプローチへの移行があったにもかかわらず、「名付けに関する系統的で文化横断的な研究の必要性は明らか」(1987: 8) なのである。ALFORD はこの使命を成功裏に完了させたが、彼の研究対象には現代の産業化された社会は含まれなかった。彼の文化人類学がカバーする領域ではなかったためである[8]。ALFORD も現代アメリカ社会の事例を採り上げてはいるが、それは文化横断的な比較をなすために過ぎなかった。

日本語で書かれた関連書籍の幾つかは、さまざまな文化圏のさまざまな名付けのシステムを紹介している。島村 (1977)[9] は、宗教文化圏に着目して姓について研究したものである。彼は、文化圏をイスラム教文化圏、ギリシア正教文化圏、キリスト教文化圏、キリスト新教文化圏、儒教文化圏、ヒンズー教文化圏、仏教文化圏など宗教によって細分化した。松本・大岩川 (1994)[10] は、特に、いわゆる開発途上諸国における名付けの伝統について紹介している。その指摘するところによれば、名前は、その人が属する地域や宗教、エスニック・グループ、そして社会的グループと密接な関係がある。また、名前は歴史的産物であり、異なる背景の者同士が接触したときや、衝突しあるいは互いに入れ替わったときなどに、変化を受けてきたと指摘している。ブラジル人、ペルー人の名前の特徴について簡単な説明もしている。

本書の主題である名前は、命名学に直接に関連するものだが、文献調査した範囲では、エスニック・マイノリティの名前の使用について、現代社会におけるフィールドワーク研究に基づき論じているものは、ほとんど見つけられなかった。名前の分析の大半は、歴史文書や墓石、電話帳あるいは出生証明書の記載に基づいていた。AKINNASO (1981)[11] や WORMSLEY (1980)[12] のように、人類学のフィールド研究者が、さまざまなコミュニティにおける名付けに関する特定の面を扱った研究があったが、それは文化人類学の領域に集中したものと言え、いわゆる現代社会で人の移動が生じた場合の事例を扱ったものではない。

ギリシア系の名前のアメリカ化を扱った ALATIS (1955)[13] や、スラブ系の姓のカナダ化について関連する KLYMASZ (1963)[14] などの幾つかの

文献は、異なる言語同士が接触したときに名前が変化する過程を示しているが、なぜ人は名前の変更を被ることになるのかという理由に関する根本的な論点は扱っていない。

さらに、WU (1999)[15]のように、アジア系アメリカ人の名前を扱った文献もある。彼女は、いかにアジア系アメリカ人が、アングロサクソン系の名前に単に適応することの代わりに、より流動的でより複雑な名付けの戦略を生み出すよう強いられてきたかを説明している。人種的差異によって課された制限のために、アジア系アメリカ人は、かつてのヨーロッパ系移民の多くとは違って、アングロサクソン系の姓名にただ変更するということができなかった。人種的特徴が名前の選択に影響するという論点は、在日ブラジル人、在日ペルー人の子どもたちのうち非・日系の家系も持つ子どもたちの事例に直接つながっている。

特に中国系アメリカ人の名前と伝統、そのアメリカにおける変化の過程を扱った研究として、LOUIE (1985–86)[16]、LOUIE (1991)[17]、LOUIE (1998)[18]がある。これらは、本来とはまったく異なる文字文化の中に置かれることになった名前の状況を調査したものであり、具体的には、漢字名をアルファベットで書く際の問題を扱っている。そこでは、中国系アメリカ人の名前の西洋化と変化の過程について、中国系移民の歴史と併せて詳細に論じられているが、本研究は逆の状況を扱う。在日ブラジル人およびペルー人の事例は、持っているのが日本の名前であれ日本の名前が何らかの変容を受けた名前であれ、すでに西洋化されたアジア系の名前が漢字文化と接触する際に生じる過程を示すものなのである。日系人のブラジル名、ペルー名の日本における事例を扱った文献は、2008年末時点でも見当たらなかった。この意味でも本研究は、在日ブラジル人、ペルー人の名前の事例と状況を描き出すうえで有意義なものとなるだろう。

日本研究とマイノリティ研究

TSUDA (1996)[19]が博士論文で指摘しているように、日本研究の分野において、日本社会のエスニシティは相対的に無視されてきた研究領域であ

る。この領域には、日本のエスニック・マイノリティに関する研究が、日本人のエスニック・アイデンティティ、外国人についての文化的認識に関する研究と同様に含まれる。また、BEFU (1994)[20] は、アンケート調査に基づき、日本人と見なされるために必要な条件についての議論はまだ十分に尽くされていないとの結論に達した。日本国籍を有すること、日本語を話せること、日本名を持つこと、日本人の両親を持つこと、など、幾つかの条件は挙げられるが、意見の一致に到達できていないのである。

　TSUDA の上掲の研究は、日本社会の新しい移民マイノリティとなった日系ブラジル人の移動の過程、エスニック・アイデンティティそして心理的適応を対象としたものであり、日本研究の分野におけるエスニシティについての議論の欠如を、特に日系ブラジル人の事例に関して、ある程度改善するものであった。TSUDA は、社会の中でマイノリティ・グループであることのメリットとデメリットは、エスニック・マイノリティに与えられる社会的位置づけに依存する、と説明し、マイノリティ・グループを、肯定的マイノリティと否定的マイノリティとに分類する。彼によれば、否定的マイノリティは、伝統的な意味でのマイノリティ・グループに一層強く関連づけられ、「社会的・職業的に低い地位を占め、差別と偏見、軽蔑と社会的排除を受けている」(1996: 146)。一方、肯定的マイノリティは、少数派に位置づけられているにもかかわらず、異なる状況にある。

　　肯定的マイノリティは社会経済的に比較的高い地位を占め、その特有の文化の質と社会的地位とによって、支配的なマジョリティから尊敬と賞賛を受ける。実際、こうした特権的マイノリティは、多数派である大衆よりも優れているようにさえ見え、マジョリティ・グループによって好意的になされる「肯定的な差別」を謳歌しているのである。……在伯日系人は、まさにこの肯定的マイノリティなのである。(TSUDA, 1996: 146–147)

　TSUDA は、日系ブラジル人が来日したときに経験する、社会的地位の、

肯定的なものから否定的なそれへの劇的な変化を強調する。この変化は、彼・彼女らのエスニック・アイデンティティに直接の影響を与え、TSUDAによれば、在日ブラジル人に対する偏見と差別が、日本のエスニック・マイノリティとなった彼・彼女らのカウンター・アイデンティティの形成を加速する。このカウンター・アイデンティティは、彼・彼女らの祖先が日系であることから生まれるマジョリティ・グループとの類似性よりも、ブラジル人としてのアイデンティティの強調に向かう。

　TSUDAの研究は、主に大人たちの状況とエスニック・アイデンティティの再構築に焦点を当てている。その結論が、日本の学校に通うブラジル人やペルー人の子どもにも当てはまるのかどうかは、あらためて問う必要がある。なぜなら、子どもたちはまだアイデンティティ形成期にあるので、置かれた状況によっては大人たちよりも一層劇的な影響を周囲の環境から受けると考えられるからである。その意味で本研究は、在日ブラジル人・ペルー人の状況を一般化するうえで一層の注意深さが求められるということを明らかにする一助になるであろう。

　マイノリティ研究の分野では、日本のさまざまなマイノリティ・グループを採り上げた研究・著作は数多いが、そのほとんどは日本語で出版されたものである。この言語的な制約が、海外の研究者が一次情報にアクセスするうえでの障壁となり、日本のさまざまなマイノリティ・グループの状況に関する一般的な知識の欠如を強める結果となっている。（それゆえ、この第1部の基となった論文は当初、英語で執筆、完成させた。）

　日本におけるマイノリティの名前の使用の研究に焦点を絞るとき、欠かせないのが在日韓国・朝鮮人の名前についての研究群である。しかし、それらの研究も多くの場合、やはり日本語で出版されているため、名前の問題に長い歴史があることが海外ではあまり知られていない[21]。

異文化間研究と言語的人権

　本書では、異文化間研究の分野と言語的人権（Linguistic Human Rights）との結合を試みたい。名付けについて異なる伝統を持つ者同士が出会ったとき

に何が生じるかを研究することは、言語的人権という問いかけと同様に、異文化間研究の分野に有益な識見を提供するということを示すつもりである。人がどのように名付けられ、どのように呼ばれるのかについて自分たちとは違う文化があると知ることは、異なる社会で暮らしてきた異なる者同士が理解し合っていく過程の一部分なのである。

言語的人権は、その領域の広大さゆえに、研究分野としての明確な定義がなされていない。しかし、言語と人権を結びつけるという言語的人権の主目的は、「マジョリティが当然のものとして与えられているこれらの権利を獲得しようとする、マイノリティのために最も過激な立場をとる者を巻き込むものであると同時に、外国語習得をマイノリティに必要な権利に対する制限をもたらさない現実的な方法で促進するといった、マジョリティのための最も穏健な立場をとる者をも巻き込むものなのである。」[22]

そして、

> 社会支配の道具としての言語の明らかな重要性や、言語がしばしば社会的不正義の仲介(mediation)をなす要素として機能してきたことを示す膨大な証拠を見るならば、学際的な明確化が早急に求められている。[23]

Robert PHILLIPSON、Mart RANNUTそしてTove SKUTNABB-KANGAS[24]は、言語的人権の問いかけとは何かを紹介している。以下はその幾つかの引用である。

> デンマークに住むSerhatとGuldaは、トルコからやって来たクルド人である。Mizgin(「良きもの」を意味する)という子どもが一人いて、この孫を両親に合わせるため、トルコを訪れたいと望んでいる。夫妻は、自分たちのパスポートにMizginの名を付記することを望んでいる。しかし、トルコ政府はクルドの名前の登録を拒んでいる。結局、デンマークのヘルシンキ委員会の圧力を受けてトルコ大使館が名前の付記

に同意したのは、Mizgin が三歳になった後のことで、祖父母たちは、三歳までの Mizgin と会う機会を失ってしまった。クルドの名前がトルコでは許されていないからである。これが、言語的人権が問いかけている問題なのである。(Robert PHILLIPSON, SKUTNABB-KANGAS, Mart RANNUT, 1995: 18)

サミランドのノルウェー地域出身のサミ人である Johan Mathis Mikkelsen Gávppi は、七歳で学校に通いはじめたとき、学校で唯一のサミ人だった。彼が話し理解できるのはサミ語だけで、教師が話し理解できるのはノルウェー語だけだった。(主の祈りを捧げるよう言われた彼に)クラスメートが最初に教えたノルウェー語は、主に対する露骨で猥褻な言葉だった。彼は罰を受けた。彼は読み書きのできないまま、学校から離れていった (SKUTNABB-KANGAS, PHILLIPSON (1989)、第十章[25]を参照)。これが、言語的人権が問いかけている問題なのである。(Robert PHILLIPSON, SKUTNABB-KANGAS, Mart RANNUT, 1995: 19)

読者の皆さん、以下のことを、母語でいつでもすることができただろうか？
・学校で先生を呼べましたか？
・税務官と交渉ができましたか？
・警察巡査の路上での質問に答えることができましたか？
・看護婦や医師に、医学上の問題を説明できましたか？
・全国紙に投書できましたか？
・テレビで地方や全国のニュースを見ることができましたか？
・政治に関する集会で質問ができましたか？
ここに挙げたリストと例はすべて、言語的人権が問いかけている問題なのである。(Robert PHILLIPSON, SKUTNABB-KANGAS, Mart RANNUT, 1995: 22)

また、JERNUDD (1995)⟨26⟩ は、言語的人権のうち、個々人が自分や子どもたちの名前を自分たちの望むように名付ける自由を持つのだという一面を、特に採り上げて論じている。

　名前はきわめて個人的なものであり、唯一無二の人としてのアイデンティティを表すと同時に、あるグループの一員としてのアイデンティティをも表すものである。家族は、生まれてきた子どものために名前を選ぶ。しかし、社会がその選択を圧迫しているかも知れない。社会組織による圧迫があるかも知れないし、グループに受け継がれてきた名付けの伝統も圧迫の一つである。現代社会では、経済的・政治的・文化的統一と統合が進むことで、また、産業化された国家が個人を管理することによって、さまざまな圧迫が生じている。これらのプロセスは、話し振る舞うことの個人的な領域を、公的な領域から分離していく。二つの領域は表裏をなすのかも知れないし、分離したものかも知れない。たとえば、他人が聞いていないところでは、人はいろいろな名前で呼び合うだろうが、公的な場にあっては、特に文書を書くときには、ある名前を使うよう抑圧を受けるのではなかろうか。
　名前の公的使用に関しては、国家は、人々が子どもの名前を登録するときにある言語の特定の形式の名前を登録するように、あるいは、特定の言語による名前を登録するように、推奨したり、積極的に強制したりすることもある。(JERNUDD, 1995: 121)

JERNUDD (1995) は、個人名と人権を結びつけ、ブルガリアやインドネシア、日本、香港、シンガポール、スウェーデンにおける名前変更の例を挙げている。しかし、日本の事例の中で、人名に用いられる漢字の制限については触れておらず、日本のマイノリティについても言及しておらず、日本の植民地支配の時代に日本国籍を与えられ日本名を強制させられた朝鮮人の事例にも触れていない。
　本研究は、在日韓国・朝鮮人の事例の歴史的側面を考慮し、特に在日ブラ

ジル人・ペルー人の事例を扱い、日本と日本のマイノリティの事例をより詳しく描き出すことで、在日外国人に関する研究分野への貢献を試みる。

　人権に関するもう一つの論点は、児童の権利に関する条約（子ども権利条約）にも関連している。日本政府はこの条約を1994年に批准しており、この条約には名前に直接的に関連する条文が二つある。

第7条（名前・国籍を得る権利、親を知り養育される権利）
　1．子どもは、出生の後直ちに登録される。子どもは、出生の時から名前を持つ権利および国籍を取得する権利を有し、かつ、できるかぎりその親を知る権利および親によって養育される権利を有する。
　2．締約国は、とくに何らかの措置をとらなければ子どもが無国籍になる場合には、国内法および当該分野の関連する国際文書に基づく自国の義務に従い、これらの権利の実施を確保する。

第8条（アイデンティティの保全）
　1．締約国は、子どもが、不法な干渉なしに、法によって認められた国籍、名前および家族関係を含むそのアイデンティティを保全する権利を尊重することを約束する。
　2．締約国は、子どもがそのアイデンティティの要素の一部または全部を違法に剥奪される場合には、迅速にそのアイデンティティを回復させるために適当な援助および保護を与える。

（子どもの権利条約ネットワーク訳）

　ここで明確にしておかねばならないのが、在日ブラジル人・ペルー人の名前の変更は、かつて植民地時代の朝鮮人に対してなされたような強制によるものではないということだ。しかし、そうではあっても、名前を扱う際の感受性の欠如は、選択を強制する場合と同様に深刻な結果をもたらしかねないものだと指摘せねばならない。常に、日本人の名前に似せようとして、非・日本名よりも日本名を選ぶことを好む。アイデンティティ形成期にあるマイノリティの子どもの名前を扱うときには、そうした姿勢を、より注意深く慎

重に考慮すべきなのである。児童の権利に関する条約の第8条1項は、子どもが自分のアイデンティティと名前、家族との関係を保持する権利を持つことを、特に明確に定めている。エスニック・ネームはエスニック・アイデンティティに関連する。学校でエスニック・ネームで呼ばれると居心地悪く感じるという子どもの存在は、自己のアイデンティティを保持する子どもの権利に関する問題状況を示していると言えるのである。

日本語教育とマイノリティ教育

　ここで日本語教育とは、第二言語あるいは外国語としての日本語教授に関する研究分野を指す。ここ数年、この研究分野の必要性は、外国で日本語を学ぼうと興味を持つ人たちのためだけではなく、日本国内で日本語を学ぶ外国人の増加もあって、非常に大きくなってきた。在日外国人が日本で仕事を探すとき、日本語の知識や活用力が高いほど有利な条件での仕事を見つけやすいのである。

　日本語を第二言語あるいは外国語として教授するための特別な知識と経験を持つ専門家も増え、この分野の専門家を目指す学生も増えてきた。しかし、専門家の供給はあっても、公立小中学校という専門家たちを最も必要としている場所では十分に活用されていない。外国語としての日本語を教える訓練を受けた専門家たちが持つ専門知識と経験とは、新しく来日した子どもにとって、とりわけ非漢字圏から来た子どもにとって、非常に大きな助けとなりうる。専門家たちは、これらの子どもたちが日本語学習過程で直面する緊急の必要や困難のほとんどを和らげるだろうし、子どもたちが教育を受ける機会からこぼれ落ちる悲劇を減少させることもできるだろう。

　日本語教育は、しかし、注意深く考慮すべき分野でもある。エンパワメントの道具としての機能だけでなく、マイノリティの同化を加速する道具としての機能をも果たす可能性が否定できないからである。日本語教育は、たしかにマイノリティが情報に直接アクセスし選択肢を広げることを助けるエンパワメントの手段であるが、子どもの第一言語あるいは継承語の教育が同時に進められない限り、「適応」という名の「主流派への同化」の手段となっ

てしまう。

　本研究は、いかなる社会においてであってもマイノリティに対する外国語教育が行われる際には、これら二つの面に注意を払う必要があることを、日本語教育とマイノリティ教育との関連づけによって、示す。

　ニューカマーの子どもたちに日本語を教えるために雇われる非常勤の指導員の大多数の中に見出せる問題の多くは本研究の対象には含まないが、日本語教育とマイノリティ教育、ニューカマーの子どもたちに対する現在の日本語教育の状況に関して、三つの重要な基礎的問題を指摘しておきたい。第一に、日本語を第二言語として教えることと国語として教えることとの違いについての基本的な認識が十分に浸透しているとは言いがたいこと。第二に、来日までは母国で教育を受けてきた小・中学年齢の子どもたちに対して、語学レベル＝学力レベルではないのに、日本語能力が欠けているからといって保育園児や幼稚園児に対する教育または特別支援教育を施さねばならないわけではないという、当たり前のことを理解するだけの感受性が欠如しているケースがおうおうにして見られること。最後に、学校で雇用された「日本語指導員」は、子どもたちに、迅速で効果的かつ円滑な日本語習得と日本の学校生活・学校文化への良い適応を同時に要求しがちだが、外国語として日本語を教えることが子どもたちの母語教育・継承語教育の代用にならないのは当然であるし、それがルーツや文化的背景の収奪にならぬよう細心の注意が払われるべきであるということ、である。

　マイノリティの名前の使用に関する本研究のためのフィールドワークを実施するにあたって、授業観察のほとんどは取り出し授業の時間に行われた。そこでは、新しくやって来た子どもに、名前を日本語でどう書くのかを教えるのが常であった。ニューカマーの子どもの名前が日本語で書かれた用紙は編入時からあるにもかかわらず、子どもにその書き方を教える最初の人間は、日本語指導員がいるならばその日本語指導員であることが多い。このような状況の中、本研究は、日本語の教授を開始したときに無意識に同化過程をスタートさせてしまわないよう慎重な注意が払われるべき理由を描き出すうえで、貢献できると信じる。そのような状況では特に、日本語指導員は、

名付けの異なる伝統の存在に意識的かつ敏感でなくてはならない。名前を日本語で表記する際には、いくつかの選択肢から選べるように、そして、言語が違う文化にルーツを持つ子どもに画一的な名前の表記を押しつけることのないように注意を払うべきであるし、子どもに名前を日本語でどう書くかを教えるときには、その日本語式の名前は子ども自身の好みに合っているか、確認をなすべきなのである。

2.2　ニューカマーの子どもたちの名前を研究する意義

　ブラジル人、ペルー人の来日増加は比較的新しい現象であるにも関わらず、彼・彼女らに関して膨大な数の研究がなされてきた。この現象がさまざまな分野の研究者の関心を集めていることの表れである。

　それらの研究には、まだ経験の浅い大学学部学生によってなされたものが少なくなく、そういった研究のほとんどが、卒業論文執筆を目的とするものである。また、いくぶん経験を積んだ大学院生が修士号や博士号取得のために日系人に関する研究を行う例も増えている。本研究もその一つとして行われたものであり、その成果を日本語に訳し、情報の一部を更新したほか追加情報等を付け加えたうえで再構成したのが本書である。

　多くの研究がなされることは研究分野にとっては良いことだが、研究に用いられる手法とその目的については、しばし問う必要がある。と言うのは、比較的短期間にニューカマーについての膨大な研究がなされたために、文献調査や情報収集が十分になされておらず、その結果、内容と質に大差のない報告が大量に出現しているからである。日系人に関する文献を調査していたときにぶつかったこの問題に留意しつつ、本書は、在日韓国・朝鮮人についての伊地知（1994）[27]のスタイルを踏襲する。在日日系人の名前がどのように扱われているかという面から、彼・彼女らの置かれた状況を描き出すことを目指す。そうすることを通して、すでにあるレベルまでは研究の進んでいる日系人来日現象について、いくつかの洞察を加えたい。

名前に関する文献の数は膨大だが、子どもの視点や子どもに名付ける過程、子どもに名付けることが持つイデオロギー的な意味[28]に特に焦点を絞った文献は見つからなかった。それゆえ、本書は文献として重要な意義を持つと期待している。

　子どもたちは、たいていの場合自ら選んだのではない環境の重大な変化によって、最も影響を受ける立場にある。しかし、ニューカマーの子どもたちの名前に焦点を当てた研究も見つからなかった。本書では、彼・彼女らの名前がどのように登録されるかに関する論点と問題とを提示したい。本書の主要な意義は、子どもたちが自分の名前の日本での扱われ方について考えていること、感じていることを、より良く理解できるよう貢献するという点である。そのような理解が深まることは、これまでに何がなされてきたかを再評価するヒントにもなるし、子どもたちだけでなくマイノリティ一般の名前に関して描き出されたさまざまな問題を指摘し考察するヒントにもなろう。

　本書は、外国人と接する行政職員や教師そしてあらゆる人々にとって、実用的な助けとなるであろう。何よりもまず、彼・彼女らが外国人の名前の登録過程に問題があることに気づくきっかけを提供できるであろうし、異文化・異言語背景を持つ人に接するときに一層の柔軟さを見せるだけの感受性が必要であるとの自覚を促すであろう。外国人の名前登録という官僚的な手続過程の中で感受性と柔軟性を見せることは、外国人を人間として尊重する姿勢を見せるとの同じくらい重要なことなのである。

　日常生活の中でさまざまな形式の名前がもっとオープンな形で存在するのなら、多くの現代国家と同様に、日本が実際は多文化社会であることを証明する助けにもなるだろう。それは結果として、日本は「単一言語、単一文化、単一民族」の国であるという架空のイデオロギーとの決別に日本人マジョリティそして日本社会を導くだろう。本書が、外国人一般が日本社会によってより良く受け入れられる方向に作用すること、そして、異なる名前の形式に対する尊重の重要性を示すことを通じて異文化理解の始まりに貢献することを、願ってやまない。

2.3 名前についての用語

　名前についての専門用語は多種多様であり、なじみのない読者も少なくないと思われる。また、それぞれが特殊なニュアンスや意味を含んでいるので、本節では、本書での扱いについて簡単な説明をしておく。

姓と名

　「家族名(family names)」と「姓・氏・名字(surnames)」を、いわゆる「ラスト・ネーム(last names)」に言及するときに用いる。本書では主に「姓」を用い、後述のように名前の配列順序に関する混乱を避けるため「ラスト・ネーム」は基本的に使用しない。同様の関係は「名(given names)」と「ファースト・ネーム(first names)」にも当てはまる。本書では主に「名」を用い、「ファースト・ネーム」は使用しない。「個人名(Personal name)」を「名」の代わりに用いることもある。「姓」と「名」とを合わせて指す場合は、「姓名」または「名前」を用いる。より詳細には、日本に在住するすべての外国人が要求されることになる「名前の登録手続」についての節(第5章第1節)で解説するが、ここで指摘しておきたいのは、日本の行政機関には、名前を示すものとしてどのような語を用いるべきかの統一見解がないということである。

　出入国管理法令研究会・編(2007)[29]の2007年の資料によると、法務省管轄下にある入国管理局に提出せねばならない申請書には、「氏：Family name」「名：Given names」[30]が用いられているものと、「姓：Last」「名：First、Middle」[31]が用いられているものとがある。単数形の「Family name」が用いられているのは一つの姓だけの登録が予定されていることを暗示し、一方、複数形の「Given names」は、記入できる名が一つだけでない可能性を示すのである。

　90日以上日本に在留する外国籍者はすべて、居住地の市区町村役場で登録することが義務づけられている。この登録手続は「外国人登録(Alien registration)」と呼ばれ、「外国人の居住関係及び身分関係を明確ならしめ、

もって在留外国人の公正な管理に資することを目的」としている(外国人登録法1条)⟨32⟩。申請用紙には、「Last」「First」「Middle」ネームが、この配列で記入するよう要求されている⟨33⟩。しかし、このような用語使用は記入者を非常に困惑させるものである。と言うのは、ほとんどの西洋言語において、「ファースト・ネーム(first name)」とは一番最初に来るから「ファースト・ネーム(first name)」なのであり、「ミドル・ネーム(middle name)」は真ん中に、「ラスト・ネーム(last name)」は最後に来るからそう呼ばれるのである。にもかかわらず、外国人登録証に記載されるとき、ブラジル人やペルー人の場合、本来の名前の配列がぐちゃぐちゃに入れ替えられたものが記載される。「ラスト・ネーム(last name)」が最初に来て、「ファースト・ネーム(first name)」が真ん中に、「ミドル・ネーム(middle name)」が最後に来る、という順序で記載されてしまうのである。このような混乱は、「ラスト・ネーム(last name)」と「ファースト・ネーム(first name)」の間にコンマを入れることで「ラスト・ネーム(last name)」が頭に移動させられたことを示すという、参考文献表記などで通常使われている方法を用いれば解決されるであろう。

　ともあれ、上記と同様の混乱が起きかねないので、「ファースト・ネーム(first name)」「ラスト・ネーム(last name)」という用語が入国管理局をはじめとする日本の行政機関の書類のいくつかで実際に使われているにもかかわらず、本書ではこれらの用語の使用は避ける。

日系、日系人

　「Nikkey」「Nikkei」という単語は、英単語とは見なされていないものの、日本人の子孫に言及する際に広い範囲で使われている。また、英語では、「Nisei」という単語が日本人の子孫である第2世代のアメリカ人を指すものとして、「Sansei」は第3世代のアメリカ人を指すものとして使われている。アメリカ人のケースで特徴的なのは、「Nikkei」や「Nisei」「Sansei」などの語が、家系の中で異なるルーツ間の結婚などが見られない日本人の子孫についてのみ使われているという点である。ブラジル人、ペルー人の場合、異な

るルーツ間の結婚があった場合でも、「Nikkey」「Nikkei」や「Nisei」「Sansei」などの語が使われる。

そこで、本書では、「日系人」または「日系」という用語は、日本人の祖先を持つ者に限らず、広くその配偶者や子どもたちをも含めて指すものとして用いることとする。これは、在日日系ブラジル・ペルー人を指すものとして日本で通常使われている用法である。

南米出身の子どものほとんどの場合、「日本人配偶者等」という在留資格を取得するには、両親の少なくとも一方が日本人の祖先を持つことが必要だとされている。そして、これらの資格は、公式には労働ビザではないにも関わらず、実質的には日本での労働を許可するためのものであり、このような資格が設けられたことが、多くの日系人が来日する原因となった[34]。

2.4　名前変更過程の四つの可能性

マイノリティの場合、名前の変更が自分自身の文化に対する態度に関しての重要な論点になる。WU（1999: 25）[35]は、名前使用の変更が生じうるのは主に次の四つの点においてであると指摘している。WUのこの分析を本書では、各マイノリティ・グループそれぞれの名前変更の違いをチェックするある種のバロメーターとして使用する。

(1) 字訳（Transliteration）

ある表記システムから違うシステムへ、実際的な目的で変更する場合である。ほとんどの場合、音声学上の差異のため、正確な発音は犠牲になる。

　　例：Cristina →クリスチナ

(2) シンタックス（Syntax）と長さ（length）

①シンタックス、すなわち名前の配列が違う場合がある。たとえば日本や

中国、韓国などの社会では、姓が名よりも先に来て、家族のアイデンティティが強調される。島村（1977: 30）[36]によれば、ベトナム、カンボジア、チベット、ハンガリーも同様のシステムだという。しかし、ほとんどの国々では、姓は、名の後に来る。

> 例：ブラジルの事例：Lilian Terumi Hatano（名前の本来の配列）
> 　日本での表記：Hatano Lilian Terumi [37] または Hatano Terumi Lilian [38]

②長さ：名前を短くしたり名前の一部を削除したりする場合がある。公式には、パスポートに記載されている名前すべてが、外国人登録証に登録されねばならないことになっている。しかし、市区町村役場の担当職員次第で、すべての名前が登録されていないケースもあるようだ。

(3) 名（Given names）

WU（1999）は、ほとんどのアジア系アメリカ人にとって、名が字訳されることやシンタックスの変更が生じることは避けがたい必然であり、「コントロールできない」ものだと説明している。

> 個人名は、名前の創造や変更、保持などすべての面を最も明らかに露出させるものであり、アイデンティティのバッジ（印）として、また、アイデンティティの変化度と同化の成功度とを示す計器として、機能する。(WU, 1999: 27)

アジア系アメリカ人が名前をどのように英語化（アングロ化）したかについてのこの研究の中で、WUは、彼・彼女らは二つの方法で名前を変えたと説明している。よりアメリカ的な名前を出生時に付ける方法、あるいはもっと後になってよりアメリカ的な名前に変える方法である。(WU, 1999: 28 [39])

(4) 姓 (Family Names)

　WU (1999) によれば、姓は家系や個人のエスニック・バックグラウンドやルーツを含意するものなので、頻繁には変えられていないという。

　　外国の姓を放棄したり元の姓が認識不能な姓に交換したりする行動は、アイデンティティに変化が生じたことを意味している。新しい名前は、他人に対して、持ち主の"アメリカ性 (Americanness)"を伝える機能を持つのである (WU, 1999: 32)

　アメリカ社会における様々なエスニック・グループの「アメリカ化」の過程については、ギリシア系の名前に関する ALATIS (1955)[40] をはじめ、幾つもの研究がなされている。他の社会についても、たとえば、フランス人がなぜ名前を変えるかについての JACOB (1998)[41] や、スラブ系の姓のカナダ化についての KLYMASZ (1963)[42] の他、イスラエルへの新しい移民にヘブライ名が過去および現在においても課せられていることについての STAHL (1994)[43] などがあり、さまざまな文化圏においてこのような現象が関心事となっていることがわかる。

2.5　方法論的考察

視点

　本研究は、ニューカマーの子どもたちの教育に関する問題について、子どもたちの視点と経験を通して、焦点を当てる。以前に筆者が行った HATANO (1997)[44] の続編ではないが、研究地域を同じくして5年間フィールドワークを続けてきたからこそ収集できたデータに基づいているという点で、つながりはある。子どもの態度の変化の兆しとして名前とその使用をとらえるには、同じ子どもを数年に渡って観察する必要があった。

研究姿勢

　本章第2節で見たように、日系人についての研究の数は急速に増えている。研究現場を求める研究者が絶え間なく増加しているが、残念なことに、ほとんどの研究グループは自分たちに必要な情報を獲得するためだけに日系人コミュニティに関わり、情報が得られればそのままコミュニティを後にしているという状況がある。

　研究者グループは日本国内からだけでなく海外からも訪れており、ほとんどの場合、彼らを受け入れるコミュニティにとって大きな負担になっている。いくつかの自治体は、ブラジル人人口の増加で、メディアの注目を浴び、全国的に有名になった。研究者たちの様々なグループが、同じ風潮に乗り、アンケート用紙やテープレコーダー、ビデオカメラを持って、インタビューのために続々と乗り込んでくるのだ。TSUDA（1996）[45]の序文は、その状況を次のように描き出している。

　　日系ブラジル人は、マスメディアの中で移民セレブにたちまちなった。来日日系人についてこれまでに全国紙および地方紙、雑誌に掲載された記事の量は、かなりのものである。……(TSUDA, 1996: xiii)
　　景気が後退し外国人労働者問題に対する関心があらゆるレベルで失われてくるにつれ、日系ブラジル人に対する関心も最近では下火になってきたが、研究の量に衰えは見えない。マスメディアの報道規模は減っているにもかかわらず、かなりの量の新聞記事が書かれ続けている。研究者とメディアのこのように過度な注目の結果、静岡県浜松市や群馬県大泉町など幾つかの市区町村は、日系ブラジル人人口の大きさゆえに、全国的な知名度を一夜にして獲得した。実際、これらの市区町村（特に大泉町の）商業界の代表や自治体職員は、ジャーナリストや研究者、学生たちからかなりの数のインタビューを受けており、よくもこの話題についてインタビューに応じることに飽きたりへとへとに疲れ切ったり不快になったりしないものだと、驚くばかりだ。間もなく彼らの何人かは、インタビューのスケジュールを調整するためか、あるいは、ジャーナリ

ストや研究者の大群を閉じこめておくために、広報担当秘書を雇わねばならなくなるだろう。実際、筆者自身も1年間の日本滞在中に4回のインタビューを受けているのだ。(TSUDA, 1996: xiv)

ここで描かれたような状況が引き起こされるのを避けるため、そして、主には倫理的理由とから、研究対象となった地域は伏せることにする。そもそも、研究対象や研究協力者にとっても利益となる研究活動を実現することは、筆者が常に意識してきた課題である。本研究においても、日本の学校に通う子どもたちを取り巻く状況の改善につながる研究を目指した。こうした姿勢を四つの市区町村の教育委員会担当者が理解し賛同してくれたこと、そして相互の信頼関係を築けたことが、後述のような「日本語指導が必要な外国人児童生徒」名簿の閲覧を許可された最大の理由であると考えている。このような研究姿勢、研究手法を採用した本書が、今後の研究のための新しい方法を提示することができればと期待している。

データの収集方法

研究地域として、四つの市区町村を選んだ。各自治体ごとにどのような登録方法が採られているか、そして、同じ名前が複数の自治体で登録されている場合に各市区町村によってどのような異なる形に字訳されているか、比較するうえで複数の自治体で調査を行うことが必要だった。

データ収集のための方法論としては主にフィールドワーク研究の手法を用いた。

当初、筆者はフィールドワークを、日本の学校システムの中でのニューカマーの子どもたちの一般的状況を長期的に研究するための方法の一部として用いていた。観察のほとんどは学校環境における名前の使用に向けられていたわけではなく、第一の研究課題は、なぜ学校に通っているすべての子どもの名前が教育委員会の作成する「日本語指導が必要な外国人児童生徒」(1998年までは「日本語教育を必要とする外国人児童生徒」。以下同じ)の名簿上にないのか、という点にあった。名簿上の子どもの名前が、実際に学校に

通っている子どもの名前と必ずしも一致しなかったのである。

　日系人の子どもの場合、保護者の雇用状況が不安定なために転校がかなり頻繁なので、名簿に載っていない子どもは転校してしまったのではないかと最初は考えていた。しかしその後、幾人かの子どもは名簿に「本名」とは違う名前で登録され、学校ではその「名簿上の名前」とは違う名前で呼ばれていることに気がついた。そこから、日本の学校では家庭や母国で使っていたのとは違う名前で呼ばれはじめたが、なぜそうなったのかわからない、という子どもたちがいる状況が明らかになってきた。同時に、なぜ子どもの名前のすべて（フルネーム）が登録されないのか、登録されやすい名前とそうでない名前があるようだが何が違いを生んでいるのか、といった疑問が芽生えてきた。

　また、第1章第2節で紹介したように、子どもに名前を直接尋ねた時、どの名前について話しているのか、問い返されることがしばしばあった。子どもたちの中には、「本当の名前」と「日本の名前」とか、「本物の名前」と「偽物の名前」などといった具合にそれぞれに名前をつけている子もいるし、「ブラジルの名前」と「日本の名前」とに分けている子や、長さに着目して「短い名前」と「長い名前」とに分けている子もいた。名前に関するこのような二分法の存在は、研究対象とした四つの市区町村すべてで見られた。それは非常に興味深い態度であり、名前の扱いに関する研究を決意させるきっかけとなった。

　浮かんできた疑問を解決するには、名前に関するデータを尋ね集めるための特別な手法を開発する必要があった。欠かせないのが、子ども本人に「本当の名前」つまり母国の学校で使っていた名前や現在使っている名前、そしてそれらに対する思いを尋ねるという方法であった。その際、たとえば、名簿上の記載や名札の記載、試験の時に名前をどう書いたかなどに注目する他、教師や同級生、保護者や親戚、友人などにどう呼ばれていたかにも着目した。さらに、こうして集めたデータの正確性を確認するために、保護者へのインタビューが必要となった。

　その際、最も効率的なのは、「日本語指導が必要な外国人児童生徒」の名

簿を学校で作成され使われている名簿（学齢簿は無理だったので出席簿など）と比較した後で、子どもに名前を確かめるという方法だった。

　名簿の収集・閲覧は単純な作業だと思われそうだが、名簿は公立学校に通っている子どもたちのリストであり、所属学級や日本語能力レベルについての情報を含むものである。極めて個人的な情報を扱うものなので、どの教育委員会も、研究目的について説明したとしても、プライバシー保護という倫理的な理由から名簿の提供には消極的になるのが自然であった。そのため、教育委員会での名簿の収集は、始まりからして極めて困難だった。たとえば、ある市区町村（後述の乙自治体）は、最初の2年間、筆者が頻繁に学校を訪れ子どもたちと接触することは歓迎しながらも、名簿閲覧の話となると非常に消極的だった。その同じ担当者が、その後の3年間も同じ部署におり、いくつかの理由で最終的には考えを変え、求めていた情報を提供してくれた。

　また、閲覧許可をもらうとして、それには担当者との信頼関係の構築が不可欠だが、そこには、公務員の人事システムとの関係での困難もあった。公務員が一つの部署に何年留まるかについて明確なルールは存在しないかに見えるが、一般的ルールとしては、異動があるかないかは各年度ごとに公務員に告げられる。たいていの場合、同じ部署に少なくとも2年から3年留まるようで、筆者がフィールドワークしている間に関わった範囲では、最長5年同じ部署にいたケースが1自治体であっただけである。5年に及んだ今回の研究の間、この配置移転と人事異動のシステムのために行政側担当者が替わり、同一地域での継続的研究を実施するうえで障害になることがあった。

　それゆえ、主要な困難は、行政側担当者との間で相互の信頼関係を維持することと、必要な情報へのアクセスを確保することにあった。そして、前述のように日本の学校に通う子どもたちを取り巻く状況の改善につながる研究を目指す姿勢が、この困難を乗り越えるうえで大きな意味を持った。

データの活用・分析方法

　本書第1部で分析する名前はどれも実在の人々のもので、1995年から

2000年にかけて、5年余りの期間に収集したものである。彼・彼女らの多くはすでに小学校、中学校という「義務教育」〈46〉を卒業し、母国に帰った子もいるし、何らかの理由で学業の継続を諦めた者もいる。

　これらの名前データの確実性と信頼性に関して、データそのものの質が重要なのはもちろんだが、データ活用のための方法論も同様に重要である。その点で筆者はジレンマに直面した。研究者には、分析に使われたデータの確実性が第三者によってチェックできるように、データを公表することが望まれる。その一方で、同時に、プライバシーの権利も尊重しなければならない。本書は名前という極めて個人的な情報を扱うものであり、しかもデータは、名前が秘密にされること、子どもたちの個人情報の扱いに細心の注意を払うことを条件に収集されており、筆者のみがアクセスを許された情報なのである。名前の公表は倫理的理由から不可能であり、そこで、名前を公表せずに研究結果を発表するための手法が問題となる。

　実際のところ、本書は名前の語源や意味論をテーマにするものではないので、一つひとつの名前を公表しなくても子どもたちの「名前とその使用」に関する問題を理解してもらうことは可能であると結論づけた。そのための具体的手法としては、実在の名前を元に典型的な仮名を作り、その仮名を用いることで、さまざまなケースを十分に表現できるであろう。

　ブラジル人の架空の名前を作るにあたっては、日本で発行されているポルトガル語新聞に掲載された名前を情報源として使用した。さらに、ブラジルのサンパウロ市の電話帳も、重要な情報源となった。新聞や電話帳に記載された実在の名前を組み合わせることで、学校で目撃した子どもの名前と言語的に関連する特徴を持つ仮名を作ることができた。

　人の名前を数える場合は、作業を可能な限り簡略化するため、名前の持つ意味は考慮から外し、一つの語を一つの名前と数える手法を採用した。複合形式の姓や名も存在し、中には一つの名と考えられるものもあるが、語ごとに数えた。第2世代やより若い者を意味する「Junior」や、「Neto」(孫)、「Filho」(息子)なども、一つの名前として数えた。これらは日本語にはさまざまな方法で字訳される (transliterated) からである。これらの名前がどのよ

うに字訳されるかを一般化するのは難しいが、日本の学校現場では一般的に言って他の名とは区別して認識されているようである。

「de」「da」「do」「das」「dos」など、ブラジル人の名前では一般的に使われる前置詞や前置詞と冠詞の組み合わせは、名前として数えなかったが、表記する際には分けて示した[47]。

ブラジルとペルー、どちらの国でも、父親の名の一つを特に長男に付けたり、母親の名を娘に付けたりすることが、きわめて一般的に行われている。父親とまったく同じ名が長男あるいは最も若い息子に付けられるケースもあり、そのような場合ブラジルでは、名前の最後に上述の「Junior」や「Filho」が加えられる。どちらの語も、誰々の息子を意味し、息子と父親の違いを示すテクノニミー語 (Teknonymy) として機能する。これらの場合、さらに息子が生まれたときに、祖父の名前を付けたうえで、孫を意味する「Neto」あるいは「Netto」を加えることがある。やはりテクノニミー的な機能を持たせるためである。父親や祖父と同じ名前を付け、区別のために上記のような語を加えるという伝統は、息子の名前に限って一般的な方法である。娘の場合、母親か祖母から姓以外に名を一つもらうケースがあるが、男性名詞である「Junior」や「Neto」を加えることはないし、「Junior」に相当する女性名詞はない。孫娘を意味する「Neta」や娘を意味する「Filha」という語は存在するが、「Neta」も「Filha」も女の子の名に使われることはない。男性は出生証明書に記載された名前を終生維持するのがブラジルでもペルーでも普通であるが、女性が結婚した場合、実家の姓に別の名前が加えられることと関係があると思われる。

質的データと量的データ

収集したデータには、質的データと量的データの2種類がある。質的データは、主に観察とインフォーマルなインタビューで得たものである。観察のほとんどは、学校内での取り出し授業と、学校外で子どもたちがボランティアの大人たちから毎週1回、何らかの支援を受けている場で行った。一方、インタビューは、可能であればあらゆる状況で行った。どれも1995年から

の5年強の間にフィールドワーク調査の中で行ったものである。フォーマルなインタビューを受けていると子どもが感じないように、細心の注意を払った。その主な理由は、外国人であるがゆえに、意に反して常に周囲の関心の的になっている子どもたちのストレスを、これ以上増やしたくなかったからである。インタビューは、子どもと何回か会って相互の信頼を獲得し、子どもが快適に話せる状態になってから実施した。同じ言葉を話し同じ文化的背景を持っていること、筆者が女性であることも幾度か、子どもと知り合ううえで大きな助けとなった。

　量的データは、主に四つの市区町村で「日本語指導が必要な外国人児童生徒」と分類された子どもたちの名簿に基づく。各市区町村は子どもの名前の登録に関してそれぞれ違った形の様式を採用していた。それぞれの特徴は第5章第2節で解説する。

① **質的データ**

　学校を訪問する前に子どもたちの名簿が閲覧できた事例では、前もって子どもの背景を確認することができた。当初、名簿に載っていない子どもは最近やって来たばかりの生徒であり、名簿に載っているが学校にいない子どもは転校したか母国に帰国したのかだと考えていた。しかし、必ずしもそうではなかった。

　データのほとんどは、取り出し授業における5年間の参与観察で得たものである。このような授業がどのようなシステムで実施されているかは都道府県によって、さらには市区町村によっても異なる。しかし共通するのは、授業時間数は、必ずしも児童・生徒それぞれの必要度に応じてではなく、在籍する児童・生徒数に基づいて定められているという点である。調査を実施した地域では、調査当時は、日本語の支援が必要な児童・生徒が1人か2人しかいない学校の場合、子どもは明らかに最小限度の言語的支援しか受けられぬ状況にあった。多くの場合、取り出し授業もないので普通クラスで授業を受けているだけであった（2009年現在も、本調査を実施した都道府県においては、1人しかいない学校の場合、このような状況にある）。

もう一つの大きな情報源は、研究対象としたコミュニティで行ったあらゆる種類の活動である。これは研究者と研究対象者の間に双方にとって利益となる関係を築くうえで非常に重要だった。コミュニティに対してオープンに提供したさまざまなサービスの他にも、貴重な時間を割いてインタビューに応じ情報を提供してくれた家族に対して、特別に行った活動もあった。また、毎週土曜日の夜に開かれているボランティアの日本語教室にも参加し、5年間関わった。

　このボランティア・グループからは、ポルトガル語を外国語として学ぼうとする日本人のためのポルトガル語教室も設立された。筆者は、日本人が外国語を学ぶことはニューカマーに日本語を教えるのと同じように重要だと考えている。外国語を学ぼうとする双方の努力こそが共存のための相互理解の基礎となると信じるからだ。語学学習は言語的な面だけでなく、文化を学ぶことも含む。幸運なことに、ニューカマーの子どもと接する機会のあった何人かの日本人教師の働きかけによって、他の教師たちがニューカマーの子どもたちの言語を学びはじめるケースもあった。この試みは、未知の文化を知ることにつながったという意味での積極的な影響を彼・彼女らに与えただけでなく、言語を学ぶことがどれほど難しく、なんと多大な時間と労力を消費するものであるかということを、理解する助けになったようだ。教える側から学ぶ側に立場を転換させることで、自分の生徒の学習をより良く支援するためのきっかけが得られたのである。

　ポルトガル語教室はその後、ポルトガル語を話すことはできても読み書きのできないブラジル人の子どもたちのためにも開かれるようになった。週1回の試みに過ぎないが、2009年現在も続いている。実のところこの教室は、自分の母語（native language）を学びたいというブラジル人の子どもの希望がきっかけで始まったものなのである。

　データはまた、課外活動や外国人の参加を歓迎するコミュニティでのイベント、夏休みの日本語教室、そしてニューカマーの子どもが集まるさまざまな会合の場などでも収集した。インフォーマルなインタビューは中学生に対して実施し、小学生の場合は、子どもが自分の名前についてコメントした

り、誰かに自己紹介するような普段と異なる場面・状況で名前について話したりする機会を、じっと待った。こうして集めた情報を確認するため、親へのインタビューが不可欠だった。

②量的データ

量的データについては、まず概要を表1、表2、表3に示しておく。

表1　登録児童・生徒数と名前の数（国・自治体別）

自治体	国	名前二つ	名前三つ	名前四つ	名前五つ	小計
甲	ペルー	10	4	2	-	16 (7)*
甲	ブラジル	47	10	2	-	59 (20)*
乙	ペルー	18	-	-	-	18 (5)**
乙	ブラジル	46	6	2	-	54 (8)**
丙	ペルー	8	3	10	1	22 (2)***
丙	ブラジル	31	40	5	-	76 (2)***
丁	ペルー	-	1	7	-	8
丁	ブラジル	1	24	7	-	32
計	ペルー	36	8	19	1	64
計	ブラジル	125	80	16	-	221

（　）内の数字は、研究期間中に登録された名前の数や形式に変更があった子どもの人数で、（　）外の人数には含まれない。変更のあった事例は、混乱を避けるため別途分析する。
* 甲自治体における名前の変更の詳細については表11を参照。
** 乙自治体における名前の変更の詳細については表13を参照。
*** 丙自治体における名前の変更の詳細については表15を参照。

表2　ペルー人の子どもの登録人数と登録された名前の形式（自治体別）

自治体	子どもの人数	名 日本名	名 非・日本名	姓 日本姓	姓 非・日本姓
甲	16 (7)*	4	15	11	10
乙	18 (5)**	6	12	7	11
丙	22 (2)***	4	29	14	23
丁	8	4	11	6	10
計	64	18	67	38	54

（　）内の数字は、研究期間中に登録された名前の数や形式に変更があった子どもの人数で、（　）外の人数には含まれない。
* 甲自治体における名前の変更の詳細については表11を参照。
** 乙自治体における名前の変更の詳細については表13を参照。
*** 丙自治体における名前の変更の詳細については表15を参照。

表3　ブラジル人の子どもの登録人数と登録された名前の形式（自治体別）

自治体	子どもの人数	名 日本名	名 非・日本名	姓 日本姓	姓 非・日本姓
甲	59 (20)*	28	39	51	14
乙	54 (8)**	25	33	42	18
丙	76 (2)***	43	66	56	37
丁	32	10	36	24	32
計	221	106	174	173	101

（　）内の数字は、研究期間中に登録された名前の数や形式に変更があった子どもの人数で、（　）外の人数には含まれない。
* 甲自治体における名前の変更の詳細については表11を参照。
** 乙自治体における名前の変更の詳細については表13を参照。
*** 丙自治体における名前の変更の詳細については表15を参照。

〈注〉
〈1〉　参考文献［21］。
〈2〉　FASOLD (1984: 147–149)（参考文献［16］）参照。
〈3〉　参考文献［110］。
〈4〉　この分野の研究については参考文献［45］参照。
〈5〉　参考文献［46］。
〈6〉　参考文献［48］。

第 2 章　マイノリティの名前をめぐる研究の枠組み　49

⟨7⟩　参考文献［4］。
⟨8⟩　文化人類学の領域についてのより詳細な説明については、BOCK（1969）（参考文献［8］）参照。
⟨9⟩　参考文献［97］。
⟨10⟩　参考文献［58］。
⟨11⟩　参考文献［2］。
⟨12⟩　参考文献［122］。
⟨13⟩　参考文献［3］。
⟨14⟩　参考文献［38］［39］［40］。
⟨15⟩　参考文献［123］。
⟨16⟩　参考文献［50］。
⟨17⟩　参考文献［51］。
⟨18⟩　参考文献［52］。
⟨19⟩　参考文献［115］。
⟨20⟩　参考文献［7］。
⟨21⟩　伊地知（1994）（参考文献［33］）は、在日韓国・朝鮮人の名前と歴史的背景、そして彼・彼女らが日本による植民地支配の経験を通して被らざるを得なかった名前の変更について詳細に述べている。
⟨22⟩　PHILLIPSON, SKUTNABB-KANGAS, Mart RANNUT（1995: 103）（参考文献［102］）参照。
⟨23⟩　参考文献［102］。
⟨24⟩　参考文献［102］。
⟨25⟩　参考文献［101］。
⟨26⟩　参考文献［35］。
⟨27⟩　参考文献［33］。
⟨28⟩　STAHL（1992）（参考文献［104］）参照。
⟨29⟩　参考文献［99］。
⟨30⟩　参考文献［99］の様式 No.28、30、30-2、34、36、40（本書 233 ページ参照）。
⟨31⟩　参考文献［99］の様式 No.32（本書 234 ページ参照）。
⟨32⟩　2009 年 3 月、外国人登録手続を廃止して、住民基本台帳への登録に統合するための法改定案を総務省が公表した。2012 年までの施行を目指すという。
⟨33⟩　参考文献［99］の様式 No.1、5、8、10、11 参照。なお、2005 年以降、「氏名及び性別」欄内の表記が、前から順に「姓（Surname）」「名（Given names）」「（Middle name）」に置き換えられた様式が使用されているが、「Given names」と「Middle name」の関係など、問題は解決されず残っている（本書 237 ～ 238 ページ参照）。
⟨34⟩　3 世、2 世の配偶者と 3 世の配偶者は、「定住者」という在留資格となることが多い。
⟨35⟩　参考文献［123］参照。
⟨36⟩　参考文献［97］。家族名や姓のない伝統を持つ文化については、ここでは考慮され

〈37〉 この名前の配列は、日本の市区町村役場で外国人登録手続を行う外国人の名前が、最初に、公式に登録される場合のものである。日本で90日以上暮らす外国人は全員、外国人登録証を得るために、住居地の市区町村役場で登録しなければならない。非漢字圏の国から来た外国人が申請した場合、ローマ字が使われる。登録の正式手続に関する節（第5章）で、詳細は説明する。

〈38〉 名前の配列をこのような形に公式に変えることは可能である。名前そのものをまったく違う通称名に変えることも、さまざまな目的で公式に利用されている「通称名」登録をすれば、可能である。その手続は、第5章第1節で説明する。

〈39〉 アメリカへのアジア系移民がどのように個人名を選択してきたかの詳細については、WU (1999: 28-29)（参考文献 [123]）を参照。

〈40〉 参考文献 [3]。

〈41〉 参考文献 [34]。

〈42〉 参考文献 [38][39][40]。

〈43〉 参考文献 [105]。

〈44〉 参考文献 [23]。

〈45〉 参考文献の [115] 参照。

〈46〉 日本の政府見解によれば、学校へ通うことは日本人にとっては義務だが、外国人にとってはそうではない。

〈47〉 これら前置詞や前置詞と冠詞の組み合わせは、ブラジルで人を呼ぶときには使われない。SMITH (1967: 26)（参考文献 [103]）が示した例で言えば、たとえば、José da Costa という人物はブラジルでは Senhor Costa (Mr.Costa) と呼ばれるのであり、Senhor da Costa (Mr. da Costa) とは呼ばれない。ただし、SMITH は、アメリカ合衆国在住のブラジル人は前置詞や前置詞と冠詞の組み合わせを使っており、しかも好んでいると指摘している。また、さまざまな名付けの習慣について解説する次章の、ブラジル人に関する部分を参照。

第3章　在日エスニック・マイノリティの概観

3.1　日本のマイノリティ

　国境や海、大陸を越えた人の移動が容易になってきた結果、地球上のあらゆる地域で文化的多様性が存在することが一般的になってきた。これは日本についても言えることで、日本もまた現代世界の国家の一つとして、他国と同様、多文化・多民族・多言語社会なのである。

　いまだに日本では、日本国籍者の多くは、日本は単一民族国家であるという架空のイメージに固執しており、対照的な多文化・多民族・多言語社会の例としてアメリカ合衆国やヨーロッパ諸国などを挙げる。しかし現実には、日本社会にはさまざまなマイノリティが存在している。たとえば外国籍住民もマイノリティに属すると見なすことができ、日本国籍者だけでなく外国籍住民も住民としての義務を果たし、税を納めてもいる。しかし、納税に関するこの事実さえ日本国籍者の間では必ずしも常識にはなっていない[1]。また、外国籍住民の享有する権利は、日本国籍者のそれとは明らかに違う。たとえば、特別永住者[2]は、数世代に渡り日本で暮らし、あるいは生まれ育っていても、未だに選挙権は認められておらず、ごく最近になってようやく他の先進諸国と同じように、永住者に限って地方自治体での選挙権を与えるという話が、日本社会のさまざまなレベルで注目を浴びるようになってきたという段階なのである。

　どんな社会にもマイノリティは存在する。ここで、マイノリティとは、エスニシティあるいは人種的・宗教的または言語的に他とは異なった特徴を有

する、人口上の少数派を指す。強調しておきたいのは、マイノリティ・グループ、特に主流(メイン・ストリーム)から遠く離れた不利益な状況に自分の意思でではなく置かれてしまったマイノリティも、住民あるいは納税者としてマジョリティと同様の権利を持っているという点である。DE VOS と WAGATSUMA (1995)[3] は日本のマイノリティの中から、アイヌ、部落民、沖縄人、韓国・朝鮮人、混血児、そして日系南米人を挙げ、特に部落民と韓国・朝鮮人に焦点を当てている。WEINER (1997)[4] は、アイヌ、部落民、中国人、韓国・朝鮮人、琉球人／沖縄人、そして日系人を挙げている。

　実際のところ、日本に複数のマイノリティ・グループが存在することは否定できない事実である。たとえばアイヌは、本州北部や北海道、北方諸島などの日本北部で暮らしてきた先住民族である。1986 年には、アイヌだと自認する人の数は 25,000 人を下回っていた。しかしアイヌはこれまでも、少なくとも国際的には北部日本の先住民だと認められた存在であり、1992 年の国連国際先住民族年[5]のオープニング・セレモニーにアイヌの代表者が招待されたのはそのためである。アイヌは今では日本人と見なされているが、アイヌの民族的な誇りや尊厳を回復し保持するためのキャンペーンの数は圧倒的に増えてきており、先住民としての権利を求めるアイヌの闘いも続いてきた[6]。そして 2008 年 6 月には、アイヌ民族を先住民族と認める決議案が衆参両院において全会一致で可決されるに至った。同決議では、アイヌの人々を「独自の言語、宗教や文化の独自性を有する先住民族として認めること」及び「高いレベルで有識者の意見を聴きながら、これまでのアイヌ政策を更に推進し、総合的な施策の確立に取り組むこと」を政府が早急に講ずるべき施策として挙げている。

　琉球人あるいは沖縄人も日本のマイノリティであり、TAIRA (1997: 142)[7]によれば、現在では日本最大のエスニック・グループである。琉球人／沖縄人は、沖縄県が日本に復帰してから後、法的に日本人と見なされ、主流の日本人の意識においては「主流」の中に吸収されたようにも見えるが、2008 年 10 月、国連人権委員会は「アイヌ民族および琉球民族を国内立法化におい

て、先住民族として公式に認め」て言語や文化等の保護・促進施策をなすよう日本政府に勧告している。

在日韓国・朝鮮人は、本調査を実施していた1999年段階での外国人登録者数を見ると、日本には636,548人の韓国・朝鮮人が暮らしており、国籍（出身地）別外国人登録者数で最大のグループだった。その後、2007年末には、59万3489人となり、中国に続く2位となったが（表4）、半世紀以上の長きに渡り日本最大のエスニック・マイノリティと見なされてきたことに疑いはない。彼・彼女らの第1世代のほとんどは、1910年から1945年までの植民地支配の時代に、日本への移動を余儀なくされた人々である。今では、約

表4 外国人登録者数（国籍・出身地別） 各年末現在

年	韓国・朝鮮	中国	ブラジル	ペルー	フィリピン	米国	その他	合計
1988	677,140	129,269	4,159	864	32,185	32,766	64,622	941,005
1989	681,838	137,499	14,528	4,121	38,925	34,900	72,644	984,455
1990	687,940	150,339	56,429	10,279	49,092	38,364	82,874	1,075,317
1991	693,050	171,071	119,333	26,281	61,837	42,498	104,821	1,218,891
1992	688,144	195,334	147,803	31,051	62,218	42,482	114,612	1,281,644
1993	682,276	210,138	154,650	33,169	73,057	42,639	124,819	1,320,748
1994	676,793	218,585	159,619	35,382	85,968	43,320	134,344	1,354,011
1995	666,376	222,991	176,440	36,269	74,297	43,198	142,800	1,362,371
1996	657,159	234,264	201,765	37,099	84,509	44,168	156,142	1,415,136
1997	645,373	252,164	233,254	40,394	93,265	43,690	174,567	1,492,707
1998	638,828	272,230	222,217	41,317	105,308	42,774	189,442	1,512,116
1999	636,548	294,201	224,299	42,773	115,685	42,802	199,805	1,556,113
2000	635,269	335,575	254,394	46,171	144,871	44,856	225,308	1,686,444
2001	632,405	381,225	265,962	50,052	156,667	46,244	245,907	1,778,462
2002	625,422	424,282	268,332	51,772	169,359	47,970	264,621	1,851,758
2003	613,791	462,396	274,700	53,649	185,237	47,836	277,421	1,915,030
2004	607,419	487,570	286,557	55,750	199,394	48,844	288,213	1,973,747
2005	598,687	519,561	302,080	57,728	187,261	49,390	296,848	2,011,555
2006	598,219	560,741	312,979	58,721	193,488	51,321	309,450	2,084,919
2007	593,489	606,889	316,967	59,696	202,592	51,851	321,489	2,152,973

出典：入管協会

90％が日本生まれの第 2、第 3 世代以降で、朝鮮半島を訪れたこともなくその言語を話すことのできない人も少なくない。在日韓国・朝鮮人人口は、1985 年の国籍法と戸籍法の一部の改定により、両親のどちらかが日本国籍であればその子どもは日本国籍取得が認められることになって以降、減少を続けている。一般的に見るなら、在日韓国・朝鮮人の日本への文化的な適応はかなり進んだ段階にあると言えよう。しかし最近、自らの民族的背景を回復しアイデンティティを再構築することへの関心を強く持つ人々の活動も活発に行われるようになっている。

　誰が最大のエスニック・マイノリティ・グループかを議論することは本書の目的ではないので、論じないが、植民地支配の結果日本列島への移動を余儀なくされた人々とその子孫を含む在日韓国・朝鮮人が今でも極めて大きなマイノリティ・グループであることに間違いはない。そして、彼・彼女らが日本へ来た、あるいは連れてこられた歴史は非常に特徴的である。本書では、彼・彼女らを「ニューカマー（newcomers）」と区別するために一般的に使われることの多い「オールドカマーズ（oldcomers）」という語ではなく、「オールドタイマーズ（oldtimers）」を用いる。「オールドタイマーズ」の中には、韓国・朝鮮人だけでなく、中国人や台湾人も含まれる。大半の「オールドタイマーズ」は自らの意思で進んで日本にやって来たのではなく、20 世紀の前半に日本による植民地支配を受けた結果、日本に連れて来られたか来ることを余儀なくされた人々とその子孫である。彼・彼女らを指す言葉として、自発的にやって来たとの含意を持つ「オールドカマー」は適切ではない。もちろん「オールドタイマーズ」という用語が最善のものでないことは、彼・彼女らの日本での歴史の概略を見るだけでも明らかだが、「オールドカマーズ」の意味論上の含意を考えると、まだ「オールドタイマーズ」を使う方がベターだと考える。

　インドシナ難民、特にベトナム戦争の際にラオス、カンボジア、ベトナムから逃れてきた難民も、日本のエスニック・グループである。彼・彼女らは定住者としての資格を獲得したが、それは日本政府が「難民」を受け入れないとして国際的に非難されたからだった。その後、幾つかの国から外国人が

来日し、いわゆる「外国人労働者」として日本社会を底辺から支えるようになった。たとえば、1980年代後半から1990年代にかけて急増したパキスタン人とバングラデシュ人や、1990年から1992年にかけて急増したイラン人である。さらに、中国残留邦人帰国者とその家族もエスニック・グループと見なしてよいだろう。戦争時に中国大陸に置き去りにされ日本政府からも見捨てられてしまったかつての日本人入植者とその子孫を日本国内に受け入れる事業はスムーズには進まなかった。彼・彼女らのほとんどはすでに高齢なうえ、日本に「帰る」権利を申告するための期限が設けられているので、中国残留邦人帰国者の数は減少に向かっている。

1990年代に入ると、主に南米出身の日系人が来日するようになり、外国人登録者数は劇的に増加してきた[8]。明らかに1989年の入管法改定の影響である。そして本調査を実施していた1999年末段階での外国人登録者数は155万6,113人、日本の総人口の1.23%を占めており、人数を1994年末（5年前）と比べれば14.9%増、1989年末（10年前）と比べれば58.1%増であった[9]。その後も外国人登録者数は増えつづけ、2007年末段階では、215万2,973人、日本の総人口の1.69%に上っている[10]。

1989年の入管法改定の影響などで幾つものエスニック・グループが日本国内に新しく存在するようになり、マイノリティ・グループも多様化が進んできた。これらのマイノリティ・グループは来日の経緯も歴史もさまざまであり、日本を離れるまで、それぞれが違った過程をたどる。それゆえ、それぞれのグループをひとまとめに論じることはできない。次節以降及び次章で、これらのグループの幾つかを採り上げ、それぞれの名付けの伝統、名前の使用に関連する問題を解説する。

なお、先住民であるアイヌの名付けの伝統については、名前という点では共通するものの、外国からのニューカマーを主題とする本書の射程を超えるので、本書では採り上げない。それでも、今も先住民としての権利を求めて闘いを続けているアイヌの名前に関する歴史的事件については、次章で簡単にではあるが、紹介する。琉球人／沖縄人の伝統についても同様の理由から採り上げないが、その歴史的経験については、やはり簡単に紹介する。

3.2　ニューカマー

労働開国という現実

　最近では日本も、ヨーロッパや北米の最も産業化の進んだ国々と同様に、外国人労働力への依存の度合いを強めており、移民受入れに関する議論も経済界を中心に活発化しつつある。もちろん他の西側諸国と比べるとかなり遅い動きだが、そんな日本でも「外部」からの労働力輸入とでも呼べる状況は明治期、すでに始まっていた。植民地から移動してきた人々や連れて来られた人々を労働力として経済システムに組み込んでいたし、第2次世界大戦終結後も多くの朝鮮人は、日本の植民地支配からようやく独立したにも関わらず、朝鮮戦争の影響で日本に留まる以外の選択肢を失い、戦前同様、日本の労働市場を支えることになった。さらにそこに、旧植民地以外の国々からの「労働力」も加わっていった。

　「働き手」「労働力」の移動は国内でも発生していた。「出稼ぎ」と呼ばれる国内出身の季節労働者も日本経済の基礎を支える機能を果たしてきた[11]。「出稼ぎ」は主に、冬になると職を求めて故郷を離れる農業地帯の人々であった。仕事のない季節に都市に移動し仕事を探すのである。大規模な機械化がオートメーションを可能にし労働力削減を促進すると、「出稼ぎ」の雇用市場は狭まるはずだが、経済成長に伴う膨大な労働需要の発生が雇用市場を拡大させていった。そして生じた労働力不足に応えるべく1990年代に「日系」の外国人労働者に対して、「労働者」ではないという建前の下、合法的な門戸が開かれるまでの間も、多くの外国人が来日して労働市場の人手不足を補っていた。

　ここで触れておかなければならないのは、日本政府が大勢の日系人の来日を許可せざるをえなくなる前、異なるエスニシティを背景に持つ外国人の流入を認めることに対して非常に大きな抵抗と偏見とがあったということである。そして1980年代には、在日外国人の数は、まだどうにか入管当局によってコントロールされていた。

　いわゆる「ニューカマー」について明確な定義はないが[12]、いくつかの

異なるグループを含むのは確かである。来日の年代で見ると、東南アジアからの難民が最初のグループだと言えよう。国際的な圧力を受けた日本政府は、ベトナム戦争から逃れて安全で平和な地を求める人々を受け入れざるをえなくなったのである。

その後、南アジアの政治的・経済的パートナーである国々や中東諸国の人々が、ビザなし渡航を認める相互協定により来日し、日本で働くようになった。パキスタンやバングラデシュ、イランの人々である。現代社会の発展は、地球上の遠く離れた地域からさえ人がやって来るのを容易にしていた。

日本とのつながりが深いニューカマーの受け入れに目を転じると、1984年、日本もようやく政府予算で中国残留邦人とその家族の帰国事業に取りかかった。彼・彼女らの多くは日本国籍を持っているが、第2次世界大戦末期に日本政府および撤退する日本軍に見捨てられて中国に取り残された人々であり、またはその家族である。もともと日本から大陸に渡り取り残された入植者たちは、日本が敵国視される中で生き延びる道を見つけねばならなかった。そんな彼・彼女らを、たとえ敵の子どもであっても、人道的な心を持った人々が助け、育て上げてくれ、多くの人々が生き抜くことができたのであった[13]。

さらに1980年代後半には、19世紀末から20世紀前半にかけて主に南米地域に渡った日本人と、主に二重国籍を持つその子孫たちが、来日して働くようになった。1989年に入管法が改定され、4世[14]までの日系人とその家族は、世代によって違うが比較的安定した在留資格を取得できるようになった。このときの改定によって、一定の条件を満たす外国人労働者に対する法的障壁はなくなり、日本の歴史の新しいページが開いた。政府が公式には認めていなくとも、実質的に、いくつかの条件を満たす単純労働者の受入れが始まったのである。対象は日系人に限られるが、その配偶者にも適用が拡大されており、配偶者は日系人を祖先に持つ必要はない。こうして来日したのは、日本人の子孫である2世、3世、4世がほとんどである。実際、1980年代末から1990年代の初めにかけて、南米、主にブラジルとペルーの日系人の来日者数が急激に増えた。1989年の入管法改定は、当時のバブル景気によって生じた労働力不足に急遽対応するための政策転換だったのであ

る[15]。

　日系人に限るという条件は、二つの意味に解釈できる。一つは、日本政府が日本に流入する単純労働者の数を制御下に置くための条件だという解釈。もう一つは、日本社会における外国人労働者に対する偏見や抵抗と、労働力不足解消を求める経済界からの圧力との狭間において、血のつながりのある日系人を優先するという一定の制限によって、ニューカマーのエスニック・バックグラウンド (ethnic background) を制限しようとするものだという解釈である。おそらくどちらも意図されていたのであろう。

　いずれにせよ、政府当局の当初の予想を超える数の人々が、来日する結果となった。1990年から1991年のわずか1年間に在日ブラジル人の数は倍増し、移民の連鎖の結果、その後も増加を続けている。(表4参照)

多民族・多文化・多言語社会という現実
　こうして日本は、今や移住労働者の受入れとその家族の権利に関する諸問題に立ち向かい解決すべき時を迎えている。

　しかし、ほとんどの日本人はまだ、日本もまた多文化・多民族社会であると認識する段階にさえ至っていない。たしかに日本の人口構成は、ブラジルのように主にヨーロッパからの移民とアフリカから連れて来られた奴隷、そして先住民らで構成されてきたアメリカ大陸諸国のそれとは歴史が異なるが、日本でもマイノリティは歴史を通じて常に存在してきた。彼・彼女らは、その存在が社会の一般常識とならぬほどに、脇に追いやられ、あるいは同化を強制されてきたと言えよう。たとえば、先住民であるアイヌ民族は、2008年6月、ようやく先住民族であると認める国会決議がなされたとはいえ、その子孫のほとんどは日本全国に散らばって暮らしており、今日では日本社会に統合されたと認識されているのである。

ニューカマーを取り巻く困難
　ニューカマーは、さまざまな領域の研究者たちの関心を集めつづけている。たとえば、経済学や法学、政治学、社会学の研究者たちである[16]。南

米日系人ニューカマーの日本滞在は、一時的な短期滞在から長期的なものに変化する動きが見られ、永住資格を取得する人も増えている[17]。しかし、受入側社会の各方面・各レベルにおける受入基盤の整備計画がないことと、ニューカマー自身の準備不足や将来設計の不確実さとの結果、時とともに取り巻く状況は悪化している。日本語を話せないこれほど多くの人口を受け入れるインフラ整備がないままに入管法は改定され、ちょうどその頃、南米の開発途上諸国にあった経済危機が、彼・彼女らの来日に拍車をかけた。それが尾を引いている。

　ここで強調しておかねばならないのが、日系人の南米における信望と日本におけるそれとの極端な落差である。南米において日系人とその子孫がマイノリティであることに疑いはないが、彼・彼女らは勤勉で正直な人々として非常に高い信望を集めている。移民1世は農業部門に集中していたが、2世以降になると、若い世代が都市に移動し、高度な教育を受けるようになった。今や南米諸国の最高レベルの大学の学生の中でも、日系人はかなり高い割合を占めるに至っている。これは簡単に獲得された結果ではなく、ペルーやブラジル、アルゼンチン、ボリビアなどに渡った最初の移民たちの努力と受入社会との関係とによって、長い歳月を経て獲得されたものなのである。

　多くの日系人、主に2世以降は、高度な教育を受けることができたが、それでも良い職を見つけたり自分の暮らす地域で成功を収めたりするには不十分だった。高いインフレ率[18]と経済危機があらゆる産業に影響し、農産業は最も深刻な打撃を受けた。中でも野菜栽培をしていた人々は、野菜消費の低迷に打ちのめされた[19]。高い生産費や価格変動など農家が直面する高いリスクを補うには、野菜の低価格はまったく不十分だったのである。そして、当時の政治的・経済的政策のせいで、彼・彼女らの多くは多額の負債を抱えることになり、しかも、口座凍結や非常に高いインフレ率と高金利が、彼・彼女らに不利に働いた。

　1989年の入管法改定で、日系の人々は、南米諸国が高インフレ率や低収入、職不足などに見舞われ深刻な経済危機にある時に、日本に働きに行って経済的苦境を克服するというチャンスを得た。多くの日系人が、高度な教育

を受け、専門分野を持っているにも関わらず、彼・彼女らは日本の職場に単純労働者として受け入れられ、ブルーカラーとして働くことになった[20]。

単純労働者として来日するというこの動きを、いくつかの研究者グループは「帰ってきた移民」と見なしているが、一般には「デカセギという移動」と見なされている。「デカセギ」は移住労働者を意味する日本語だが、中でも特に、故郷を遠く離れて、しばらくの間働く人々を指す。この単語は先述のとおり、当初日本では、厳しい自然環境の中で暮らす主に東北地域からの季節労働者を指す言葉として使われていたが、いつしか、お金を稼ぐためにやって来てやがては祖国に帰る外国人を侮蔑的なニュアンスを持って指す言葉として使われるようになった。今では、「Dekasegi」という単語は「Koseki (戸籍)」[21]などと同様に、ブラジル人やペルー人の話すポルトガル語、スペイン語の中で、名詞として使われるまでになっている。それも日本に働きに来た人々の間だけではない。メディアの関心が日系人の日本への移動に集まることで、日本に来たことのない人々の間でも広まっているのである。

3.3　日本で暮らすニューカマーの子どもたち

日本の文部科学省[22]は、1991年に、ニューカマーについての情報を全国的に収集しはじめた。この調査はその後2年ごとに行われており、2000年からは毎年行われるようになった。その目的は、新しく来日して日本語を使えない子どもの数を明確に把握することにある。このような子どもたちは当初、「日本語教育を必要とする外国人児童生徒」と呼ばれていたが、1999年から「日本語指導が必要な外国人児童生徒」と呼称が変わった。

この呼称は、日本語教育を必要としない他の外国人、たとえば第2次世界大戦以前から日本で暮らしており日本語に不自由しない韓国・朝鮮人や中国人などと区別するうえで必要なものだった[23]。調査データは全都道府県、全市区町村から集められているが、日本語教育・指導の「必要度」を測るための明確な基準も方法もないため、調査票に記入する者の主観的な判断に左

右される部分が大きい。

　太田 (2000)[24]は、ニューカマーの子どもと日本の学校について教育学的な観点からフィールドワーク研究を実施した。太田は、「ニューカマーの子どもたちはごく最近日本に来るようになった。外国で生まれ育ち、日本の学校に入学してきたとき、彼らのほとんどは日本語をまったく話せない」と指摘している。本書では、太田によるこの指摘を受けて、最近日本にやって来た、外国で生まれ育った子どもを、ニューカマーの一応の定義とする。一応の定義と言うのは、研究当時と変わって本書執筆中の 2008 年段階では日本で生まれ育ったニューカマーの 2 世以降も増えており、彼・彼女らもニューカマーに含めて説明される場合が、語源的な問題はさておき、少なくないからである。

　今日の日本では、ニューカマーの子どもたちは、保護者が望むなら日本の教育を中学校卒業段階まで受けることができるという「就学許可」の対象である。この意味するところは、ニューカマーの要望に応じて日本の学校教育が変化することはないが、日本人と同じ条件で扱ってよいのなら受け入れるということである。ニューカマーの子どもたちは日本人と同じ方法で、日本語を教えられる。つまり、当初から「国語」を教える方法で教えるということであり、外国語や第 2 言語としての日本語を教える方法でではない。教授法のこのような根本的な問題さえ、外国籍の子どもを扱う日本語指導員に考慮されることはまだ少ない。2001 年以降、学校教育において日本語を第 2 言語として教授するカリキュラム (JSL カリキュラム) の研究が、文部科学省によって始まったが、現場レベルでは、いまだ十分に活用されているとは言いがたい。

　その結果、さまざまな年齢層のニューカマーの子どもに教えるための教材にどのようなものが選ばれるのかと言うと、日本語をまったく知らない子どもに対しては小学校 1 年生の教科書を使うことをまず最初に思いつくというケースが当たり前のように観察される。その子どもが何歳であり知的発達のどのような段階にあるかにまったく関わりなく、同じ教材が、何の応用も変更もないままに使われる。中学生に対しても、小学校 1 年生用に作成された

ワークブックを使って書き取りの練習をさせることがきわめて一般的に行われている。たとえば、ひらがなの「あ」は日本語では /a/ と発音されるので、日本人の小学1年生がちゃんと書けるようになるのを手助けするためのヒントとして、ワークブックの「あ」の文字の横には、「あり」「あめ」「あさがお」の絵が並んでいたりする。このような教材は、日本語にすでに親しんでいて、三つの絵の意味する日本語を知っている子どもにのみ、適切な教材である。しかし、ここでヒントして描かれているような絵は、文化的・言語的に異なる背景を持つ子どもにとっては、まったく意味をなさない。もし有効に使おうとするのなら、少なくとも、絵の脇にたとえばローマ字を使って日本語での読みを添え、読みと文字とがつながるようにする必要がある。

日本語のネイティブ・スピーカーである日本人の子どもたちのための教材は、第2言語や外国語として日本語を学ぶ子どもたちの教材として、何の加工も注意深い計画もないままに使うのはふさわしくないものだということについての想像力の欠如が、このような事態を生んでいる。

日本の公立学校に在籍する子どものうち「日本語指導が必要な外国人児童生徒」の人数を、母語別に分けてみたのが表5(1995年)、表6(1997年)、

表5 日本の公立学校に登録されている「日本語教育が必要な外国人児童生徒」数（言語別、1995年）

言語	小学校 人数	比率	中学校 人数	比率	小計 人数	比率	高校 人数	比率	合計 人数	比率
ポルトガル語	3,182	38.8%	1,062	31.7%	4,244	36.8%	26	9.8%	4,270	36.2%
中国語	2,417	29.5%	1,309	39.1%	3,726	32.3%	182	68.9%	3,908	33.1%
スペイン語	1,021	12.5%	402	12.0%	1,423	12.3%	17	6.4%	1,440	12.2%
フィリピノ語	340	4.2%	154	4.6%	494	4.3%	9	3.4%	503	4.3%
韓国・朝鮮語	255	3.1%	107	3.2%	362	3.1%	11	4.2%	373	3.1%
ベトナム語	283	3.5%	122	3.6%	405	3.5%	6	2.3%	411	3.5%
英語	309	3.8%	82	2.4%	391	3.4%	4	1.5%	395	3.3%
その他(39)*	385	4.7%	112	3.3%	497	4.3%	9	3.4%	506	4.3%
計(46)**	8,192	100.0%	3,350	100.0%	11,542	100.0%	264	100.0%	11,806	100.0%

出典：文部科学省(1995)
* その他39言語　** 合計46言語

表6 日本の公立学校に登録されている「日本語教育が必要な外国人児童生徒」数（言語別、1997年）

言語	小学校 人数	比率	中学校 人数	比率	小計 人数	比率	高校 人数	比率	合計 人数	比率
ポルトガル語	5,725	46.5%	1,713	37.8%	7,438	44.2%	24	5.2%	7,462	43.1%
中国語	3,325	27.0%	1,680	37.1%	5,005	29.7%	328	71.1%	5,333	30.8%
スペイン語	1,274	10.4%	443	9.8%	1,717	10.2%	32	6.9%	1,749	10.1%
フィリピノ語	443	3.5%	169	3.7%	602	3.6%	16	3.5%	618	3.6%
韓国・朝鮮語	345	2.8%	123	2.7%	468	2.8%	14	3.0%	482	3.1%
ベトナム語	315	2.6%	150	3.3%	465	2.7%	10	2.2%	475	2.8%
英語	341	2.8%	81	1.8%	422	2.5%	21	4.6%	443	2.6%
その他(46)*	544	4.4%	174	3.8%	718	4.3%	16	3.5%	734	4.2%
計(53)**	12,302	100.0%	4,533	100.0%	16,835	100.0%	461	100.0%	17,296	100.0%

出典：文部科学省（1997）
*その他46言語 **合計53言語

表7 日本の公立学校に登録されている「日本語指導が必要な外国人児童生徒」数（言語別、1999年）

言語	小学校 人数	比率	中学校 人数	比率	高校 人数	比率	盲・聾・養護学校 人数	比率	合計 人数	比率
ポルトガル語	5,512	44.5%	2,071	39.4%	137	15.2%	19	37.3%	7,739	41.6%
中国語	3,280	26.5%	1,862	35.5%	524	58.2%	8	15.7%	5,674	30.5%
スペイン語	1,365	11.0%	542	10.3%	86	9.5%	10	19.6%	2,003	10.8%
フィリピノ語	585	4.7%	231	4.4%	36	4.0%	2	3.9%	854	4.6%
韓国・朝鮮語	379	3.1%	96	1.8%	19	2.1%	5	9.8%	499	2.7%
ベトナム語	290	2.3%	180	3.4%	40	4.4%	0	0.0%	510	2.7%
英語	366	3.0%	67	1.3%	12	1.3%	1	2.0%	446	2.4%
その他(51)*	606	4.9%	201	3.9%	47	5.3%	6	11.7%	860	4.7%
計(58)**	12,383	100.0%	5,250	100.0%	901	100.0%	51	100.0%	18,585	100.0%

出典：文部科学省（1999）
*その他51言語 **合計58言語

表7（1999年）である[25]。

　日本の公立学校に在籍している「日本語指導が必要」なニューカマーの子どもたちは、日本語習得レベルによって三つのレベルに分けられている。しかし、日本の公立学校に在籍する外国籍の子どもの数と、日本で暮らし学齢

期にある外国籍の子どもの数との間には、大きな不一致がある。これは2種類のデータを比較することで証明できる。法務省入国管理局のデータと文部科学省のデータである。

　法務省入国管理局は、日本で暮らす外国人の数に関する統計(『在留外国人統計』)を1959年に公刊しはじめた。当初は5年ごとの公刊だったが、1974年から2年ごとになり、1994年からは毎年発行されるようになった。そのデータでは、0歳から4歳、5歳から9歳、10歳から14歳といった具合に、5歳ごとに区切った年齢別人口が示されている。表8と表9を参照することで、問題の現実を読み取る参考になる。表8は年齢、国籍・年齢層別の外国人登録者数(1999年)で[26]、表9は、10〜14歳の在日ブラジル人数と日本の小・中学校に登録された「日本語指導が必要」なブラジル人の数等(1991〜1999年の一部)[27]をまとめたものである。

　日本では、6歳から15歳までの子どもは学齢期に当たり、義務教育を受けなければならない。これは日本国籍の子どもにとってのみの義務教育である。『在留外国人統計』の対応する年齢区分は5歳から10歳、11歳から14歳となっており(表8)、文部科学省のデータと完全に重なるわけではない。しかし、その違いを念頭に置いても、表8の5〜14歳のデータと、表9の「日本語指導が必要」な子どものデータには、あまりにも開きがありすぎ、公立学校での日本語指導の態勢が十分とは言えないことをあわせ考えると、不就学の子どもの存在が強くうかがえる。もちろん、学齢期にありながら日本の学校に通っていない外国籍の子どものすべてが何ら教育を受けていないと簡単に結論することはできないが(なぜなら、ブラジル学校に通う子どもや、外国人登録を残したまま帰国した子どももいる)、5年に渡るフィールドワークの最中、対象とした4市区町村すべてで、学校に通っていない、つまり教育を受けていない子どもたちの存在を確認した。

　表9のデータでブラジル人の子どもを見てみる。10歳から14歳のブラジル人の子どもの数は、学齢期のうち6〜9歳、15歳の子どもを含まないのに、日本の小中学校に登録されている「日本語指導が必要な外国人児童生徒」の数をはるかに上回る。1999年のデータによれば、その差は1355人に上る。

表8　在日外国人の子どもの人数（国・年齢層別、1999年末）

国籍・出身地	性別	0〜4歳	5〜9歳	10〜14歳	15〜19歳	計
ブラジル	女	7,428	4,515	4,390	7,219	23,552
	男	7,771	4,627	4,548	8,364	25,310
ペルー	女	1,626	993	906	928	4,453
	男	1,710	1,072	995	944	4,721
中国	女	5,182	4,505	5,072	6,289	21,048
	男	5,437	4,724	5,218	5,623	21,002
計	女	14,236	10,013	10,368	14,436	49,053
	男	14,918	10,423	10,761	14,931	51,033

出典：入管協会（2000）

表9　学齢期の在日ブラジル人数と
日本の小・中学校に通う「日本語指導が必要」なブラジル人数（年別）

年	小・中学校に登録された「日本語指導が必要」な子どもの人数*	10〜14歳**	差***
1991年	1,932	-	-
1993年	4,056	-	-
1995年	4,270	-	-
1996年	-		
1997年	7,438	8,019	581
1998年	-	8,619	-
1999年	7,583	8,938	1,355

出典：文部科学省および日本入管協会
* 小中学校に通い日本語指導が必要なブラジル人児童・生徒数は、文部科学省が隔年で発表したデータに基づく。
** 10〜14歳までの在日ブラジル人数は、外国人登録をしている子どもの人数で、入管協会のデータに基づく。
*** 文部科学省の数字と入管協会の数字との差。

　文部科学省が実施するこの調査で現場の教師から「日本語指導が必要な外国人児童生徒」と分類されていない子どもがいることを考慮しても、かなりの数のブラジル人の子どもが日本の公立学校に通っていないと想像された。その後、岐阜県可児市で行われた就学状況実態調査[28]によって、日本の公立学校に通っていないだけでなくブラジル学校にも通っていない不就学の子どもたちが少なからずいることが、確かめられた。その調査結果があまりに

衝撃的だったため、文部科学省も不就学の実態調査に取り組まざるをえなくなっていった。また、田中 (2007: 63-64) も、『在留外国人統計』と「学校基本調査報告書」の比較から、学齢期の外国籍の子どもの数は年々増加しているのに、学校統計上で就学している外国籍の子どもの数は年々減っていると指摘し、その背景には、外国人学校として未認可のブラジル学校に学ぶ子どもおよび不就学の子どもが学校統計に含まれないことがあると説明している[29]。2008 年にはブラジル政府も、在日ブラジル人の不就学の問題を重視する姿勢を明確に打ち出してきた。

　それでも、文部科学省が、外国籍の子どもたちの公立学校での受入れに消極的な状況は変わらない。この点に関する文部科学省の立場は、次のように説明されている。すなわち、日本政府は、他のエスニック・バックグラウンドを持つ子どもたちに日本の教育を強制する[30]ことはできないが、親が日本の教育を与えるかどうかを選択することは可能である。これは思慮深い態度の表明にも聞こえるが、実は、日本政府が 1994 年に批准した児童の権利に関する条約に関連する担当部署のとる立場としては無責任と評する他ないものである。同条約には、子どもの権利を守るための 45 の条文があり、国籍、人種、宗教、言語による差別は許されないと定められている。日本政府は国連の特別委員会から日本国内の子どもを取り巻く状況について数多くの懸念を表明され、改善するよう提案や勧告を受けているが[31]、日本政府の取り組みは極めて緩慢である。

　さらに中等・高等教育への進学率を見ると、ニューカマーの子どもたちの中でも漢字圏出身の子どもたちは、ブラジル人やペルー人の子どもたちよりも、9 年間の「義務」教育[32]終了後にさらに高等教育を受ける機会を享受している。進路の問題も含めて、ニューカマーの子どもたちが日本の学校で直面する問題のほとんどは、すでに多くの研究者によって指摘されており、中でも太田 (2000) の分析が参考になる[33]。

　要するに、教育を受けるべき年齢なのに、日本の学校に通わず、かと言って、居住地域に他の選択肢が少なく[34]、他の種類の学校に通っているのでもない子どもが、かなりの人数存在する。

子どもがまったく教育を受けない状況にあることが明らかな場合、教育を受けるという子どもの基本的権利を保障しなければならない。日本で暮らすニューカマーの子どもたちの場合、子どもに教育へのアクセスを与えるのは保護者の責任であると同時に、子どもの国籍に関わらず、子どもが何らかの教育を受けているかどうかをチェックすることと、子どもたちに教育を受ける環境を保障することは、日本政府の義務でもある。このチェックそして就学のための情報を提供することは、ニューカマーが子どもを連れて外国人登録[35]のために市区町村役場を訪れた際に、なされるべきことである。

〈注〉

⟨1⟩ 「納税の義務」は税法上、国籍に関わらず、たとえば所得税法5条にあるように、「居住者」に課せられるので、在留外国人も所得に応じた納税者であり、また、1989年に導入された消費税については日本人同様、当然の負担者である。しかし、教科書無償供与制度（1963年開始）の下、新一年生に配付される教科書を入れた袋には、「この教科書は、これからの日本を担う皆さんへの期待を込め、国民の税金によって無償で支給されています。大切に使いましょう」という文言が記載されつづけてきた。そこには在留外国人が納税義務の負担者であるとの視点は見られない。その結果か、外国人は納税していないと誤解している日本人が少なくないようである。しかも、2007年度後半からは小学校で配付される全学年・全教科の教科書に上記文言が掲載されはじめ、2008年度からは中学校で配付されるすべての教科書にも掲載されるようになった。

⟨2⟩ 特別永住者のほとんどは、主に明治期以降に日本への移動を余儀なくされた朝鮮半島（旧植民地）出身者とその子孫である。

⟨3⟩ 参考文献［15］。

⟨4⟩ 参考文献［120］。

⟨5⟩ 参考文献［100］参照。

⟨6⟩ 彼らの運動の詳細については参考文献［100］参照。

⟨7⟩ 参考文献［107］参照。

⟨8⟩ 参考文献［95］参照。

⟨9⟩ 参考文献［29］のデータに基づく。

⟨10⟩ 参考文献［31］のデータに基づく。

⟨11⟩ 参考文献［76］［127］参照。これらはポルトガル語で書かれている。

⟨12⟩ 本書における定義は、次節で述べる。

⟨13⟩ 中国帰国者についてのさらなる詳細は参考文献［5］参照。

⟨14⟩ 2009年現在の法制下では4世は単独では日系人またはその配偶者等としては来日

できず、2世あるいは3世と共の場合のみできる。
〈15〉 参考文献［25］参照。
〈16〉 参考文献［19］［20］［41］［95］［115］［119］参照。
〈17〉 参考文献［61］参照。
〈18〉 公式なデータはないが、非公式な情報によればブラジルの場合、インフレ率は月60％に達していたという。
〈19〉 さらなる詳細は参考文献［19］参照。
〈20〉 参考文献［115］参照。
〈21〉 日系人が日本に働きに来る際に必要となる。
〈22〉 1991年当時は文部省だったが、2001年に文部科学省となった。本論文では文部科学省（文科省）で統一する。
〈23〉 2世、3世の世代になるとほとんど完全に同化しているとの評価もあるだろうが、その根源には、日本政府が他の文化は同化させるとの方針を採り、民族教育を求める教育闘争を弾圧し、ほとんどの朝鮮学校が閉鎖されたことがある。このような政策の結果、若い世代の多くは民族的・文化的背景を学校教育を通して継承する機会を失った。
〈24〉 参考文献［86］を参照。
〈25〉 最新のデータは文部科学省のサイト（http://www.mext.go.jp/）でも公表される。
〈26〉 参考文献［30］。
〈27〉 参考文献［66］。
〈28〉 参考文献［36］［43］を参照。
〈29〉 参考文献［112］。
〈30〉 旧植民地出身者に対してはかつて強制が行われていた。
〈31〉 児童の権利に関する委員会の第1回最終見解（1998年6月）、第2回最終見解（2004年2月）。第3回の政府報告は2008年になされている。
〈32〉 前述のように、日本国籍の子どもにとってのみ義務なのである。
〈33〉 太田の論文（参考文献［82］［83］［84］［85］［86］）や、他の研究者による参考文献［23］［61］［72］［73］［109］［119］などを参照。
〈34〉 ここでは、通信教育や日本国内のブラジル学校、ペルー学校、家庭教師やフリースクールなど、あらゆる種類のオルタナティブでインフォーマルな教育を指している。日本政府は、普通教育を行っている外国人学校をも各種学校としてのみ認める方針で、ほとんどの補助から排除する政策をとってきたからである。
35〉 外国人登録の手続については、名前の登録を説明する第5章で解説する。

第4章　名付けに関する習慣と背景

4.1　概説

　文化が異なれば名付けの習慣も異なるということは、想像に難くないだろう。さらに、文化的背景が異なれば名前に与えられる意味や価値も異なってくるということも、理解は容易だろう。

　社会の中に新しい子どもが生まれた時、その社会の生活様式がどれほどシンプルなものであれ、その名付け（命名）は重大なものとして受け止められる。両親を巻き込むだけでなく親戚や、時には共同体全体をも巻き込む。ALFORD (1987: 29–50) は、共同体が異なれば名付けのプロセスが持つ社会的意味も異なりうると分析している。[1]

　ALFORD (1987: 125) は、アメリカ合衆国では「子どもに名前を与える行為は、子どもが社会の正当なメンバーであること、あるいは、子どもの親が公的に親権を主張することの、一方または両方を示す」と指摘している。これは、日本を含む他のほとんどの産業化社会でも共通して言えることである。しかし、すべての国で名付けが同じ方法で行われていることを必ずしも意味しないし、同じ様な価値が名付けに与えられていることを意味するわけでもない。

　第2章で言及したように、名前に関する文献は幅広く存在しており、名前が関心の対象でありつづけていることを示している。本章の第一の目的は、さまざまな文化のさまざまなレベルで、人に命名するプロセスがどれほど異なるかを説明することである。

名前の認知のされ方は、文化が異なればそれぞれ違う。そして、受入側社会での人の呼び方、呼ばれ方が、移住してきた人々の呼称の選択に影響を与える。その現象は、日本で暮らすブラジル人、ペルー人の間でも生じている。たとえば、日本ではほとんどの人が姓で呼ばれているので、ある人の姓は知っていても名は知らないという場合が珍しくない。換言すると、人は主に姓で呼ばれており、そのため、姓がより重要なものとして扱われている。一方、ブラジルでは、ほとんどの西側諸国と同じく、日本とはまったく反対の状況が見られる。人は主に名で呼ばれるのである。それゆえ、日本に到着した時、ブラジル人、ペルー人が最初に気づくのは、呼び、呼ばれる際の方式が切り替わったという事実である。そして、間もなく彼・彼女らは、姓で呼び合うことに慣れていく。自己紹介で姓名すべてを語る必要がない場合は姓のみを使うのに慣れ、姓のみを使う人が増えてくる。

　また、ブラジル人、ペルー人の子どもの場合、母方の姓の一つと父方の姓の一つを複合した姓が一般的だという点も日本とは違う。しかも、それは必ずしも兄弟姉妹が常に同じ姓を持つことを意味しない。実際のところ、ほとんど名で呼び合うので、兄弟姉妹の姓に違いがあっても家族外では知られてはいないというケースが多くある。日本でも実は、たとえば両親が離婚した後、子どもの姓が親権を得た方の親の姓に変わることがあり、そのような場合には、子どもの姓が兄弟姉妹で異なる事態が生じうる。異父兄弟姉妹、条件次第では異母兄弟姉妹の場合も同様であろう。ところが、日本では、一般的には家族全員が同じ姓であるためか、実際にはそうでなくても表面上は同じ姓だという外見をできるだけ維持しようとする傾向があるようである。このような傾向も在日ブラジル人、ペルー人の呼称の変化に影響を与えていると考えられる。

　本章では、日本のマイノリティの名前に関する習慣や歴史について、文化横断的な観点から、解説する。「オールドタイマーズ」には韓国・朝鮮人の他、中国人、台湾人も本来含まれるが[(2)]、本書の主要な対象はニューカマーなので、旧植民地出身者であるオールドタイマーズについては、在日マイノリティの中でも大きなグループである韓国・朝鮮人のみに焦点を絞って解説

するにとどめる[3]。一方、ニューカマーの例としては、ブラジル人、ペルー人と同様に中国残留邦人帰国者も採り上げる。もちろん、これらのみが研究対象として関連のあるマイノリティ・グループだという意味ではなく、人口比を参考に対象を絞ったに過ぎない。

　それぞれのケースを述べる前に、日本史の中の名前に関する出来事で現在にも大きな影響を残しているいくつかの事件に触れておく。特にアイヌ、琉球人／沖縄人、そして韓国・朝鮮人に関わる事件である。あわせて、それらの事件に起因するあるいは根っこを共通するとも言える「通名」使用について概説する。

4.1　関連する歴史的事件と「通名」使用の社会背景

　「皇民化政策」は、歴史の様々な段階で、日本で暮らすさまざまなマイノリティに押しつけられてきた。その本質は日本の国籍を押しつけ大日本帝国に吸収することにあった。その過程の一つとして行われたのが、名前の変更の強制である。それが最初に行われたのは、伊地知 (1994: 12–14)[4] によれば、戸籍法が施行された明治初期の1872年、北日本の先住民族であるアイヌ民族に対して行われた時である。この時、漢字を使った名前がすべてのアイヌの人びとに押しつけられ、戸籍に登録されることになった。

　しかし、アイヌ民族は1888年には「旧土人」として本土の日本人とは区別された。1896年には、その区別は残ったままにも関わらず、日本の国民とされ、その結果、日露戦争のために徴兵された。

　明治政府によって名前の変更を強制された第2のマイノリティ・グループは、琉球人／沖縄人である。1879年に名前の変更が決定され、特に1911年から1926年の期間に強制が行われ、琉球式の名前は本土式のものに換えられていった。さらに1926年には、この方針は琉球／沖縄方言の抹殺へと拡大した。沖縄の歴史と沖縄人のアイデンティティについての詳細な報告として TAIRA (1997)[5] がある。

そして、朝鮮半島および日本列島において朝鮮人が、社会と文化のあらゆる面で急激な変化を強いられることになった。1910年から1945年にかけて35年にも及ぶ植民地支配の期間のことである。日本列島のすべてのマイノリティに日本の国籍が押しつけられた後、その矛先は朝鮮人にも向けられた。しかしそれは、完全な市民権ではなく、アイヌ民族の事例を繰り返すものでしかなかった。WEINER(1997: 84)[6]によれば「彼らは帝国内の"彼らに相応しい場所"を引き受けることを期待された」のである。だが、この国籍も、1952年、植民地時代に享受できた参政権などすべての権利に続いて、日本政府によって一方的に剥奪された。

この過程の一つとして、すべての朝鮮人に対して実施されたのが、伝統的な姓を本名ではなくしたうえで、あらたに日本人風の氏を創ることを強制し、日本人風の名に改めることを求める、いわゆる「創氏改名」である。この政策は1939年に公布され、1940年に施行された。これは支配を押しつけるための方法の一つであり、水野(2008: 50)[7]によれば、「創氏」の強制は、「朝鮮的な家族制度、特に父系血統にもとづく宗族集団の力を弱め、日本的なイエ制度を導入して天皇への忠誠心を植え付けること」が真の目的であった。それは、彼・彼女らが最も深く関係しているもの、つまり彼・彼女ら自身と祖先とのつながりとに、不意に、そして直接に影響を及ぼすものであり、朝鮮半島の朝鮮人に対してだけでなく、日本に労働力として連行された朝鮮人に対しても実施された。

同時期、台湾で行われた「改姓名」は、「改姓したイエを宗族集団から切り離す意図が明確だった」点などで朝鮮での「創氏改名」と異なるが、「皇国臣民化」が目的だったという点に違いはない(水野、2008: 202)。

伊地知(1994: 9)[8]は、在日朝鮮人の名前に関する著書の本編第1行で、次のように書いている。「名前は、支配の道具として扱われる」。

それはまさに日本占領下の朝鮮人に対して起きたことである。彼・彼女らが強制された名前の変更は、単に名前に対する支配の問題ではなく、個人を支配するための非常に効率的な方法であり、人間を確実に監視して支配するための方法でもあった。ひとたび登録がなされると、徴兵や課税のための効

率的な手段を採ることが、支配と同様に容易になる。たとえば、朝鮮人を日本軍のために徴兵・徴用するとか、彼・彼女らから税を徴収し財産を接収することが容易になる。

　現代の在日韓国・朝鮮人が名前を使い分けていることに直接関係する基礎的論点がここにある。植民地時代に朝鮮人に対して完全な市民権を与えなかったことが、日本人と、部分的にしか日本人ではない朝鮮人との間に優劣関係を創り出したのだと指摘しておかねばならない。日本人が優位を占める社会と政府とが、学校のような公的機関をも使って、韓国・朝鮮人の間に幾世代にも渡って自己のルーツに対する劣等感を抱かせる力学を働かせてきたのである。そして、「創氏改名」においても同化の側面と差異化の側面とがあり、「1940年という植民地支配の最終段階にいたっても、支配当局は差異、差別をなくそうとはしなかった」(水野、2008: 231)。

　1945年の朝鮮解放後、朝鮮半島では民族名の回復が行われたが、在日朝鮮人の場合は話が違った。個々人の願いとは無関係に勃発した朝鮮戦争などのため、第2次世界大戦後も、多くの人々が日本で暮らしつづける以外の選択肢を持てなかった。何年もの間禁止されていた本来の名前を日本社会でもう一度名乗りはじめるのは、戦後の状況の中では、自発性や勇気以上のものが必要な行動だった。なぜなら自分の持つ韓国・朝鮮人としてのアイデンティティが周囲に知られれば、あらゆる種類の偏見や困難が持ち上がってくるからである。家やアパートを借りたり、仕事を探したり、結婚したり、新事業を始めたりといった公的な書類が必要なことはすべて、韓国・朝鮮人だと知られれば拒否される危険があった。伊地知 (1994: 3) はその状況を、「多くの在日朝鮮人にとっては、本名を名乗ることへ、気まずさ、しんどさ、怖さがともなう。それゆえ、通名 (日本名) を名乗ってしまう。」と記述している[9]。こうした感情は、大半の在日韓国・朝鮮人に今も何らかの形で受け継がれており、彼・彼女らが今も「本名」よりも「通名」を使うのを好む大きな理由になっていると言えよう (在日本大韓民国青年会、1994)[10]。

　もちろん、本名を「自発的に」隠そうと決心する人がいれば、その人に対して本名の使用を思いとどまらせる「強制」的な作用があったのかどうかを

判別するのは容易ではない。しかし、在日韓国・朝鮮人の通名使用について考えるときには、朝鮮が 35 年間も日本人によって支配されてきた歴史や、第 2 次世界大戦後も韓国・朝鮮人であるがゆえに向けられてきたあらゆる偏見や差別、強いられてきた不利益を考慮すべきであろう。

植民地時代に奪われた民族名に関して「人権が無視されてきた」と主張されるおそれをなくすべく、第 2 次世界大戦後の日本政府は周到な法的準備を行った。まず、1947 年には外国人登録令が発せられ、これによって「外国人とみなす」とされた在日台湾人、朝鮮人を強制的に国外追放することが容易になった。当時、すべての外国人に対する支配を容易にするための全国的な登録制度はこれ一つしかなかった。1951 年には、出入国管理令が発令されたが、この時点で「日本国籍」を有していた旧植民地出身者は適用対象となっていない。ところが、1952 年、遂に旧植民地出身者から日本国籍が一方的に奪われるに至った。同年にサンフランシスコで結ばれた講和条約を受けて在日韓国・朝鮮人たちに与えられた扱いがこれだった。かくして彼・彼女らは、日本国籍者のみを対象とするすべての権利保障から排除されることが決定づけられ、1952 年からは法律としての効力を有するとされた出入国管理令の下で完全に外国人と見なされるようになり、同年施行の外国人登録法の管理下に置かれることとなった[11]。

4.2 日本名についての基礎知識

マイノリティの名前との比較を可能にするため、ここでは、現代日本の名付けの伝統について簡単に説明しておく。

すでに述べたように、日本人の場合、姓は名の前に来る。しかし、ここで考慮に入れなければならないのは、日本人すべてに対して姓の使用が公式に許可されたのは 1868 年の明治維新以後であり[12]、1875 年には、使える名前にある種の制限を設けたうえで姓の使用が義務づけられた、という歴史である[13]。それまで姓は、上流階級のみに許された特権だった。この時期に

姓の使用が義務付けられたのは、課税、徴兵そして教育のためであり、また、郵便制度を導入するためでもあった。その後、1898年の民法親族編制定によって、家の称号としての氏が法制化された。「イエ」制度を媒介として国家が個人を把握する仕組みが導入されたのである（水野、2008: 52）[14]。

今では、日本人の名前は姓と名で構成されているが、6世紀の上流階級は領土を表すミドル・ネームを持っており、それは政治・社会システムの深層からの変革が行われた明治維新まで続いた。これらのミドル・ネームは、姓にもなったし名にもなった[15]。他のほとんどのアジア諸国と異なり、非常にたくさんの姓があり、その読み書きは、日本の漢字に複数の読み方があることを考慮しても、極めて複雑である[16]。

PLUTSCHOW (1995)[17] は、日本人の名前の歴史や、宗教的・政治的・社会的文脈の中での文化的側面についての詳細な情報を与えてくれる。それは非常に興味深いものだが、名前の意味論上の側面やどのように名前が選ばれるかは本書の目的ではないので、ここでは論じない。

4.3 在日韓国・朝鮮人の名前

本節では、関連する幾つかの歴史的事実と習慣のうち現代における名前の選択と使用に直接関係があるものを概説する。

4.3.1 朝鮮の名前の伝統

朝鮮の姓は、伝統的に男性側の家系を中心としており、一族の始祖の発祥の地名である「本貫」[18] と共に登録される。姓と本貫は、主に共通の血族を識別する機能を果たし、それによって血縁婚の回避につながっている。男性側の家系が重視されているので、男性も女性も終生、姓は不変である。家族の系譜は「族譜」[19] に登録される。

朝鮮の姓は、日本の姓と同様、名前の配列の最初に来る。日本人の姓の大多数は漢字2字で構成されるが、朝鮮の姓は漢字1字が一般的である。こ

れは伝統的側面についての説明だが、その一方、日本で暮らす在日韓国・朝鮮人の名前に関して着目すべき点が一つある。在日本大韓民国青年会（1994）[20]のデータによると、78.2％の在日韓国人が、「通名」あるいは「通称名」（朝鮮名を日本語読みした名前や日本名である別名）のみを使うか、あるいは本名よりも頻繁に使うかしているという。これは日本で生まれた韓国人にとって非常に重要な論点である。同調査が日本の特別永住資格を持つ韓国人住民についてのデータを分析した結果は、次の通りである。

・35.3％は通名のみを使用している。
・30.3％はほとんどの場合通名のみを使用している。
・12.6％は本名よりも通名を使用している。
・5.7％は本名と通名を同じくらい使用している。
・3.8％は通名よりも本名を使用している。
・6.0％はほとんどの場合本名のみを使用している。
・6.4％は本名のみを使用している。

朴鐘石（PARK Jong Suk）氏が闘った日立就職差別事件は、在日韓国・朝鮮人にとって通名を名乗るか本名を名乗るかがどれほど深刻な問題であるかを示すものである。朴氏は在日韓国人であり、就職活動時の履歴書に通名を記載していた。日立ソフトウェアは朴氏の採用を決定したが、彼が在日韓国人であることを知ると、内定を取り消した。そこで朴氏は日立を相手として訴訟を提起。1974年、横浜地方裁判所は、朴氏が差別から逃れるために本名を隠して日本式の通称名を使わねばならぬまでに日本社会によって実際に追いつめられていたことを認め、日立が採用を取り消したことは「国籍」による差別であり、そのような労働契約の一方的な破棄は公序良俗に反して許されないとの判決を下したのである。

4.3.2　通名（通称名）

前節で少し触れたが、日本で暮らす韓国・朝鮮人のほとんどは二つの名前を持っている。パスポートなどの公的文書に記載される公式な「本名」と、

日常生活で使われる「通名（通称名）」[21]である。

通名は、植民地時代の「創氏改名」政策などによって生まれ、その「自発的な」使用は、第2次世界大戦後も在日韓国・朝鮮人に強制されてきたと言えるだろう。在日韓国・朝鮮人にとってその使用は、迫害から逃れて生き延びるための現実的な回答だったのである。

先述のように、在日本大韓民国青年会は、在日韓国人の若者800人を対象に調査を行った[22]。対象者は主に在日3世であり、18歳から30歳までの大韓民国の国籍者である。その結果を見ると、回答者の3分の1が通名以外の名前つまり本名を使ったことがなく、80％以上が、日本人を前にする日常生活の場面では今でも通名のみを使っている。そして、50％は、日本人の前では本名を使ったことがない。また、日本人の前で本名が使われた時、小学校在籍中か、あるいは高校を卒業した後だと、本名を使うように促されることが多かったという。筆者は、本名は公的な領域では使われず家族や自分たちのコミュニティの中といった私的な領域でのみ使われる傾向が強いだろうと予想していたのだが、驚くべきことに、家族の中で本名を使ったことがあるという回答は10％強しかなかった。このように通名が私的領域でも広く使われているのであれば、公的領域で通名が優勢に使われている状況は驚くには値しないであろう。

なお、同報告書は、「通名であれ本名であれ、日本人からの差別を受ける蓋然性には差はない」と結論づけている。言い換えると、通名の使用が差別の予防にとって必ずしも助けにはならないということである。また、通名が日本政府の「創氏改名」政策によって当初は強制された名であっても、自らを民族名（エスニック・ネーム）で呼ぶのが手遅れになる前に状況を違う方向へ変えられるかどうかは、在日韓国人自身にかかっていると、述べている。

通名が継続的に利用されている主要な理由は、それが生活の中で最も慣れ親しんだ名前であるということにあるように思える。若い世代の中には、16歳になって外国人登録証を申請しなければならなくなるまで自分が「外国人」だと知らない者もいるのである。そのようなケースを踏まえ、上記調

査報告書は、エスニシティの気づきを促進する世界的な気運の中で、自分たち在日コリアンも差別に直面することを恐れて実際的な理由から通名のみをこれからも使い続けるのか、それは「われわれ自身がみずからの選択として決断すべき問題」であり、「本名＝民族名を名乗れないできたわれわれ自身の弱さを、もはや日本人のせいにするのはやめなければならない」と提言している。

帰化申請や帰化認定の年を追っての増加率を見ると、次の世代になると、もはや民族名（エスニック・ネーム）が使われなくなる可能性が高そうである。しかし、このような傾向に対抗する運動が起きていることも注目に値する。たとえば、1985年に結成された「民族名を取りもどす会」がその一つである。これは、80年代に法廷で争われた幾つかの事件がきっかけとなって結成されたグループである。民族名を取りもどす会・編（1990）[23]には、それらの事件の詳細や会の結成に至った経緯が記されている。しかし、在日韓国・朝鮮人以外の外国人一般や「異なる」背景を持つ人々にも差別が明らかに向けられているのであれば、どの名前を使うかの選択は、同会の報告書が指摘するように、在日韓国・朝鮮人のみの問題ではない。

4.4　中国系の名前

中国名も朝鮮名、日本名と同じ配列である。中国名の場合、一般的に三つの漢字で構成されており、そのうちの一つが姓を、一つが世代名を、もう一つが名を、この順序で示す[24]。しかし、世代名がない漢字二つの名前や、漢字は三つだが二つが姓を表し一つが名を表す場合など、さまざまなバリエーションがある。出身地や世代間の差異によるものである。

日本では中国人、台湾人オールドタイマーズが暮らしているし、大勢の留学生や研修生が中国、台湾からやって来ているが、前述のように、本書では取り上げない。本書が対象とするのはニューカマーの一部であり、ここで説明するのは、そのほとんどが日本人配偶者等の在留資格で滞在している中国

帰国者に絞る。

　それにしても、なぜ彼・彼女らが「中国帰国者」と呼ばれるのか。ここで、彼・彼女らの歴史的背景や経験について、簡単ではあるが、説明しておく。

　話は満州国の建国にさかのぼる。満州は1931年、日本の関東軍〈25〉に征服され、1932年には傀儡国である満州国が建国された。満州国は日本が降伏する1945年8月まで存続するのだが、関東軍は日本からの入植計画を推進し、20,000弱の世帯が満州国に入植した。大日本帝国政府は当時、満州地域を植民地化するための戦略として、日本人入植者の送り出しを積極的に推進していた。しかし、戦争に負けると、今度はかつての植民地や征服地域から軍隊を引き上げねばならなくなった。いわゆる中国帰国者は、かつての入植者とその家族によって構成されており、そのほとんどは、日本軍撤退の際に日本政府によって置き去りにされた女性や子どもたちなのである。しかし、今も日本政府は、入植者は自発的に中国大陸に残ったのだと強調している。中国帰国者の歴史やその他の重要な論点は、彼・彼女らのライフ・ヒストリーと経験をまとめた蘭（2000）〈26〉が詳しい。

　戦争が終わって27年が経過した1972年の日中国交正常化を受けて、日本政府は中国大陸に見捨て置かれた人々の引き揚げ事業に公式に取り組みはじめた。その際、戦争終結時に13歳未満だった場合は「中国残留孤児」と見なされ、13歳以上だった女性は「中国残留婦人」と見なされた。彼・彼女らは、「日本政府によって中国に見捨て置かれた子ども、女性」で後年になって日本に渡った、あるいは日本に帰国した人たちであり、直接的あるいは間接的に戦争（主に日中戦争（1937～1945年）と第2次世界大戦）の犠牲者である。

　なお、「中国帰国者」の中には、戦争の直接の犠牲者と言える残留孤児や残留婦人たち残留邦人だけでなく、彼・彼女らの配偶者たち家族が含まれる。そして、その配偶者とはほとんどの場合、中国人である。蘭（2000: 13）によると、1972年から1998年の間に、日本に帰国できた残留邦人は約5,000人である。彼・彼女らに呼び寄せられたその子どもや孫などの家族は21,000人以上で、日本で暮らす帰国者とその家族や関係者の総数は今では

約100,000人に達する。言い換えると、中国帰国者の子ども世代、孫世代である中国系ニューカマーの子どもたちは、家系的には日本人の子孫だが、文化的・言語的側面では中国人だと言えるかも知れない。在日ブラジル人、ペルー人と同じ環境で日本の公立学校に通っている学齢期の子どものほとんどは中国帰国者の孫世代であり、ここでは、彼・彼女らを中国系ニューカマーの子どもと呼ぶことにする。戦争中に置き去りにされた残留邦人と区別するためである。

また、戦後半世紀以上を経て、今度は、残留邦人たちの第2世代、第3世代の子孫が、家族と引き離され中国に置き去りにされる形となっている。彼・彼女らもまた、戦争の間接的な犠牲者と言えるだろう。

中国帰国者の歴史の紹介はここまでとして、彼・彼女らの名前の特徴に焦点を当ててみよう。

彼・彼女らの名前は漢字で表され、その本来の読みは中国語のものである。しかし、同じ漢字が現代日本でも使われている場合も多く、それには日本語独自の読み方がありうる。中国系ニューカマーの子どもたちの多くは、日本では、中国の漢字で表された自分たちの中国名を発音しやすくするため、日本語の読み方を使う。さらに、父母あるいは祖父母が日本人の祖先を持ち、それゆえ、日本名を持っている場合、日本の学校環境の中では日本名を使う中国系ニューカマーの子どもたちも多い。ブラジル人やペルー人と同じく、彼・彼女らも自分が日本人の先祖を持つことを来日時に証明しなくてはならず、日本名を持つことがその証明につながる側面がある。中国名と日本名に関連性はなくても、子どもたちが日本に来るためには、名前とアイデンティティに関わる好みや議論は脇に置かざるをえないこともあるのだ。

名前の読みに関して、日本で暮らす中国人一般（中国系ニューカマーの子どもを含む）が直面する事態と、在日韓国・朝鮮人が直面する事態には際立った違いがある。これは基本的には歴史的経験の違いが生む差異であろう。在日韓国・朝鮮人の少なからぬ人々にとって、自分の名前が韓国・朝鮮語読みされるか日本語読みされるかは個人のアイデンティティに密接に関わるものであり、無意識的な扱いは政治的議論や批判につながることも少なくない。

日本による苛烈な植民地支配の結果、強い差別のある日本社会で暮らさざるを得なかったという歴史的体験に直結する問題だからである。一方、在日中国人の場合、中国本土も台湾も歴史的事情が朝鮮とは微妙に異なることもあって、名前の日本語読みに対する抵抗が在日韓国・朝鮮人ほど強くはない。これには、中国国内の言語的多様性のため、出身地域が異なれば中国人同士でも名前が正確に発音されないことがあるという文化的背景の他に、言語の特徴も影響しているようである。と言うのは、中国語[27]には四つの声調があり、この言語に親しんだ者でないとその区別は非常に難しい。それゆえ、中国系ニューカマーの子どもの中には、一般の日本人は自分の名前を正しく発音できないと考え、それゆえ、中国名を日本語読みすることを好む者が少なくない。これは他の在日中国人の間でも同じようである。日本人が中国名を正確に発音するのが難しいことを知っているので、名前の目的がお互いを呼び合えるようにすることにあるのなら、中国語読みの発音を日本人に強いることで障壁を高くするのは無意味だ、という考えの者もいる。その結果、日本人の友人には正確な名前を教えないこともよくある。このように理由はいくつかあるが、「正確な発音」にこだわらないという認識は、筆者の知る範囲の中国人や中国帰国者に一般的に見られる傾向である。

とは言え、アイデンティティ形成期にある中国系ニューカマーの子どもたちの場合、名前の日本語読みにしろ中国語読みにしろ、そして日本名にしろ、強制しないよう注意が払われるべきなのは言うまでもない。子どもたちは、自分のアイデンティティに最もふさわしいと考える名前を選ぶ権利を保障されるべきだからである。

4.5 南米系ニューカマーの名前

ブラジルやペルーから来日した日系人は、日本姓と非・日本姓の両方を持つ場合がありうる。また、本節で詳説するように、非・日本姓しか持たない場合もある（巻頭の略語表を参照）。

南米日系人の持つ日本姓は、日本から移民した人々から受け継いだものがほとんどであり、さらに、それが現地の表記法などによって変容を受けたものが加わる。それゆえ、そのほとんどは彼・彼女らの出身都道府県で普通に見られる姓である。

すべての都道府県から移民は出発したが、その大多数は九州、沖縄という西日本、南日本地域の出身者だった。中でも沖縄はかつて独立国だったという特殊な歴史を持つので、沖縄の人々の名前にはその文化的・歴史的背景が反映されている。そして、ブラジルやペルーに渡った沖縄出身者が多いので、日系人の姓に沖縄の姓も多いのだが、それらの名前は日本人のマジョリティにとって、沖縄文化に特に馴染みのある人でなければ、耳にする機会が多いものとは言えない。それゆえ、日本姓であっても非・日本姓と見なすマジョリティが少なくないと予想される。

筆者にとっても、起源を確かめるのが難しい名前の中には、実は沖縄の姓だというケースが数多くあった。一見、日本姓と判断するのが難しいような名前でも、『沖縄タイムス』にほぼ毎日掲載される死亡広告欄を資料とすることで、日本姓だと識別・確認できることがあった。死亡広告欄には、時には移民も含めた家族全員の名前が掲載されるのだ。このような大規模な死亡広告欄は、沖縄以外の日本の新聞には見られなかった。死亡広告欄は、沖縄の名前を研究するうえで大きな情報源である。

4.5.1 ブラジル人の名前

本節ではブラジル人の名前の主要な特徴を概観する。SMITH (1967: 26–27)[28]が指摘するように、ブラジル人の名前の特徴はポルトガルの名前から派生した。これは歴史的背景から説明できることであり、SMITHはブラジルで使われているポルトガル系の名前を主に紹介した。

たしかにブラジルには非常に多くのポルトガル人とその子孫がいるが、ブラジルは実際のところ多文化・多民族社会である。姓や名の多様性と豊かさは、ブラジル社会の多民族的構成を最もよく表すものでもある[29]。

ブラジルの典型的な形式の名前をちょっと見た時の一般的な印象は、少な

くとも三つの名前で構成され、西洋の名前と同じく名が姓の前に来る、というものだろう。複合姓や複合名も一般的である。複合姓は、母方の姓の一つと、父方の姓の一つが、母方の姓を前に置いて構成されるもので、どちらからも父系の姓が選ばれることが多い。この伝統は、異なる民族背景を持つ者同士が結婚する場合にも一般に見られる。姓の多くは、前置詞「de」またはそれと定冠詞を組み合わせたものを含む。定冠詞との組み合わせとは、「da」「do」「das」「dos」などである。ポルトガルとブラジル双方で一般的な姓が、Silva、Santos、Pereira、Teixeira、Carvalho、Gomes などで、複合姓の例としては、「Santos da Silva」などがある。名を合わせた複合名の例としては、Ana Maria、Paula Cristina などがある。

　このような伝統の結果、ブラジル人の子どもの場合、親子で姓が部分的に異なるケースが珍しくない。両親が離婚しても子どもの名前は出生証明書に記載されたもののままで、法的手続を経ねば変わることはない。親が再婚した場合、再婚後に生まれた子どもと前婚で生まれた子どもとの姓が違うのもよくある話である。

　大多数のブラジル人はキリスト教徒であり、洗礼名を持つことが多い。ここで言う洗礼名とは、洗礼時に与えられる名前であり、聖人や天使の名前であるとは限らないし、洗礼自体、伝統的なルールに厳格に則っては行われていないこともある。そして、SMITH (1967: 26)[30] が指摘するように、キリスト教徒のブラジル人は洗礼名に非常に重きを置く。それは終生使われるし、公的名簿の多くではアルファベット順に名前が記載されているが、その基準となるのは名であり、姓ではない。名の書かれていない署名は適法なものではないと法律によって定められていることも、洗礼名の重要性を示す一つの例である。

　名前の中で洗礼名がどこに配置されるかの特別なルールはないが、名が複数で洗礼名が一つしかなく、それが出生証明書に公式に記載される場合は、洗礼名が一番先に来るのが一般的である。また、その人がキリスト教徒なら、洗礼名が配列の中で一番目になる。洗礼名が出生証明書に登録されていない場合、洗礼名は二番目に来る[31]。

結婚した時、名前は元のままで変更しない場合もあるが、一般的に女性は、婚姻前の名前に夫の姓を組み入れる。「Maria do Carmo Silva」が「José dos Santos」と結婚した場合、彼女の名前はおそらく「Maria do Carmo Silva dos Santos」となる。この例から「do」や「dos」を除くと、名前は四つであり、日本人の平均的名前の倍の数になる。この例のように二つの姓を複合姓として持つのは、ブラジル人の名前としては非常に一般的なのである。

　日系ブラジル人の名前について述べるとしよう。最も一般的なのは、非・日本名を一つ、日本名を一つ、姓を一つ、登録するという形式だ。たとえば、Ligia Yoshiko Sato といった形式である。しかし、母親の姓も登録して複合姓となるケースもまた、珍しくない。典型的な例を挙げると、双方の親がともに日系人の場合は、Ligia Yoshiko Sato Hayashi など、父親が日系人ではない場合は、Ligia Yoshiko Sato Santos などである。

【例】
　　母親の姓：SATO
　　父親の姓：SANTOS
　　　娘の婚姻前の名前：(a) Ligia Yoshiko SATO SANTOS
　　　　　　　　　　　　あるいは
　　　　　　　　　　　(b) Ligia Yoshiko SANTOS
　　　登録例[32]：SANTOS, Ligia Yoshiko SATO
　　　　　　　　　あるいは
　　　　　　　　　SANTOS, Ligia Yoshiko
　　（夫の姓：MONTEIRO）
　　　娘の婚姻後の名前：下記のように複数の可能性がある。
　　　　　　　　　　　(c) Ligia Yoshiko SATO SANTOS MONTEIRO
　　　　　　　　　　　(d) Ligia Yoshiko SANTOS MONTEIRO
　　　　　　　　　　　(e) Ligia Yoshiko SATO SANTOS
　　　登録例：最後の姓が最初に来て、カンマで他と分ける。
　　　　　　　・MONTEIRO, Ligia Yoshiko SATO SANTOS

・MONTEIRO, Ligia Yoshiko SANTOS
・SANTOS, Ligia Yoshiko SATO

　名前の登録方法にはさまざまなものがあり、上記はいずれもありうる例である。日本に働きに来ている日系ブラジル人のほとんどは、日本人配偶者等または定住者という在留資格で来日している。この場合、日本人の子孫であると証明する必要があり、そのための最も簡単な方法が日本名を示すことである。このタイプの在留資格を取得するには、日本人の両親または祖父母の戸籍謄本の添付が必要である。上記の例のうち（b）（d）の場合だと、姓からは日本人の子孫であることは見えてこない。

4.5.2　ペルー人の名前

　ペルー人の名前には、ラテン・アメリカ諸国のほとんどの場合と同様の特徴がある[33]。その特徴はスペイン人の名前のルールと一致するが、複合名や複合姓がある点はブラジル人の名前と非常によく似ている。

　基本的な違いは、父系の姓が母系の姓より先に来るという点だ。女性が結婚すると、一般的には、婚姻前の名前に夫の姓を組み込む。普通それは、夫の姓の前に前置詞の「de」を付け加える形で行われる。「Maria Lourdes Yoshida Mendez」が「José Martin Gomes」と結婚すると、彼女の名前はおそらく「Maria Lourdes Yoshida de Martin」となる。ここで留意しておいてほしいのが、複合名を持つ人の場合、前置詞の「de」を除くと名前は四つであり、日本人の平均的場合の倍の数になるという点である。

　日系ペルー人の名前を見てみよう。最も一般的なのは、非・日本名を一つ、日本名を一つ、姓を二つ、登録するケースだ。たとえば、「Manuela Hiromi Hayashi Sato」や「Manuela Hiromi Mendez Sato」である。後者は、父親が日系人ではない場合の例である。

【例】
　母親の姓：SATO

父親の姓：MENDEZ
娘の婚姻前の名前：(a) Manuela Hiromi MENDEZ SATO
あるいは
(b) Manuela Hiromi MENDEZ [34]

登録例[35]：父系の姓が母系の姓の先に来る。言い換えると、父系・母系双方の姓に続くカンマの後に、名が来る。名前の登録形態には、たとえば下記のような複数の可能性がある。

MENDEZ SATO, Manuela Hiromi
あるいは
MENDEZ, Manuela Hiromi

（夫の姓：MARTIN）
娘の婚姻後の名前：下記のような複数の可能性がある。
(c) Manuela Hiromi MENDEZ MARTIN
(d) Manuela Hiromi MENDEZ de MARTIN
(e) Manuela Hiromi de MARTIN

登録例：・MENDEZ MARTIN, Manuela Hiromi
・MENDEZ de MARTIN, Manuela Hiromi
・de MARTIN, Manuela Hiromi

　1990年代前半、ペルー人が日本に働きに行ける資格としての「日本人配偶者等」「定住者」[36]の在留資格を取得するために日本人の家系であると偽るというスキャンダルが幾つか発生し、問題になった。そして、特に在日ペルー人の間で、偽の日系人と間違えられるのではないかという不安が広がった。このスキャンダルはペルー人が自分たちにどう名付けるかに影響したと考えられる。と言うのは、日本人の子孫であることを証明する必要に強く迫られた彼・彼女らにとって、そのための最も簡単な方法が、日本姓をアピールすることだからである。名付けが、家族の伝統に関わるものとしてだけではなく、偽日系人とレッテルを貼られ差別される恐れを回避するために

必要なものにもなったのである。

　しかし、上述のような名付けのルールに基づくと、上の例で言うと(b)、(c)、(d)、(e)には日本姓は含まれていない。さらに、もし日本名もなければ、日系であることを明らかに証明したり感じさせたりする名前を表面的には一つも持たないことになる。

　ここで触れておかねばならないのは、数世代に渡る日系ペルー人の歴史の中で、特に第2次世界大戦中、彼・彼女らは在ペルー日本人と同様にアメリカ合衆国に強制移送され、日系アメリカ人と同じく、キャンプに収容されたという事実である[37]。その時、ペルーに残ろうと決意した人々の多くは、迫害と差別から逃れるために名前を変えた。その人たちとその子孫は、もちろん日本の名前を持っていない。

　日系ペルー人が日本の姓も名も持っていないとしたら、父系の名前が母系の名前に優先されるという伝統的な名付けのルールのためというケースと、第2次世界大戦中に迫害から逃れるために名前を変えたという歴史的背景によるものというケースとの、二つの理由がありうるのである。

　そして、日系ブラジル人も日系ペルー人も、日本の姓も名も持たない可能性がある点で、共通している。日本式の名前がなくても日系である可能性があるのである。

〈注〉
〈1〉　現代の産業化社会は、ALFORD のこの研究(参考文献 [4])の対象ではないが、比較のための例としてアメリカ合衆国の事例が挙げられている。
〈2〉　在日中国人、在日台湾人について詳細は、VASISHTH (1997: 108-139)(参考文献 [118])と NAGANO (1994)(参考文献 [71])を参照。
〈3〉　在日中国人、在日台湾人が研究対象として焦点を当てる価値がないなどというわけではけっしてない。
〈4〉　参考文献 [33] 参照。
〈5〉　参考文献 [107] 参照。
〈6〉　参考文献 [121] 参照。
〈7〉　参考文献 [62]。

〈8〉　参考文献［33］。
〈9〉　通名（通称名）については、本章第3節第1項および2項、そして、第5章1節1項を参照。
〈10〉　参考文献［129］参照。
〈11〉　参考文献［111］参照。
〈12〉　一般の人々が姓を許される例外的な事例もあった。
〈13〉　平民による姓の選定の詳細な歴史については、PLUTSCHOW（1995: 189–197）（参考文献［88］）を参照。日本人の名前の詳細についてはMASUMOTO, T編（1999）（参考文献［57］）を参照。
〈14〉　参考文献［62］。
〈15〉　姓のより詳細な歴史については、PLUTSCHOW（1995: 189–197）（参考文献［88］）を参照。
〈16〉　日本の漢字には普通、音と訓2つの読み方があり、それが読みを複雑にする要因の一つになっている。
〈17〉　参考文献［88］参照。
〈18〉　「本貫」。韓国・朝鮮語では「Pongwan」と発音する。
〈19〉　「族譜」。韓国・朝鮮語では「Chokbo」と発音する。
〈20〉　参考文献［129］参照。なお、在日大韓民国青年会の英語名は、「Korean Youth Association in Japan」である。
〈21〉　「通名」と言う呼び名の方が一般的なので、以降は「通名」を主に用いる。
〈22〉　参考文献［129］（「本名」と「通名」の使用についての在日本大韓民国青年会の調査（1994: 46–54））を参照。
〈23〉　参考文献［60］参照。
〈24〉　中国系アメリカ人の名前に関する詳細については、LOUIE（1985–86）、LOUIE（1991）、LOUIE（1998）（参考文献［50］［51］［52］）参照。
〈25〉　1904年から1905年の日露戦争後に中国から日本が租借した南満州を守ることを本来の任務として命じられた大日本帝国陸軍の部隊。
〈26〉　参考文献［5］参照。
〈27〉　ここでは北京語、つまり一般に標準中国語と呼ばれるものを指す。
〈28〉　参考文献［103］参照。
〈29〉　ブラジル名の詳細な情報については、松本・大岩川（1994: 354–360）（参考文献［58］）参照。
〈30〉　参考文献［103］。
〈31〉　日本の戸籍制度では、洗礼名が公的に登録されるのはそれが本名の場合に限る。日常生活で使用する場合は、ミドル・ネームとして姓と名の間に配置されるのが一般的である。
〈32〉　図書館の目録で著者名を表示するルールに従い、例示してみた。見分けやすいように姓はすべて大文字にした。姓も名も最初の文字以外は小文字で表記されることが多い

が、国際的な場面では、姓をすべて大文字表記にする方法が少しずつ浸透してきている。

⟨33⟩　ラテン・アメリカ諸国の人名についてのさらなる情報は松本・大岩川（1994: 341–366）（参考文献［58］）参照。

⟨34⟩　父系の姓のみが登録されることもあるが、非常に珍しいケースと言える。

⟨35⟩　図書館の目録で著者名を表示するルールに従い、例示してみた。父系の姓が母系のものより先に来る。見分けやすいように姓はすべて大文字にした。姓も名も最初の文字以外は小文字で表記されることが多いが、国際的な場面では、姓をすべて大文字表記にする方法は少しずつ浸透してきている。

⟨36⟩　FUCHIGAMI, E. (1995)（参考文献［19］）の、特に pp.15–60 の偽日系人について触れた部分を参照。在日ペルー大使館は 1992 年に、40,000 から 45,000 人の在日ペルー人のうち 10,000 から 15,000 人のみが本当の日系人だと公表した。このスキャンダルは、ペルーの日系コミュニティーだけでなく在日ペルー人コミュニティーにも大きな衝撃を与えた。

⟨37⟩　歴史に関する詳細は松本・大岩川（1994: 341–345）（参考文献［58］）参照。

第5章 ブラジル人・ペルー人の子どもたちの学校内での名前

5.1 名前の登録手続

　日本人すべての名前に関する情報は戸籍に記載されている。そして、在日外国人すべての名前の情報は、短期滞在者も永住者も、出入国管理手続を通して、法務省入国管理局の下にある。また、続けて90日以上在留する者は、市区町村窓口においてなされる外国人登録においても、名前に関する情報の提供が義務付けられる[1]。この外国人登録に際しては、すでに見たように、通名（通称名）の登録も可能である。

　日本政府が国内の外国人人口を把握しようとすることは、筆者もある程度は理解できる。しかし、筆者は、日本に長期滞在している外国籍住民の多くが共通して、日本人が自分の名前をどう発音しどう書くかについて、不快と不満足とを感じているということを、指摘しておきたい。もちろん皆、言語的な限界のために誤って発音されるのだと知ってはいるし、字訳の限界も承知している。不満のほとんどは、正確に発音しようとする努力や関心の欠如または、日本語のローマ字表記方式への依存の大きさとに由来している。本章は、そのような不満を生む状況を理解するうえでも役立つであろう。

5.1.1 市区町村役場

戸籍登録

　現代日本では、日本人はすべて戸籍に登録されている。そこには、家族の記録として、名前、本籍、出生と死亡など、重要とされる情報が記載される。

これは国内・国外のすべての国民を世帯単位で管理するための非常に効率的な手段と言えよう。

　本書の基となった博士論文をまとめる作業に入っていた2000年4月までは、名前の登録に使える漢字は常用漢字1,945字体と人名漢字284字に限られていたが、2004年、人名漢字が964字種983字体に拡大された。2008年12月現在、常用漢字をさらに増やすための検討が続いている。しかし、これらの漢字に複数の読み方がある場合にどの読みを選択するかの制限はなく、人名の例外的な読み方が出現する可能性を増大させている。

外国人登録証明書

　90日以上日本に在留する外国人は、外国人登録を免除される者を除いて、上陸の日から90日以内に、居住地の市区町村の窓口で、外国人登録を行わねばならない。これは外国人登録法の定める義務である。外国人登録法1条によると、外国人登録は、「外国人の居住関係及び身分関係を明確ならしめ、もって在留外国人の公正な管理に資することを目的とする」。日本人には住民基本台帳に基づく住民票、外国人には外国人登録原票に基づく外国人登録証明書、と考えることもできるが、住民の利便の増進や行政の合理化を最終的な目的とする前者（住民基本台帳法1条）と後者には根本的な違いがあると言えよう[2]。

　外国人登録証明書はカード型で、彼・彼女たちの公的な身分証明書となり、16歳以上の同法の適用を受ける外国人はすべて、日本滞在中はその携帯を常時義務づけられ、入管職員や警察官に提示を求められた時にはパスポートの代わりに提示しなければならない[3]。植民地時代に日本に強制的に連れてこられ一時は日本人と見なされて朝鮮姓の使用を禁じられさえした韓国・朝鮮人であっても、この法律の適用対象である。

　登録申請は、市区町村役場にパスポートと写真を提示することで行われる。かつては、パスポート発行申請書類などこの種の申請書類で普通求められる署名の代わりに、指紋押捺が義務づけられていた。日本人の場合、法律で指紋押捺が求められるのは、犯罪者やその容疑者のみである。この差別的

扱いは、外国人、中でも数世代に渡り日本で暮らしている在日韓国・朝鮮人から強烈な異議を唱えられるに至った。そして、日本政府と韓国政府との激烈な議論の結果、1993年、永住者および特別永住者は指紋押捺をしなくても良くなった。さらに、2000年4月1日以降、非永住者も指紋押捺対象から外された。ところがその後、2007年11月20日より、入国する16歳以上の外国人から、特別永住者や米軍関係者等を除いて、指紋などの生体情報を採取し蓄積するシステムが、テロ対策を口実に導入され、再び物議を醸している。

　非漢字圏の外国人の場合、外国人登録証明書に記載される名前は、出身国政府発行のパスポートの記載に基づき、ローマ字のみでなされている。つまり、ここでは名前の日本語読みは記載されない。記載の順序は、パスポートで姓とされているものが最初に来て、他の名前はパスポート記載順序のままで後に続く。それと異なるルールが適用されるのが、漢字を使う国やかつて使っていた国、あるいは漢字を使って名前を書く国から来た外国人の場合である。たとえば、中国、台湾、韓国・朝鮮などから来た人々の場合、出身国でも姓が名の前に書かれるので、名前の順序は本来のまま記載され、西洋諸国出身者の場合のような順序の変更は生じない。漢字表記もなされる。

　外国人登録証明書には、住所、出生日、在留資格、国籍、入国日付、在留期限、写真、世帯主等やパスポート番号など（かつては指紋も）、個人的な情報が記載されている[4]。

　なお、外国人登録証明書においては、先述のように、本名とは違う名前を登録することができる。「通名登録」と呼ばれる手続で、日常生活で使う通名（通称名）を登録できる。

　新たに通名登録を行う場合に使われる申請用紙が「変更登録申請書・家族事項等登録申請書／APPLICATION FOR REGISTRATION OF ALTERATION OF REGISTERED ITEMS/ APPLICATION FOR REGISTRATION OF FAMILY INFORMATION RECORD AND OTHERS」[5]である。この用紙は、すでに登録済みの事項、たとえば在留資格や認められた在留期限、世帯主の名前、職業、日本国内の住所などに変

更が生じた場合に使われるものである。

　注目すべきなのは、記入項目等はすべて日本語と英語の2カ国語で印刷され、変更があった情報を記入するための、それぞれ独立した適切な大きさの記入欄が設けられている一方で、「通名登録」といった文字は印刷されていないという点である。「通名登録」に関しては、希望する外国人が申請に来たら、市区町村役場の担当者が「勤務所又は事務所の名称及び所在地」の下にある空欄に既成のゴム印で「通称名」と押して記入を行う。

　「通名登録」は必ずしも要求されるものではなく、外国人登録法にも通名に関する記述はない。だが、主に在日韓国・朝鮮人の間で、これまでの日本での経験から、ビジネスや生活の場で日本の名前を使い続けたいと望む人々が少なくなかった。しかし、話はそう単純ではない。伊地知(1994: 31-39)[6]は、日本政府は在日韓国・朝鮮人が日本の名前を登録するのは義務的な行為ではなく今も自発的に選択しているのだと強調している、と述べている。表面的には、「通名登録」は、すでに使われている名前を公式なものにするための柔軟なオプションにも見える。しかし、伊地知は、通名を登録することによって、それまでは日本の外国人管理システムによって把握されていなかったその名前が、日本政府の管理と監視の下に置かれることになるという重要な点を指摘している。

　「本名」も「通名」も、多くの在日韓国・朝鮮人が外国人登録証明書に登録している。「本名」は漢字で記載され、「通名」はその下にカッコ書きで記載される[7]。外国人登録証明書には「通名」は一つだけ登録でき、登録の際に必要なのは、その名前がすでに使われていることを証明するもの、たとえば郵便物や公共料金の請求書などだけである。「通名」登録手続きで要求されるこのような敷居の低さが、伊地知が指摘したように、在日韓国・朝鮮人の「通名」使用を促進し広めることにもなった。「通名」使用は、生活上の実際の便宜に資するだけでなく、差別から逃れるために国籍を隠す方法であるとも考えられた。そして、「通名」を使うことで、住民票を求められない限りは自らの国籍を隠すことが可能かつ容易になった。

　「通名」が登録されるもう一つのケースは、漢字文化圏以外の出身者が、

漢字を使って自分の名前を登録する場合である。このようなケースでは普通、使われる漢字の意味よりも読み、音が優先される。これもまた、本人たちが望んでというよりも、むしろ必要に迫られての選択である場合が少なくない。日本の習慣では、個人の署名ではなく印鑑を使う場面が多く、非漢字圏から来た外国人にも署名はだめで印鑑のみが要求される場面があり、そのような場合、漢字表記を用いた印鑑が特別注文されるのである。また、実印[8]と呼ばれる特別なタイプの印鑑が必要な状況もある。実印を法律文書で使用するには、前もって市区町村役場で公的に認証を受ける必要がある（印鑑登録）。

5.1.2　教育委員会
情報の集約・管理

　市区町村には教育委員会がある。教育委員会には公立の小・中・高校の情報が集まり、それゆえ、日本人生徒のものも外国籍生徒のものも、すべての生徒の情報がさまざまな形で分類され、集約されている。同じことが都道府県レベルでも行われ、最終的には、文部科学省が全国の情報を集約することになる。

　地域間で差異はあるが、普通は一人の職員がニューカマーの子どもの教育委員会における窓口担当になる。その担当職員が、子どもたちの登録や、「日本語指導が必要な外国人児童生徒」の人数などについての各学校からの情報収集、市区町村レベルでの外国籍児童・生徒の名簿の最終的な作成、そしてその市区町村を含む都道府県の担当者への報告を行う。この担当職員が席を外した時に新しい子どもが登録に来た場合は、他の誰かが登録を行うことになる。

　本書の対象地域で暮らすニューカマーの子どもの数は、フィールドワークに取りかかって以降、増加の一途をたどった。フィールドワーク1年目に初めてニューカマーの子どもを受け入れた学校もいくつかあったが、市区町村レベルで見ると、すべての自治体でニューカマーの子ども受入れの経験があった。つまり、対象地域の教育委員会には、ニューカマーの子どもに対応

するための登録書式がすでに存在していた。担当職員が配置移転された後も登録書式は使いつづけられており、情報の変更が記載されるほかは、ほとんどそのままだった。

　基本的に言って、初めてニューカマーの子どもが地域の教育委員会に登録にやって来た時に作られた登録書式が、そのまま繰り返し使われているようであった。普通、その書式は、最初にニューカマーの子どもの担当になった職員によって作成される。外国籍の子どもを登録するための全国的な統一用紙がないためであろうが、本書の対象とした市区町村に関する限り、登録書式も質問事項も市区町村でバラバラだった。それゆえ、各市区町村教育委員会の名簿の記載方法も互いに異なっていた。再掲する表1、表2、表3で四つの市区町村別に分けて記載したのは、そのためである。

　日本国籍の子どもの場合、学齢期になると、教育委員会から親に就学通知が送られる。次年度から子どもを学校に通わせなくてはならないとの通知である。外国籍の子どもにも外国語に翻訳した通知（保護者の母語とは限らない）を送付する自治体もあるが、外国人は「義務教育」の対象ではなく、日

表1　登録児童・生徒数と名前の数（国・自治体別）（再掲）

自治体	国	名前二つ	名前三つ	名前四つ	名前五つ	小計
甲	ペルー	10	4	2	-	16 (7)*
	ブラジル	47	10	2	-	59 (20)*
乙	ペルー	18	-	-	-	18 (5)**
	ブラジル	46	6	2	-	54 (8)**
丙	ペルー	8	3	10	1	22 (2)***
	ブラジル	31	40	5	-	76 (2)***
丁	ペルー	-	1	7	-	8
	ブラジル	1	24	7	-	32
計	ペルー	36	8	19	1	64
	ブラジル	125	80	16	-	221

（　）内の数字は、研究期間中に登録された名前の数や形式に変更があった子どもの人数で、（　）外の人数には含まれない。変更のあった事例は、混乱を避けるため別途分析する。
* 甲自治体における名前の変更の詳細については表11を参照。
** 乙自治体における名前の変更の詳細については表13を参照。
*** 丙自治体における名前の変更の詳細については表15を参照。

表2　ペルー人の子どもの登録人数と登録された名前の形式（自治体別）（再掲）

自治体	子どもの人数	名 日本名	名 非・日本名	姓 日本姓	姓 非・日本姓
甲	16 (7)*	4	15	11	10
乙	18 (5)**	6	12	7	11
丙	22 (2)***	4	29	14	23
丁	8	4	11	6	10
計	64	18	67	38	54

（　）内の数字は、研究期間中に登録された名前の数や形式に変更があった子どもの人数で、（　）外の人数には含まれない。
* 甲自治体における名前の変更の詳細については表11を参照。
** 乙自治体における名前の変更の詳細については表13を参照。
*** 丙自治体における名前の変更の詳細については表15を参照。

表3　ブラジル人の子どもの登録人数と登録された名前の形式（自治体別）（再掲）

自治体	子どもの人数	名 日本名	名 非・日本名	姓 日本姓	姓 非・日本姓
甲	59 (20)*	28	39	51	14
乙	54 (8)**	25	33	42	18
丙	76 (2)***	43	66	56	37
丁	32	10	36	24	32
計	221	106	174	173	101

（　）内の数字は、研究期間中に登録された名前の数や形式に変更があった子どもの人数で、（　）外の人数には含まれない。
* 甲自治体における名前の変更の詳細については表11を参照。
** 乙自治体における名前の変更の詳細については表13を参照。
*** 丙自治体における名前の変更の詳細については表15を参照。

本の公教育を受けることを強制しないというのが日本政府の基本的立場である。そして、日本の学校に通わせるかどうかは保護者の自由な選択に委ねられると説明される。もし保護者が日本の学校に通わせると決めれば、市区町村の教育委員会を訪ね、学区を知り、どこの学校に通うかを確かめることになる。

　教育委員会での登録と入学手続は、たいていの場合、学校に通うことになる子どもの保護者によって行われる。そして、保護者が日本語を話せない場合、誰か通訳してくれる人と一緒に教育委員会を訪ねるのが一般的である。

その通訳してくれる人とは、保護者が働く会社が従業員に関わる問題を有料で解決するために雇った人物だったり、友人だったりする。その人物が、保護者の代わりに登録手続すべてをするケースもある。ほとんどの場合、来日してすぐに仕事を始めるので、保護者には一日の休みもないことがあるからだ。

　入学手続に際しては、保護者の外国人登録証明書と子どもに関する書類（パスポートなど）が必要になる。南米人の場合、これらの証明書には名前がローマ字で書かれているので、それが日本語でどのように表記されるかは、担当職員の対応にかかってくる。

　この場面での字訳には二つの可能性がある。教育委員会の担当職員が、保護者あるいは登録にやって来た人物に、日本語で書き取るために子どもの名前をゆっくり読むよう頼んだなら、それは本来の発音に忠実にしようと試みていると言えよう。聞いたままに書き取られるかどうかはまた別問題だが、ともかく、日本語に字訳する前の段階で、本来の音に対して注意が払われている。

　もう一つの可能性は、外国人登録証明書に記載されたアルファベットを日本語のローマ字表記ルールに則って読むというものだ。この場合には、名前の綴りが重視され、本来の音が損なわれる可能性が非常に高い。ローマ字読みの影響でさまざまな変化を受けた形の名前が登録されてしまうおそれがある。

名前が日本語でどう書かれるか

　アルファベットで表記された外国人の名前は、表音文字であるカタカナで表記される。カタカナの文字数は濁音等を除いて48文字、濁音や拗音、半濁音を含めると109個の音を表記可能だが、それでも世界各地の言語が有する音声を正確に表記するには、そして外国人の名前を日本語に字訳するのにはそもそも言語的限界があって、十分でない。また、カタカナ表記に際しては、その音節システムのため、たとえば、ポルトガル語で3音節の「Roberto」が日本語では4音節の「ホベルト」という具合に、音節数が変化することがある。

それゆえ、カタカナで書かれた名前が本来の名前とはあまりにもかけ離れた発音のものになってしまい、カタカナ表記された名前から本来の名前を認識できないケースが少なくない。ただ、このような音声学上の違いゆえに正確な発音を犠牲にせざるをえないケースがあるのは、ある意味、やむを得ないだろう。

そこで、本来の発音に忠実に書くことが音声学的に不可能なケースはひとまず脇に置いて、字訳に影響している他の原因を指摘しておく。最も一般的な原因は、日本語のローマ字表記の仕組みである。

日本語をローマ字表記する際、ヘボン式[9]と訓令式の二つの方式がある。ヘボン式は、当初、日本語をローマ字表記するための標準方式として使われていたが、今では学校の教科書で教えられるのは訓令式で、英語の授業で名前を書く際にも訓令式が使われている。その一方で、ヘボン式も日常生活の中で多く使われる方式であり、日本政府がどちらを正式なものとして支持するのか、議論は続いており、結論は出ていない。

日本ではどう読まれるか

上述のとおり、日本の学校では、訓令式のローマ字表記が教えられ、英語の教科書でも使われている。英語の授業で自分の名前をローマ字で書くときは、訓令式によることになる。そして、ヘボン式も訓令式も、日本語をローマ字表記する際の標準的なシステムとして教えられる。そこには誤解を生みかねない重要な論点がある。「ローマ字表記されたものはすべて訓令式またはヘボン式のルールで読まねばならない」という誤解である。実際のところ、ヘボン式も訓令式も日本語をローマ字表記する時に使うものであって、他の言語でアルファベット表記されているものを日本語式に発音する時に使われるべきものではない。

外国人登録手続においても外国人の名前を字訳して記載することにはなっていない。これは、世界中の言語の多様性を考慮すると標準化するのは問題があると判断されているためかも知れない。もしそうなら、一応説得力のある選択と言える。しかし、その結果、一つの名前の異なる字訳が、状況や人

が違うことでいくつも作られるという事態になっている。

　言語が違えば発音システムも違うので、字訳の際の最も合理的な方法は、ローマ字表記のヘボン式や訓令式の読み方にこだわらず、名前本来の発音を聞いて、それにできるだけ近い音をカタカナで書く、というものだろう。少なからぬ教育委員会などの担当職員は、入学手続を開始する前にニューカマーに名前を発音してくれるよう頼むことは普通に行われていると言う。しかし、実際に学校現場へ行ってみると、日本語のローマ字表記システムが登録名に明らかに影響しているケースがいくつもあった。こうしたケースが発生する理由の説明として最もありそうなのは、担当職員が、外国人登録証明書などの書類に書かれた名前をそのまま訓令式またはヘボン式のルールに則って字訳した、というものである。重要なのは、ここで登録された名前が学校に報告され、結局、子どもが学校で教師やクラスメートに呼ばれる名前になるという点である。

5.1.3　学校

　学校では、ニューカマーの子どもたちの名前に関連する二つの問題状況がある。一つは、日本生まれで、または幼い頃に来日して、子どもが保護者の母語（継承語）を知らないというケース。もう一つが、日本語を知らないので、学校では通常授業と取り出し授業の両方に出席して日本語を勉強しなくてはならない子どものケースである。

　日本人のほとんどの子どもは、小学4年生の時に、ローマ字での読み書きを教えられる。ところが、小さい頃に来日したり日本で生まれ育ったりしたニューカマーの子どもたちの多くが、小学4年生になるまで、自分の名前を継承語（保護者の母語）でどう書くかを学んだことがない。保護者は母語・継承語の重要性を訴え、母語・継承語を日本語と並行して勉強してほしいと望んでいると強調するが、うまく成功した例は非常に少ない。母語を自分の子どもに教えようと心がける保護者はいるが、近くにブラジル学校などがあればまだしも、保護者自身、仕事が終わって帰宅した後や週末の非常に限られた時間の中で子どもの日常の勉強を見たり母語・継承語教育を行ったりす

るのはきわめて難しいのである。このような子どもたちにとって、自分の名前をローマ字を使って書く方法を初めて教えてくれるのは、小学4年の時の日本人教師ということになる。

　学校で日本名を使っている子どもの場合、非・日本名の綴りを間違えずに書く方法を学ぶ機会は、一層少ない。しかも、日本名の綴りを正確に学べるかというと、それもまた怪しい。なぜなら、子どもたちの日本名の正式なアルファベット表記は、その国籍国で出生証明書に登録される際に音が重視されていた場合、ヘボン式や訓令式で日本名を綴る表記とは異なりうるからである。つまり、ヘボン式や訓令式に従って教わった綴りが、正式な名前とは異なる事態が生じうるのだ。

　一方、日本名を持たず他のエスニック・ネームを持つ場合、問題はより複雑になる。日本で名前をカタカナに字訳して登録する際に本来の発音を重視してそれをヘボン式や訓令式でローマ字表記すると、名前本来のアルファベット表記とは綴りが違ってしまう可能性が非常に大きいからである。子どもの名前の表記について考えるとき、このような可能性に留意する必要がある。

　ニューカマーの子どもが学校に初めて登校した時、最初に教えられることの一つは、自分の名前を日本語でどう書くか、である。ほとんどのケースで、子どもの名前はすでに学校の教師に伝えられている。子どもが学校で勉強を始める前にも登録手続は進行しているからである。つまり、一般的に言って、この時すでに子どもの名前を日本語で書く方法が決められており、それが子どもに教えられる。それゆえ、学校の名簿に記された名前が誤って字訳されたものである可能性に、大きな注意が向けられるべきなのである。このようなケースでは、日本語のわからない子どもであっても自分の名前が間違って発音されていることに気づき、自分が聞くその音に不快感を覚える。しかし、ほとんどの場合、自分でそれを訂正することはできない。そこにはコミュニケーション技術の問題があるが、ほとんどの子どもは、周囲の環境すべてに対して不安を覚え、心配を抱えているので、名前の発音が間違えられていることの原因探しは、緊急のことではないと思えるのである。

ブラジル人の子どもに関して、興味深いケースが二つあった。1人は、日本の小学3年生の年齢で来日した子どもである[10]。彼はローマ字を母語で学んだことはなかった。来日前に一旦、ブラジルからヨーロッパへ引っ越していたため、そこの言葉で教わっていた。彼の名前のうち男の子を表す日本名は「Heijiro」で、ポルトガル語の音に忠実にカタカナ表記するなら、「エイジロ」となる。そして、それを日本式にローマ字表記しようとすれば、ヘボン式であれ訓令式であれ、頭の気息音字 /h/ を使わずに「Eijiro」と表記することになる。実際、彼の名前は、日本の教育委員会と学校では、「Eijiro」と登録され、その結果、彼が、自分の名前をローマ字でどう書くかを日本で学ぶ時には、頭文字「H」のない形で書くように教えられた。数年後、彼の保護者は、息子が名前を、出生証明書やパスポートなど公式文書の記載とは違う形で書いているのを発見し、正しい書き方を教えた。

もう一つは、ポルトガル語をかなり知っている男の子で、年齢に従い小学5年生に編入したケースだ。彼は来日前、学校に通っていたので、母語で名前をどう書くかを明らかに知っていた。その後、中学校に進学し、英語の授業が始まった時に、興味深い事件が起こった。自分の名前を、日本人クラスメートが書くのと同じようにローマ字で書くよう指示されたが、彼には日本名はなかったので、ブラジル名「Everson」をそのまま書こうとしたところ、日本語に字訳した綴りである「Eberuson」と書け、と指導されたのである。彼は、自分の名前が日本式に「エベルソン」と発音されるのには慣れていたが、ローマ字表記でそれを書くように言われたとき、出生証明書やパスポート、外国人登録証明書などの公式文書に記載されているのと同じ綴りで書きはじめた。それが正式な名前の表記だと知っていたからである。ところが、その名前を英語のテスト用紙に書いて数日後、返却された答案用紙を見て、彼は非常に驚き、憤懣を覚えた。日本人英語教師は、彼の名前の綴りを日本語のローマ字表記に関するルールに従ったものに赤ペンで「訂正」しただけでなく、減点していたのだ。彼は取り出し授業である日本語教室にそのテスト用紙を持ってきて、何が起きたかを憤慨しながら話した。彼の怒りの理由を聞いた後、筆者は彼に、その英語の先生にこれが本当の書き方だと話した

のか、尋ねてみた。彼は名前を正確な綴りで書いていることを英語教師に納得させようとしたが、聞き入れてくれなかったという。そこで、もう一度本当の書き方を教えてあげるべきだと説得した後、彼は原学級に戻っていって、英語教師にあらためて話をした。数分後、日本語教室に戻ってきた彼の表情には、満面の笑みが浮かんでいた。英語教師が自分の言うことを聞いてくれただけでなく、減点が取り消されたのだ。

　この二つのケースは、非常に深刻な状況を示している。特に後者のケースで英語教師が最初に示した行動は、暴力の一種と見ることさえ可能だろう。彼女は、最初、生徒の訴えにまったく取り合おうとしなかった。そして生徒は失望していた。もし筆者が割って入らなければ、この生徒はずっと失望を抱えたまま、英語のテストでは間違った綴りで名前を書かない限り減点されつづけただろう。

　学校でどのような事態が生じているかは、第2節以降で詳述するが、ほとんどの学校で子どもの名前が書かれている場所として、たとえば、次のようなものがある。

- 緊急カード：すべての子どもが一人ひとり、緊急時に備えて、保護者の勤務先の電話番号など必要な情報を記載したカードを持っている。項目すべてには記入していない子どももいる。
- 出席簿：クラスごとに名簿がある。普通、二つの名前だけが記載されている。姓一つ、名一つが、すべて日本語のみで記載されている。
- 名札：どのように名前が記載されるかは学校によって違うが、日本語で書かれる点は共通している。漢字で姓のみを記載する学校もあれば、名のみのものもある。フルネームを記載する学校もいくつかあった。しかし、名前が三つ以上あってそれが全部登録されている外国人の場合、フルネームの記載は難しい。筆者がフィールドワークの最中に会ったそのような子どもたちは皆、姓一つ、名一つだけ記載していた。
- 卒業証明書：卒業証書が発行される前、確認のための通知が子どもの保護者に送付される。これは基本的には、卒業証書が公文書なので、子どもたちの名前をどのように記載して欲しいかを尋ねるためである。保

護者は、子どもの名前を書いて承認の署名をするよう求められる。とことろが、この確認通知はすべて日本語で書かれているため、日本語の読み書きができない保護者にまで書類が到達しないというケースが数多くあった。そういう場合、教員が、子ども自身にどう名前を書いてもらいたいかをインフォーマルな形で口頭で尋ねていた。つまり、手続が簡略化されてしまうのである。その結果、ほとんどの子どもの名前が日本語で日本式に書かれていた。しかも、ほとんどの市区町村で、最も単純化された名前が書かれるのが常であった。かくして、子どもたちが受け取るのは、保護者でさえ読めない「子どもの名前」が記載された卒業証書になるのである。

5.2　4市区町村の名簿の分析

　本節では、研究対象とした各市区町村で使われていた名前の登録方法の違いを説明し、それぞれの比較を行う。登録手続には、議論を呼ぶ重要で実際的な論点がいくつもあるが、すべての市区町村を比較する際には、各論点ごとに別々に比較すべきだということをまず確認しておく。

　前述のように、名簿は市区町村教育委員会の外国籍児童生徒担当職員によって市区町村ごとに作られるものであり、統一された様式はない。それゆえ、それぞれの名簿の記載項目をはじめとする特徴を、名簿ごとに解説する。

　ここで、技術的な観点が必要になる。日本語をワープロやコンピュータで入力する場合、普通は全角文字一つに二つの半角スペースが割り当てられる。それゆえ、漢字は1文字につき二つの半角スペースが割り当てられ、全角文字と半角文字とがあるカタカナ、ローマ字などの場合、半角スペースを二つ使うか一つだけ使うかを選択できる（半角の漢字やひらがなを印字できるワープロも存在したようである）。それでも、文字同士のバランスを保つため、あるいは、半角文字は特殊な文字と見なされているからとの理由で、ひらがなとカタカナについては全角文字を用い、二つの半角スペースが使わ

れるのが一般的である。

　さて、子どもの日本語能力は、本研究調査実施当時は、能力の高い方に向かって順にA、B、Cの3段階で評価されていた。この3段階区別は、文部科学省によって提唱されたものだが、各段階の内容の詳細は市区町村ごとに異なっている。各段階を区別する明確な判断基準がないため、むしろ基本的には評価者の個人的判断によっていると言える。たとえば甲自治体では、「A」段階と分類されていた「日本語指導が必要な外国人児童生徒」は全員、日本語をほとんどまったく理解できない子どもだった。同市の「B」段階は、日本語を少しだけ話せる子どもで、「C」段階は、日本語があまりハンデになっていない子どもたちだった。一方、乙自治体では、「A」段階は、日本語をほとんどまったく理解できない子ども、「B」段階は、日本語を少しだけ話せる子ども、「C」段階は、会話においては日本語があまりハンデになっていないが教科の勉強では補助の必要な子どもたちだった。また、丙自治体では、「A」段階は、日本語でほとんどコミュニケーションできない子ども、「B」段階は、日本語を少しだけ話せる子ども、「C」段階は、教科の勉強では補助の必要な子どもたちだった。しかも、どの市区町村でも、判断基準は非常にあいまいで主観的なものであった。なお、丁自治体の名簿には日本語能力に関する記入欄がなかった（2008年から基準の統一化が図られたが、十分に客観的な指標は設けられないままである。）。

5.2.1　名簿の形式

　甲自治体では、名簿は3種類あった。と言うのは、教育委員会の担当職員が変わるたびに名簿の形式にいくつかの手が加えられ変更が生じたからで、そのため、分析もそれぞれの特徴に留意して別々になす必要がある。以下では、便宜上、古い名簿から順に「甲a」「甲b」「甲c」とする。

■甲a（＿＿＿内小中学校外国人子女）
- サイズ：A4、4〜8ページ
- 表の大きさ：平均縦23.5cm×横15.7cm

- 用紙方向：縦長
- フィールドワークの期間：5 年
- 名簿更新頻度：1 年に 2 回
- 分析した名簿の数：この形式のものが四つあった。
- 名簿の記載項目（出現順）
  1. 学校名：縦書き、幅 0.7cm
  2. 番号：縦書き、幅 0.7cm
  3. 学年：縦書き、幅 0.7cm
  4. 氏名：幅 2.0cm。1〜2 行を使って名前を横書き。2 行目か 3 行目に出生年月日、3 行目か 4 行目に性別を付記。日本姓のほとんどは漢字で記載され、日本名のいくつかも同様。他の名前、すなわち非日本姓と非・日本名はカタカナで記載。
  5. 年齢：幅 0.7cm
  6. 住所：幅 2.0cm
  7. 国籍：幅 1.4cm。半角文字で国名を省略せず記載。
  8. 在日期間：幅 2.0cm
  9. 言語の状況：幅 1.4cm。3〜5 行をかけて、3 段階に分けた日本語習得度とそれについてのコメントが書かれていた。
  10. その他状況：4.0〜4.3cm。三つのリストでは 3〜5 行かけて、一つのリストでは 2〜16 行かけて記載され、また、学校ごとにページが分けられていた。この欄には、日常使われている言語についての情報や、授業中あるいは学校内での態度の詳細、日本語習得度、抱えている問題の詳細が記載される。必要な指導についての記載も含む。

　筆者が甲自治体で最初にコンタクトをとった担当職員は、極めて協力的な人物で、必要な情報をすべて提供してくれた。筆者がニューカマーの子どもたちのために特に企画された課外行事に協力していたこともあって、名簿の閲覧もそれほど問題にはならなかった。それらの課外行事は、残念ながら、

後になって、主に在日韓国・朝鮮人住民からの不平を受けて中止された。抗議の理由は、在日韓国・朝鮮人住民は数世代に渡ってこの地域に暮らしているのに、彼・彼女たちのためにこのような取り組みがなされたことは一度もないということだった。たしかに、オールドタイマーズを無視する形で、突然、ニューカマーの子どもたちに他の学校に通う子どもたちと母語で話す機会を与える行事が企画されたことを考えると、外国人であるがゆえに差別され迫害されてきた彼・彼女らが抗議するのはもっともな話であった。この件については、次章で詳しく論ずる。

　名前がどのように記載されているかを見てみると、この名簿では、大多数の子どもが名前を二つしか登録されていなかった。ほとんどの場合、幅約2センチの欄に、1行形式で書かれており、2センチあれば、たいていの場合、漢字4文字を書くには十分である。それゆえ、日本人の名前を書くには普通問題はないが、日本の名前以外の名前を書くには十分とは言えない。子どもが三つ以上の名前を持つ場合は、明らかに不十分である。そこで1行に収めるには工夫が必要になり、たとえば、名は全角文字に統一するが日本の名前以外の名前はスペースに合わせて半角文字または全角文字で記入するといった手法が、使われていた。

　もう一つ気づいたのは、姓と名の間を分けるか分けないかのルールがなさそうだという点である。子どもたちの幾人かについては、姓と名の間に半角あるいは全角スペースを入れるか、「・」を入れるかして、名前を分けていた。姓か名が長い場合には、両者の中間で改行することで分けていた。しかし、1行に書かれた文字数が限界を超えると自動的に改行されるので、これらのケースではたいていの場合、名前が途中で切断される形になっていた。姓も名も非・日本式で、しかも分けずに記載されている場合、話はもっと複雑になる。名前の伝統について知識のある人間でも、名簿上の名前から子どもの正しい名前を認識するのはかなり困難であろう。

　甲自治体の名簿の問題点は、1行に三つ以上の名前を書く十分なスペースがないことだったが、必要なら新しい行を追加できたので、名前記載上の制限は部分的なものにとどまっていた。実際、子どもの様々な状況について記

載する最後の項目（上記10番目「その他状況」）では、必要な分だけ行が追加されていた。

フィールドワーク最終年となった2000年に、甲aを作成した元担当者に個人インタビューをした時、彼女は、たくさんの名前から二つの名前を選ぶことの難しさに気づいていた。しかし、記載された名前は学校から報告されたものであり学校で使われている名前と同じであること、そしてそれは学校で子どもたちの保護者に「子どもたちをどう呼んでほしいか」を尋ねて保護者によって選んでもらったものであることを強調していた。

■甲b
・サイズ：A4、9ページ
・分析した名簿の数：以下の形式のものを一つだけ。
・名簿記載項目（出現順）
　学校名をページの最初に記載。
　1．番号：幅0.9cm
　2．氏名：幅3.5cm
　3．国籍：幅1.4cm
　4．性別：幅0.9cm
　5．学年：幅1.4cm
　6．在日期間：幅1.4cm
　7．言語：幅1.6cm
　8．所見：幅6.3cm。記載には2〜5行を使う。

甲自治体の担当者が変わった際に、前掲の甲a名簿の記載項目が変更された後の名簿を、甲b名簿として論ずる。在籍学校名が表の外に出て、ページの最初に記載されている。各校に1〜2ページが割り当てられている。前掲の甲a名簿では、学校と学校との間は実線で区切られるのみだったが、学校ごとにページを変えるという形で学校間の明確な区分が施された結果、表は横幅が17.7cmと大きくなったが、縦は短くなった。また、性別が氏名欄か

ら離れて独立した項目となった。

　甲b名簿では、割り当てられるスペースがほとんどの項目で甲a名簿より大きくなった。「学年」欄と「氏名」欄は倍近くになった。「住所」「年齢」「出生年月日」は、名簿から削除された。甲a名簿ではカタカナ記載のほとんどの名前は半角文字だったが、甲b名簿の名簿では、一つの例外を除いて、全角文字で記載されていた。甲自治体の最初の四つの名簿と比べて記載スペースが大きくなったので、所見欄も記載行数が減っていた。

■甲c
　・サイズ：A4、10ページ
　・分析した名簿の数：以下の形式のものを一つのみ。
　・名簿の記載項目（出現順）
　　学校名をページの最初に記載。
　　1．番号
　　2．氏名（イニシャル）：名前のイニシャルが名前の前に記載されていた。
　　3．国籍
　　4．性別
　　5．在日期間
　　6．言語
　　7．所見

　筆者が入手できた最新型の名簿である。2000年に教育委員会担当職員が替わると、新担当職員は前任者とは異なり、名簿の閲覧許可に非常に後ろ向きだった。筆者がこれまでに名簿を閲覧させてもらっていること、また、当該自治体役場でこの5年間ほぼ毎月1回、通訳ボランティアをしていることなどを話しても、なかなか協力要請に応じてはくれなかった。結局、彼女の上司が彼女に許可を出すことで、閲覧を許してくれた。ただし、筆者の関心は名前にあるからと、名簿を縦半分に切ったうえでの閲覧許可であり、前任者のような完全な形での閲覧ではなかった。担当職員の配置転換があると一

からやり直さねばならないという、長期的研究を実施するにあたっての困難の一例である。

　この最後の名簿は半分にカットされていたが、残された部分から、あるいは甲b名簿との比較から、「氏名」欄にイニシャルが記載されている点のほか、項目もその記載順も甲bと同じだと推測できる。

　名前が日本語に字訳された後でイニシャルを拾っているので、記載されたイニシャルが正式な名前のものではないケースが多かった。どの子どもも記載されたイニシャルは二つのみ。三つ以上の名前が名簿に登録されている子どもでも二つだけだった。イニシャルの配列も名簿に登録された名前の配列とは異なっており、姓のイニシャルや姓として選ばれたと思われる名前のイニシャルがほとんどの場合、最初に来て、その後に名のイニシャルが続いていた。しかし、姓が名の前に来る形で登録されているのに、イニシャルでは名が先に来ているというまったく逆のケースが、甲自治体の二つの中学校の生徒の登録名に限ってだが、見られた。

■乙自治体(日本語教室在籍児童生徒)
・サイズ：A4、2ページ
・表の大きさ：平均縦22.0cm×横16.5cm
・用紙方向：縦長
・フィールドワークの期間：5年(ただし、最初の3年間は名簿を閲覧できなかった)
・名簿更新頻度：毎年1回
・分析した名簿の数：フィールドワーク最後の2年間の名簿、合計2冊。
・名簿の記載項目(出現順)
　1．番号：幅0.8cm
　2．学校名：幅1.6cm
　3．児童・生徒名：幅4.3cm；漢字の名前は全角文字だが、カタカナの場合は一つの例を除いて半角文字。ひらがなは使われていない。
　4．国籍：幅0.8cm。国名の最初の1文字のみをカタカナで記載。たと

えば、「ペ」がペルー、「ブ」がブラジル。
5．性別：幅0.8cm
6．学年：幅0.8cm
7．言語状況：幅1.6cm；母語の最初の1文字のみをカタカナで記載。たとえば、「ポ」がポルトガル語、「ス」はスペイン語、「タ」はタガログ語[11]。その後に、日本語習得レベルをA、B、Cの3段階で記載。
8．空欄：幅4.7cm；タイトルがついていないが、転校歴、来日年月日、特別教育の必要性、出席状況など、子どもに関する一般的な所見が内容となる。ただし、ほとんどの子どもの場合、何も書かれていない。
9．出席状況：幅1.2cm；良い、悪い、または、不登校。

　乙自治体は、フィールドワークを実施した5年間を通して担当者が変わらなかった唯一の自治体である。1人の人物が同じ職務を5年間連続して担当するのは日本の公務員の世界では非常に珍しいと言えるだろうが、時折、このようなケースがある。この自治体でも筆者はニューカマーの子どもたちのための集会や課外行事に参加していたが、最初の3年間は教育委員会の名簿の閲覧は一切許可されなかった。それでも、行事に参加している子どもたちの名簿にアクセスできた他、いくつかの学校から情報を提供してもらえた。もちろん、乙自治体で行えた名前の分析は、他の自治体と比べると部分的なものにとどまるが、担当者が変わらなかったおかげで、この5年間には名簿の形式に変更はなかった。そして、最後の2年間は名簿を閲覧できたので、その部分を集中的に分析した。
　乙自治体の名簿は、後述の丙自治体と同じく1人の子どもの情報が1行に収まるよう作成されていた。また、子どもの出席状況を記載する欄がある唯一の名簿だった。記入方法は、「良い、悪い、不登校」の3段階だった。ほとんどの子どもは、良く出席していると報告されていたが、「悪い」と記載されたうちの1人は、30日以上学校に通っていないとの所見が付記され

ており、もう1人の生徒は、もはや学校に通ってはいなかった。この学校に通っていない生徒は、小学校時代の出席状況は良かったが、中学校に入ると学校に通うのが怖くなったのだそうだ。1年後、この生徒に、ある宗教的行事の場で偶然に出会った時、この生徒は在学登録は残ったまま、工場で働きはじめていた。その子は、すでに帰国予定期日を確定させていたが、将来は別の都道府県へ働くために来日したいと話してくれた。

　名前の記載方法を見ると、すべての名前が1行に書かれていた。甲自治体の名簿の倍のスペースがあったが、それでもすべての名前を全角文字で書こうとすると不十分なので、一つの例外を除いて、子どもの名前は半角カタカナで書かれていた。名前と名前の間は、記入欄との関係に応じて、半角または全角スペースで、あるいは「・」で、分けられていた。

■丙自治体（平成＿＿年度日本語指導の必要な外国人児童生徒の＿＿内小中学校在籍者名簿）

- ・サイズ：B4、2ページ
- ・表の大きさ：平均縦21.0cm×横32.0cm
- ・記載方向：横長
- ・フィールドワークの期間：5年
- ・名簿更新頻度：変更や転校があればその都度。
- ・分析した名簿の数：5年間で15名簿
- ・名簿の記載項目（出現順）
    1．学校名：幅3.5cm。在籍児童生徒数と国籍別生徒数も、この欄に記載される。
    2．学年：幅0.8cm
    3．児童・生徒名：幅5.0cm；学校に「日本語指導が必要な外国人児童生徒」が一人しかいないために取り出し授業のない子どもは、カッコ書きされ、他の子どもたちと区別されている。
    4．性：幅0.8cm。
    5．生年月日：幅1.9cm

6. 国籍：幅 1.9cm；国名を省略せずに一般的な名称で、可能なら全角文字で、不可能なら半角文字で記載。
7. 転入日：幅 2.3cm；子どもの保護者が登録のために教育委員会にやって来た日付が記載されている。
8. 日常使用している言語：幅 2.3cm；母語を省略せずに記載。漢字が半角文字で使われている唯一の欄。二つ以上の言語を話せる子どもについて、その言語すべてを記載しているケースがいくつかあった。
9. 日本語修得状況：最初の 10 名簿では幅 13.8cm、最後の 5 名簿では幅 13.0cm；日本語レベルと、子どもの苦手なところが詳述されている。
10. レベル：幅 0.8cm；最後の 5 名簿で追加された項目。A、B、C の 3 段階評価である。

　丙自治体は、用紙サイズが他とは違ううえに横長に使っていたので、ほとんどの項目で記入スペースを大きく確保できていた。また、乙自治体と同じく、1 人の子どもの情報が 1 行に収まるよう記入されていた。丙自治体は研究に最も協力的で、さまざまな情報へのアクセスを許可してくれた。フィールドワークを特に徹底的に実施でき、同じ子どもたちとの接触が 5 年間を通して最も密にとれた自治体だった。

　他の自治体と違って丙自治体では、名簿を作成するのは、教育委員会内で外国籍の子どもすべてを担当する役職の人物ではなかった。作成していたのは、「日本語指導が必要な外国人児童生徒」が在籍する学校すべてを巡回する教師だった。つまり、子ども個人を最もよく知り、それぞれの学校に在籍する子どもの状況についても最も知識のある教師によって作成されていたのである。子どもの転入・転出があるたびに、彼女はリストに変更を加えていた。筆者は、変更の加えられたリストすべてを閲覧したわけではないが、ほとんどを閲覧させてもらえた。研究期間の 5 年間に、丙自治体でこの立場にあった教師は 2 人だけだった。1 人は最初の 1 年間、もう 1 人はその後の 4

年間で、特に後者とは相互協力を通じた良好な関係を保つことができた。

丙自治体の名簿では、名前のほとんどは全角文字で記載されていたが、スペースが足りない場合には半角文字での記載だった。名前と名前の間は、半角または全角スペースで区切られていた。

■丁自治体（外国人児童生徒名簿（　　　）学校）
　・サイズ：A4
　・表の大きさ：平均縦9.0cm×横25.0cm
　・記載方向：横長
　・フィールドワークの期間：2年
　・名簿更新頻度：毎年1回。
　・分析した名簿の数：2年間で2名簿
　・名簿の記載項目（出現順）
学校名をページの最初に記載。
　1．番号：幅0.7cm。
　2．学年：幅0.9cm
　3．名前（本名）：幅10.5cm；まずローマ字で記載されている。おそらく外国人登録証明書に記載されているものと思われる。この名前が日本語に字訳され、カッコの中に半角カタカナで記載されている。
　4．通称名：幅5.3cm。「通称名」は公式に登録された通称名を一般的に指す用語だが、この欄に名前が記入されている子どものほとんどに確認したところ、そのような登録はしておらず、学校で使われている名前が記入されていた。つまり、学校で最もよく知られた名前が記載されており、その名前に関しては、姓を一つ、続いて名を一つの合計二つのみが記載されていた。
　5．性別：幅0.9cm
　6．国籍：幅2.3cm；国名を省略せずに記載。
　7．備考：幅5.0cm；ほとんどの子どもは何も記入なし。取り出し授業を受けていない子どもの示す何らかのシグナルのみが記載されてい

た。

　丁自治体は、研究対象として最後に追加した自治体だったが、教育委員会の担当者は非常に理解のある人物で、名簿の閲覧にも協力的だった。子どもの名前がローマ字とその字訳の両方で書かれていた唯一の自治体でもある。登録時にほとんどの保護者が外国人登録証明書を見せるように言われていたので、入力ミスがなければ、綴りはもちろん名前の数においても、ほぼ正確なデータと言えよう。つまり丁自治体では、ほとんどの子どもたちの正式な名前のすべてが教育委員会で一度は登録されたと言える。

　筆者は、正式な名前をローマ字で記載してその日本語読みを添えるとともに、学校で使われている通称名を別欄に記入することが、外国の子どもの名前を扱う際の思慮深い解決策だと考えている。それには、丁自治体で行われていたように、外国人登録証明書またはパスポートを提示して登録を行うのが簡便であろう。

　子どもの正式な名前を登録することで、卒業証書の名前が正確な綴りで書かれることを保証しうる。もし名前を簡略化したものや名前の一部のみ、あるいは通称名や非公式な名前、そしてこれらを日本語に字訳したものしか学校や教育委員会に知られていないとすれば、卒業証書に記載される名前がこれらの名前になるおそれが大きい。ところが、日本語に字訳された名前から子どもの正式な名前を導き出すのは極めて困難なのである。

5.2.2　登録された名前の形式

　本節を読むにあたっては、第1章の前に掲載した名前の形式を描くための略語表をご活用いただきたい。

■甲自治体
　表10は、甲自治体の教育委員会で最初に名前が登録されてから、本研究終了までの期間に、その登録名の数や形式が変更されなかったブラジル人、ペルー人児童・生徒の人数と登録名の形式をまとめたものである。表11は、

表10 登録された名前の数や形式に変更のなかった子ども（甲自治体）

GN-FN の数	GN-FN の数・形式	ブラジル人	ペルー人
二つ		47	10
0-2	0-2 (1J-1NJ)	1	-
1-1	1 (1J) -1 (1J)	23	2
1-1	1 (1J) -1 (1NJ)	1	-
1-1	1 (1NJ) -1 (1J)	20	6
1-1	1 (1NJ) -1 (1NJ)	2	2
三つ		10	4
1-2	1 (1NJ) -2 (1J-1NJ)	1*	-
1-2	1 (1NJ) -2 (1NJ-1J)	-	2
1-2	1 (1J) -2 (2NJ)	-	1
1-2	1 (1NJ) -2 (2NJ)	2*/**（×1）	-
2-1	2 (1NJ-1J) -1 (1J)	2	-
2-1	2 (1NJ-1J) -1 (1NJ)	1	-
2-1	2 (2NJ) -1 (1J)	2	1
2-1	2 (2NJ) -1 (1NJ)	2*	-
四つ		2	2
2-2	2 (1NJ-1J) -2 (2NJ)	-	1
2-2	2 (2NJ) -2 (2NJ)	-	1*'
2-2	2 (2NJ) -2 (1NJ-1J)	1	-
2-2	2 (1NJ-1J) -2 (1NJ-1J)	1	-
計		59	16

* 前置詞あるいは前置詞と冠詞が結合したものを含むが、それは1語として数えていない。
*'「San」を含むが数には入れていない。例：San Marino
** 数に入れた姓の一つが「Junior」（息子）、「Filho」（息子）、「Neto」あるいは「Netto」（男の孫）だった事例。普通は別途数えられることはないが、本書では姓の一つとして数えた。
*/**（×1）ブラジル人の子ども2人のうち1人のみが前置詞あるいは前置詞と冠詞が結合したものを名前に、そして同時に「Junior」を姓の一部として持っていた。
第1列：ハイフンを挟んで、登録された名の数、姓の数を表示。
　例：「0-2」は、名が登録されておらず、姓が二つ登録されていることを示す。
　　「1-1」は、名が一つ、姓が一つ登録されていることを示す。
第2列：名と姓の数および名と姓が日本のものであるか否かを表示。
　例：1 (1NJ) -2 (1J-1NJ) は、非・日本名が一つ、姓が二つあることを示す。その二つの姓が日本姓か否かは（　）内に記載され、この例での本来の配列は日本姓、非・日本姓である。名簿上の配列ではないことに注意。名簿に登録された配列については別途分析する。
第3列：示された形式の名前を持つブラジル人の子どもの数。
第4列：示された形式の名前を持つペルー人の子どもの数。

第 5 章　ブラジル人・ペルー人の子どもたちの学校内での名前　117

表 11　登録された名前の数や形式に変更のあった子ども（甲自治体）

No	+／−	当初の登録名 GN-FN の数・形式	第 1 回目の変更後 GN-FN の数・形式	第 2 回目の変更後 GN-FN の数・形式	第 3 回目の変更後 GN-FN の数・形式
1B	+2	0-2 (1J-1NJ)**	2 (2NJ) -2 (1J-1NJ)**		
2B	+1	0-2 (2NJ)**	1 (1NJ) -2 (2NJ)**		
3B	+1	1 (1J) -1 (1J)	2 (1NJ-1J) -1 (1J)		
4B	+1	1 (1J) -1 (1J)	2 (1NJ-1J) -1 (1J)		
5B	+1	1 (1J) -1 (1J)	2 (1NJ-1J) -1 (1J)		
6B	+2	1 (1J) -1 (1J)	1 (1J) -1 (1J)	2 (1NJ-1J) -2 (1NJ-1J)	
7B	+2	1 (1J) -1 (1J)	1 (1J) -1 (1J)	1 (1J) -1 (1J)	2 (1NJ-1J) -2 (1NJ-1J)
8B	+2	1 (1J) -1 (1J)	2 (1NJ-1J) -2 (1NJ-1J)		
9B	+1	1 (1NJ) -1 (1J)	1 (1NJ) -1 (1J)	1 (1NJ) -2 (1J-1NJ)	
10B	+1	1 (1NJ) -1 (1J)	1 (1NJ) -1 (1J)	2 (1NJ-1J) -1 (1J)	
11B	+2	1 (1NJ) -1 (1J)	1 (1NJ) -1 (1J)	2 (2NJ) -2 (1NJ-1J)	
12B	=	1 (1J) -1 (1NJ)	1 (1J) -1 (1J)		
13B	=	1 (1NJ) -1 (1NJ)	1 (1NJ) -1 (1J)		
14B	=	1 (1NJ) -1 (1NJ)		1 (1NJ) -1 (1J)	
15B	=	1 (1NJ) -1 (1NJ)*	2 (2NJ) -0		
16B	−1	2 (2NJ) -1 (1NJ)	2 (2NJ) -0		
17B	−1	2 (1NJ-1J) -1 (1J)	2 (1NJ-1J) -1 (1J)	1 (1J) -1 (1J)	
18B	−1	2 (1NJ-1J) -1 (1J)	2 (1NJ-1J) -1 (1J)	1 (1J) -1 (1J)	
19B	−1	1 (1NJ) -1 (1J)	1 (1NJ) -1 (1J)		
20B	−1	2 (2NJ) -1 (1NJ)	1 (1NJ) -1 (1J)	1 (1NJ) -1 (1J)	1 (1NJ) -1 (1J)
1P	+1	1 (1NJ) -1 (1J)	1 (2NJ) -1 (1J)		
2P	+1	1 (1NJ) -1 (1J)	1 (2NJ) -1 (1J)		
3P	+2	1 (1NJ) -1 (1NJ)	2 (2NJ) -2 (1NJ-1J)		
4P	+2	1 (1NJ) -1 (1NJ)	2 (2NJ) -2 (1NJ-1J)		
5P	+1	2 (2NJ) -1 (1NJ)	2 (2NJ) -2 (1NJ-1J)		
6P	=	1 (1NJ) -1 (1NJ)	1 (1NJ) -1 (1J)	1 (1NJ) -1 (1J)	
7P	−2	2 (1NJ-1J) -2 (1NJ-1J)	2 (1NJ-1J) -1 (1J)	2 (1NJ-1J) -0	

B はブラジル人、P はペルー人を示す。
* 前置詞あるいは前置詞と冠詞が結合したものを含むが、それは 1 語として数えていない。
** 数に入れた姓の一つが「Junior」（息子）、「Filho」（息子）、「Neto」あるいは「Netto」（男の孫）だった事例。普通は別途数えられることはないが、本書では姓の一つとして数えた。
第 1 列：研究期間中に登録された名前の数や形式に変更があったブラジル人、ペルー人の子どもに番号を振った。
第 2 列：「+」は、登録された名前の数が増えたケース。「=」は、登録された名前の数に変化がなかったケース。「−」は、登録された名前の数が減ったケース。
　例：「+2」は、登録された名前が最終的に二つ増えたことを示す。
第 3 列：閲覧できた最古の名簿に記載されていた、母語での名と姓の数と形式。名簿に記載された配列とは異なる（以下同じ）。
第 4 列：第 1 回目の変更後に登録された名と姓の数と形式。
第 5 列：第 2 回目の変更後に登録された名と姓の数と形式。
第 6 列：第 3 回目の変更後に登録された名と姓の数と形式。

同期間中に登録名の数や形式に変更があった児童・生徒に関するものである。

期間中に登録のあったブラジル人児童・生徒は79人で、そのうち59人（74.6％）の登録名の数や形式に変更がなく、20人（25.4％）に変更があった。ペルー人児童・生徒では23人中16人（69.5％）の登録名の数や形式に変更がなく、7人（30.5％）に変更があった。

表10のデータから、以下の観察結果が得られた[12]。

1．ブラジル人
   (a) 登録された名前：二つ　47人（79.6％）
   (b) 登録された名前：三つ　10人（16.9％）
   (c) 登録された名前：四つ　2人（3.3％）

2．ペルー人
   (a) 登録された名前：二つ　10人（62.5％）
   (b) 登録された名前：三つ　4人（25％）
   (c) 登録された名前：四つ　2人（12.5％）

表10の、名簿上で名前の数や形式に変更がなかった子どものデータに基づくと、甲自治体では、ブラジル人の場合、名前二つが登録されている子が最も多く47人（79.6％）、次が、名前三つで10人（16.9％）、最後が名前四つで2人（3.3％）。ペルー人の場合だと、名前二つが最も多く10人（62.5％）、次が名前三つで4人（25％）、最後が名前四つで2人（12.5％）となっている。ブラジル人の場合もペルー人の場合も、姓と名が一つずつ選ばれて登録されるケースが最も多いと言える。しかし、姓のみが二つ登録されているというケースが、ブラジル人の子ども3人に見られた。そのうち1人は表10の一番上に記されており、他の2人は、登録名が変更されたので表11（1Bと2B）に示した。逆に、名のみが二つ登録されているケースもいくつかあった（表11の15B、16Bと7P）。

登録名が変更されて、名二つだけが登録されることになったのは、ブラジル人の女の子2人とペルー人の男の子1人である（表11の15B、16Bと7P）⁽¹³⁾。このようなケースでは、登録する名前の選択が保護者や子ども自身によってなされたのか、疑わしい。姓を一つも登録せず名二つだけを選ぶとか、名を一つも登録せず姓二つだけを選ぶとか、信じがたい状況である。これについては、後にあらためて論ずる。

　表11のデータからは、以下の観察結果が得られた。

1．登録された名前の数が増えたブラジル人の子ども：
   - 11人（55%）の子どもの名前の数が増えた。そのうち6人は1回だけ変更があり（1B、2B、3B、4B、5B、8B）⁽¹⁴⁾、4人は2回（6B、9B、10B、11B）、1人は3回変更があった（7B）。
   - 1回だけ変更のあった6人を見ると、6人全員が非・日本名を付け加えられており⁽¹⁵⁾、1人は非・日本姓も追加されていた（8B）。
   - 2回変更のあった4人を見ると、2人は非・日本名一つと非・日本姓一つを付け加えられており（6Bと11B）、1人は非・日本姓を一つだけ、2回目の変更で追加されていた（9B）。もう1人は、2回目の変更で、日本名を一つ追加されていた（10B）。
   - 3回変更を受けた子どもは1人で、この子は3回目の変更で、非・日本名一つと非・日本姓一つを付け加えられた（7B）。
   - 1回だけ変更のあった6人を、表記方法に着目して見ると、2人が姓をカタカナ表記から漢字表記に変更され（1B、3B）、3人が姓を漢字表記からカタカナ表記に変更されていた（4B、5B、8B）。1人は表記方法にまったく変更がなかった（2B）。
   - 2回変更のあった4人を、表記方法に着目して見ると、2人が姓をカタカナ表記から漢字表記に変更され（6B、9B）、2人が名のカタカナでの表記が変わっていた（10B、11B）⁽¹⁶⁾。
   - 3回変更を受けた子どもは1人で、この子を表記方法に着目して見ると、最初の変更で名のカタカナ表記が変わり、2回目の変更

では、姓がカタカナ表記から漢字表記に変更されていた。

2．登録された名前の数が変わらなかったブラジル人の子ども：
- 4人（20%）の子どもは名前の数が変わらなかった。そのうち3人は1回だけ変更があり（12B、13B、15B）、1人は2回変更があった（14B）。
- その4人は皆、登録されていたのは名前二つのみだが、登録名に加えられた変更からわかるように、皆、三つ以上の名前を持っていた。1回変更のあった3人のうち、2人は、非・日本姓を日本姓に変えられ（12B、13B）、1人は、一つの非・日本姓が外されて代わりに別の非・日本名が加えられた結果、名だけが二つ登録されて姓が登録されないことになった（15B）。
- 2回変更のあった子どもは1人いて、最初の変更で非・日本姓が漢字表記の日本姓に変わり（14B）、この部分が2回目の変更でも維持された。
- 非・日本姓が日本姓に変えられた2人のうち（12B、13B）、1人の姓はカタカナ表記で、もう1人の姓は漢字表記だった。
- この4人は、下記に示すように、すべての名前が登録されているわけではないと結論付けることができる。
  - ○ 12Bは実際には三つの名前を持っている。名一つと姓二つだ。詳述すると、日本名一つと、非・日本姓一つ、日本姓一つである[17]。しかし、どの変更の後でも、このうちの二つしか登録されていない。
  - ○ 13Bも、名一つと姓二つという、全部で三つの名前を持っている。詳述すると、非・日本名一つと、非・日本姓一つ、日本姓一つだ。しかし、どの変更の後でも、このうちの二つしか登録されていない。
  - ○ 14Bも、名一つと姓二つという、全部で三つの名前を持っている。詳述すると、日本名一つと、非・日本姓一つ、日本姓一つ

だ。しかし、どの変更の後でも、このうちの二つしか登録されていない。
- ○ 15Bは、名二つと姓一つという、全部で三つの名前を持っている。詳述すると、非・日本名二つと、非・日本姓一つだ。しかし、どの変更の後でも、このうちの二つしか登録されていない。このケースで特記すべきは、上述のように、姓が登録されなくなった点だ。

3．登録された名前の数が減ったブラジル人の子ども：
- ・5人（25%）の子どもの名前の数が減った。そのうち1人は1回だけ変更があり（16B）、3人は2回（17B、18B、19B）、1人は3回変更があった（20B）。
- ・1回だけ変更のあった子どもは1人で（16B）、非・日本姓が取り除かれて非・日本名二つのみとなり、姓はなくなった。
- ・2回変更のあった3人は皆、非・日本名が取り除かれ、日本名一つと日本姓一つになっていた。日本姓がカタカナ表記から漢字表記に改められた後は特に、表面上、名前は子どもがブラジル人であることをまったく示さないものになっていた。1人だけ（19B）が、最初から日本姓が漢字表記だった。
- ・3回変更のあった子どもは1人で（20B）、この子は最初の変更で、非・日本名が一つ取り除かれた。2回目の変更で、それまでカタカナ表記されていた姓が漢字表記になり、3回目では結局カタカナ表記に戻った。

1．登録された名前の数が増えたペルー人の子ども：
- ・5人の子どもの名前の数が増えた。この5人は皆、1回だけ変更があった（1P、2P、3P、4P、5P）[18]。
- ・1回だけ変更のあったこの5人のうち4人は、非・日本名が一つ追加されていた（1P、2P、3P、4P）。

・1回だけ変更のあった5人のうち3人は、日本姓が一つ追加されていた (3P、4P、5P)。つまり、3Pと4Pは、変更によって名と姓が一つずつ追加されたことになる。
・5Pは、日本姓が一つ追加されただけだった。
・1回だけ変更のあったこの5人のうち、2人は、最初から日本姓は漢字表記されており (1P、2P)、他の3人の場合、日本姓が変更によって追加されたが、それらすべてはカタカナ表記だった (3P、4P、5P)。

2．登録された名前の数が変わらなかったペルー人の子ども：
・名前の数が変わらなかった子どもは1人で、その子の名前には2回変更があった (6P)。
・この子は、最初の変更で、非・日本姓をカタカナ表記の日本姓に変えられ、その日本姓を2回目の変更で漢字表記に変えられた。

3．登録された名前の数が減ったペルー人の子ども：
・名前の数が減った子どもは1人で、その子の名前には2回変更があった (7P)。
・この子は、最初の変更で、非・日本姓が取り除かれ、名二つと姓一つが残された。残されていた日本姓も2回目の変更で取り除かれ、日本名一つと非・日本名一つという二つの名のみが登録されることになった。

以上の観察について特に記さねばならないのが、データは5年間に渡って収集されたものなので、変更が漸次的なものだという点だ。データをさらに分析すると、いくつかの変更は、教育委員会の担当職員が交代したまさにその年に生じていた。

教育委員会の担当職員には普通、学校の教師をしていた公務員が配転されてくる。新任担当者は、従来と同じデータを元に、新しく転入してきた児

童・生徒のデータを付け加えて、外国籍の子どもの新しい名簿の作成に取りかかる。その際、従来のフォーマットとスタイルはほとんどそのまま残り、いくつかの変更が加えられるのが一般的なようである。担当者の1人は、前年には三つ以上の名前が登録されていたのに、二つの名前だけを登録することに決定した。その理由は、たくさん名前があると欄内に書くには煩雑過ぎて実用的ではないと考えたからだった。

　名前記載に使う文字も、上述のように、カタカナから漢字に変わったり漢字からカタカナに変わったりした。同じ1人の子どもで、変更前も変更後も名前はカタカナ表記なのに、その名前が変わってしまった例も複数あった。姓が同じ兄弟姉妹なのに、漢字で書かれている子とカタカナで書かれている子がいるといった具合に、違った姓が登録されているケースが複数あった。また、同じ名前の数人の子どもが、それぞれ違う記載をされているというケースも複数あった。たとえば、「Junior」が、「ジュニアー」「ジュニオール」と記載されるといった具合だ。

　また、名前の変更は、子どもが小学校を卒業して中学校に入学する時に、一層高い頻度で生じるようであった。しかし、いくつかの変化は、上述のような状況がどれもない中で発生しており、それを説明できる理由は見つからなかった。

　表11に示したブラジル人の子ども20人の名前の数や形式に生じた大きな変化を脇に置くとして、表10のうち16人（全59人中の27.1％）の名前には、日本語での表記や綴りに小さな変更が生じていた。そのうち11人には1回の変更、4人は2回の変更、1人は3回の変更があった。15人（93.7％）は、日本姓を持っており、そのうちの8人は、姓をカタカナ表記から漢字表記に変えられた。その中の2人は、名をカタカナからひらがなに変えられることで名前からは外国人であることを示す印は無くなった。別の2人は、2回目の変更で、姓の表記が漢字からカタカナに戻された。7人が姓を漢字からカタカナに変えられた。しかし、1人は2回目の変更で漢字に戻された。これら16人の変化のうち、以前、名前の綴りが間違っていた3人は、誤りが訂正された。

そこで、甲自治体でのブラジル人の子どもについては、登録名に大きな変化のあった 20 人（表 11）と小さな変化のあった 16 人（表 10）を含めると、ブラジル人の子ども全体の 45.5%（36/79）が、誰かによって名前に何らかの変更を生じさせられていたと結論づけることができる。名前に変更が生じた理由が何かをすべてのケースについて確認することは、すでに述べたように筆者の主要な研究対象が当初は名前ではなかったので、分析に必要な情報を十分に集めることができず、残念ながら不可能であった。研究テーマの焦点を名前に絞ってから過去の情報を確認しようとしても、教育委員会の担当職員が配置転換されていたり、過去の名簿が入手できたとしてもそこに記載されている子どもの多くが転出していたり帰国していたり、あるいは卒業して働きはじめているなどの理由で、所在がつかめず、名前を確認するための連絡がとれなかった。

　名が登録されていない二つのケース（表 11 の 1B と 2B）と、姓が登録されていない三つのケース（15B、16B、7P）は特に、誰によってどのように登録がなされたのか、疑問が残る。保護者が意図的に子どもの名を登録から外したり姓をまったく登録しなかったりということは、まずあり得ない。となると、ブラジル人・ペルー人の名前について何の知識もない者が、名だと思えたものを名に、そして名の一部とは思えなかったものを姓に、適当に二つ選んだ可能性の方が大きい。おそらく、非・日本姓や非・日本名は省略されやすいのではないか。名前を二つ登録しようとして名前の数にこだわるあまり、姓か名のどちらか二つのみを登録した上述のケースは、注意を欠いた典型と言えるだろう。

　ペルー人のケースについては、事例がはるかに限られているので、分析も結論を出すことも難しい。しかし、ブラジル人の場合と同じように考察を行うなら、まず、表 10 の 16 人のペルー人児童・生徒のうち、11 人が日本姓を持ち、その中の 5 人の姓が漢字で書かれ、6 人の姓がカタカナ表記されていた。同じ姓を持つ兄弟姉妹でありながら、子どもごとに姓が違って書かれているケースが 2 家族で見られた。1 人は漢字で記載されもう 1 人はカタカ

ナで記載されているという具合である。ブラジル人の場合と同じく、当初は漢字で書かれていた日本姓が後になってカタカナ表記に変えられた子どもが他に2人いた。

　甲自治体の名簿では、姓と名が明確に書き分けられておらず、非常に長い一つの名前として記載されていることがあった。複数の姓と名が連続して記載されるのでどうしても長くなり、記入欄の関係で、途中で改行されているケースがいくつもあった。このような事情のため、記載された名前を名と姓とに分類する作業がまず必要になり、名前を数える作業も複雑になった。欄内に名前を収めるだけでなく、日本語に字訳する際のルールの不統一もあって、名前を確認して分別する作業は、ブラジル、ペルー両国の名付けのルールに親しんでいる筆者にとっても複雑であった。次に挙げるのは、その例である。

・日本語字訳：セルジオフォンセカダクルス
・ローマ字への転写：SERUJIOFONSECADAKURUSU
・本来のブラジル名：Sergio Fonseca da Cruz

　甲自治体では、教育委員会の担当職員は5年間に3人であった。2人は名簿を作り直したが、その際、非常に注意が欠けていた。スペースがないことを理由に、途中で切断された名前がいくつもあった。同じ姓を持つ兄妹なのに、妹の姓は明らかにスペース不足で短くされ、兄の方はすべて記載されているというケースもあった。これまでに見てきた問題のかなりの部分は、名簿作成者が扱っているのは外国籍の子どもたちの名前であって名簿の表のフォーマットではないのだという重要な事実に対して、一層の注意を向けて前者を優先すれば、簡単に解決できたものであろう。登録された子どもの名前を最初から完全な形で記載できるように名簿の様式を変更することも、やろうと思えば簡単なはずである。

　甲自治体から入手できた最新の名簿では、名前のイニシャルがカッコ内に記載されるようになっていた。しかし、名前が間違えて字訳されているた

め、間違って転写されたイニシャルもあった。イニシャルが間違えて書かれたという事態も、これまでの説明を前提にすると、もはや驚く読者はいないだろう。この点については、本章第5節で再び取り上げる。

■乙自治体

　表12は、乙自治体の教育委員会で最初に名前が登録されてから、本研究終了までの期間に、その登録名の数や形式が変更されなかったブラジル人、ペルー人児童・生徒の人数と登録名の形式をまとめたものである。表13は、同期間中に登録名の数や形式に変更があった児童・生徒に関するものである。

　期間中に登録のあったブラジル人児童・生徒は62人で、そのうち54人(87%)の登録名に変更がなく、8人(13%)に変更があった。ペルー人児童・生徒では23人中18人(78%)の登録名に変更がなく、5人(22%)に変更があった。

　表12のデータから、以下の観察結果が得られた[19]。

　　1．ブラジル人
　　　　(a) 登録された名前：二つ　46人(85.1%)
　　　　(b) 登録された名前：三つ　6人(11.1%)
　　　　(c) 登録された名前：四つ　2人(3.7%)

　　2．ペルー人
　　　　(a) 登録された名前：二つ　18人(100%)
　　　　(b) 登録された名前：三つ　0人(0%)
　　　　(c) 登録された名前：四つ　0人(0%)

　表12の、名前の変更がなかった子どものデータに基づくと、乙自治体では、ブラジル人の場合、名前二つが登録されている子が最も多く46人(85.1%)、次が名前三つで6人(11.1%)、最後が名前四つで2人(3.7%)。

第5章 ブラジル人・ペルー人の子どもたちの学校内での名前　127

表12　登録された名前の数や形式に変更のなかった子ども（乙自治体）

GN-FN の数	GN-FN の数・形式	ブラジル人	ペルー人
二つ		46	18
1-1	1 (1J) -1 (1J)	17	1
1-1	1 (1J) -1 (1NJ)	5	5
1-1	1 (1NJ) -1 (1J)	17	6
1-1	1 (1NJ) -1 (1NJ)	7	6
三つ		6	0
1-2	1 (1NJ) -2 (1J-1NJ)	1*	-
1-2	1 (1NJ) -2 (1NJ-1J)	2	-
1-2	1 (1NJ) -2 (2NJ)	1	-
2-1	2 (1NJ-1J) -1 (1J)	1	-
2-1	2 (2NJ) -1 (1J)	1	-
四つ		2	0
2-2	2 (1NJ-1J) -2 (1J-1NJ)	1**	-
2-2	2 (1NJ-1J) -2 (2J)	1	-
計		54	18

*　前置詞あるいは前置詞と冠詞が結合したものを含むが、それは1語として数えていない。
**　数に入れた姓の一つが「Junior」（息子）、「Filho」（息子）、「Neto」あるいは「Netto」（男の孫）だった事例。普通は別途数えられることはないが、本書では姓の一つとして数えた。
第1列：ハイフンを挟んで、登録された名の数、姓の数を表示。
　例：「1-1」は、名が一つ、姓が一つ登録されていることを示す。
第2列：名と姓の数および名と姓が日本のものであるか否かを表示。
　例：1 (1NJ) -2 (1J-1NJ) は、非・日本名が一つ、姓が二つあることを示す。その二つの姓が日本姓か否かは2の後の（　）内に記載され、この例での本来の配列は日本姓、非・日本姓である。名簿上の配列ではないことに注意。名簿に登録された配列については別途分析する。
第3列：示された形式の名前を持つブラジル人の子どもの数。
第4列：示された形式の名前を持つペルー人の子どもの数。

　ペルー人は18人全員（100％）が名前二つの登録となっており、三つ以上登録されている子はいない。ブラジル人の場合もペルー人の場合も、一つの姓と一つの名が選ばれているのが多い。しかし、姓のみが二つ登録されているというケースが、ブラジル人の子どもに1人あった（表13の8B）。このケースで、登録する名前の選択が保護者や子ども自身によってなされたのかは、疑わしい。甲自治体の同様のケースについての分析で述べたのと同じ理由か

表 13　登録された名前の数や形式に変更のあった子ども（乙自治体）

No	+ -	当初の登録名 GN-FN の数・形式	第 1 回目の変更後 GN-FN の数・形式	第 2 回目の変更後 GN-FN の数・形式
1B	+1	1 (1J) -1 (1J)	2 (1NJ-1J) -1 (1J)	
2B	+1	1 (1J) -1 (1J)	1 (1J) -2 (1J-1NJ)	
3B	-1	2 (2NJ) -1 (1NJ)	1 (1NJ) -1 (1NJ)	
4B	-1	2 (1NJ-1J) -1 (1J)	1 (1J) -1 (1J)	
5B	-1	1 (1J) -2 (1J-1NJ) **	1 (1J) -1 (1J)	
6B	-1	2 (1NJ-1J) -1 (1J)	1 (1J) -1 (1J)	
7B	-1	2 (1NJ-1J) -1 (1NJ)	1 (1J) -1 (1NJ)	
8B	-2	2 (2NJ) -2 (2NJ) **	2 (2NJ) -2 (2NJ) **	0-2 (2NJ) **
1P	+1	1 (1NJ) -1 (1J)	1 (1NJ) -2 (1J-1NJ)	
2P	+1	1 (1NJ) -1 (1J)	1 (1NJ) -2 (1NJ-1J)	
3P	-1	2 (1NJ) -1 (1NJ)	1 (1NJ) -1 (1NJ)	
4P	-1	2 (2NJ) -1 (1J)	1 (1NJ) -1 (1J)	
5P	-2	2 (1J-1NJ) -2 (1J-1NJ)	1 (1J) -1 (1J)	

B はブラジル人、P はペルー人を示す。
** 数に入れた姓の一つが「Junior」（息子）、「Filho」（息子）、「Neto」あるいは「Netto」（男の孫）だった事例。普通は別途数えられることはないが、本書では姓の一つとして数えた。5B と 8B のケースでは、どちらも「Junior」を姓の一部として持っていたが、8B のみが登録された名前変更後もそれを維持していた。5B では変更後、「Junior」がなくなっていた。
第 1 列：研究期間中に登録された名前の数や形式に変更があったブラジル人、ペルー人の子どもに番号を振った。
第 2 列：「+」は、登録された名前の数が増えたケース。「=」は、登録された名前の数に変化がなかったケース。「-」は、登録された名前の数が減ったケース。
　例：「+2」は、登録された名前が最終的に二つ増えたことを示す。
第 3 列：閲覧できた最古の名簿に記載されていた、母語での名と姓の数と形式。名簿に記載された配列とは異なる（以下同じ）。
第 4 列：第 1 回目の変更後に登録された名と姓の数と形式。
第 5 列：第 2 回目の変更後に登録された名と姓の数と形式。

らだ。
　表 13 には、登録された名前の数や形式に変更があったブラジル人、ペルー人の子どもの情報が示されている。乙自治体では、登録されている名前の数が変わらなかったケースはなく、すべての児童・生徒について、増えるか減るかだった[20]。表 13 のデータからは、以下の観察結果が得られた[21]。

1．登録された名前の数が増えたブラジル人の子ども：
   - 2人の子どもの名前の数が増えた。両者とも1回だけ変更があった（1B、2B）[22]。
   - 名前の増えた2人のうち、1人は非・日本名が付け加えられ（1B）、もう1人は非・日本姓が追加された（2B）。
   - 名前の増えた2人はどちらも、漢字表記の日本姓を持っていたが、1人のものだけが漢字で書かれ（1B）、もう1人はカタカナで書かれていた（2B）。1Bのケースは非常に興味深いので、ケーススタディの一つとして後述する。

2．登録された名前の数が減ったブラジル人の子ども：
   - 6人の子どもの名前の数が減った。そのうち5人は1回だけ変更があり（3B、4B、5B、6B、7B）、1人は2回変更があった（8B）。
   - 1回だけ変更のあった5人の子どもは皆、非・日本名か非・日本姓が取り除かれていた。4人は非・日本名が取り除かれ（3B、4B、6B、7B）、1人は非・日本姓が取り除かれた（5B）。
   - 1回だけ変更のあった5人の子どものうち、3人は、変更後、日本の名前のみが残されていた（4B、5B、6B）。変更後の名簿では、非・日本名と非・日本姓が残った3Bと、非・日本姓の残った7Bを除いて、子どもの「外国人らしさ」が表面上は完全に隠されていた。
   - 2回変更のあったただ1人の子どもについては、非・日本名が二つとも取り除かれ、2回目の変更の後は二つの非・日本姓のみが残ることになった。甲自治体の同様のケースについて言及したとおり、担当者が名前についての知識がなかったか、名簿に出現した最初の名前二つを単純に採用したか、どちらかであろう。

1．登録された名前の数が増えたペルー人の子ども：
   - 2人の子どもの名前の数が増えた。両者とも1回だけ変更があっ

た (1P、2P)〈23〉。
- 2人とも非・日本姓が追加されていた。
- 2人のうち1人は、日本姓を最初から漢字表記で記載されていた (2P)。もう1人の日本姓はカタカナで記載されていて、変更後もそのままであった。2Pのケースは興味深い。日本式に姓、名の順だったのが、変更後は、名、姓という本来の配列に変わっていたのだ。

2. 登録された名前の数が減ったペルー人の子ども：
- 名前の数が減った子どもは3人で、その3人全員に1回だけ変更があった (3P、4P、5P)。
- 3人すべてが非・日本名を一つずつ取り除かれ、5Pのケースでは、非・日本姓も取り除かれ、日本名と日本姓のみが残った。

　乙自治体では、非・日本名と非・日本姓とを取り除いて可能な限り日本名と日本姓のみを残そうとする傾向があった。子どもに日本の姓がない場合、少なくとも二つの名前を残しているが、最終的に二つの姓のみが残された8Bのケースが示すように、名と姓一つずつの組み合わせとは限らなかった。

■丙自治体
　表14は、丙自治体の教育委員会で最初に名前が登録されてから、本研究終了までの期間に、その登録名の数や形式が変更されなかったブラジル人、ペルー人児童・生徒の人数と登録名の形式をまとめたものである。表15は、同期間中に登録名の数や形式に変更があった児童・生徒に関するものである。
　期間中に登録のあったブラジル人児童・生徒は78人で、そのうち76人 (97%) の登録名に変更がなく、2人 (3%) に変更があった。ペルー人児童・生徒では24人中22人 (92%) の登録名に変更がなく、2人 (8%) に変更があった。

第5章 ブラジル人・ペルー人の子どもたちの学校内での名前　131

表14　登録された名前の数や形式に変更のなかった子ども（丙自治体）

GN-FN の数	GN-FN の数・形式	ブラジル人	ペルー人
二つ		31	8
1-1	1(1J)-1(1J)	12	2
1-1	1(1J)-1(1NJ)	1	-
1-1	1(1NJ)-1(1J)	14	3
1-1	1(1NJ)-1(1NJ)	4	3
三つ		40	3
1-2	1(1J)-2(1J-1NJ)	2**(×1)	-
1-2	1(1J)-2(1NJ-1J)	1	-
1-2	1(1J)-2(2NJ)	2	-
1-2	1(1NJ)-2(1J-1NJ)	2*(×1)	-
1-2	1(1NJ)-2(1NJ-1J)	-	2
1-2	1(1NJ)-2(2J)	-	1
1-2	1(1NJ)-2(2NJ)	5	-
2-1	2(1NJ-1J)-1(1J)	20	-
2-1	2(1NJ-1J)-1(1NJ)	6	-
2-1	2(2NJ)-1(1NJ)	2	-
四つ		5	10
1-3	1(1J)-3(1J-2NJ)	-	1
2-2	2(1NJ-1J)-2(1J-1NJ)	1	1
2-2	2(2NJ)-2(2NJ)	-	5
2-2	2(2NJ)-2(1J-1NJ)	4	2
2-2	2(2NJ)-2(1NJ-1J)	-	1
五つ		0	1
3-2	3(3NJ)-2(2NJ)	-	1
計		76	22

*　前置詞あるいは前置詞と冠詞が結合したものを含むが、それは1語として数えていない。
**　数に入れた姓の一つが「Junior」(息子)、「Filho」(息子)、「Neto」あるいは「Netto」(男の孫)だった事例。普通は別途数えられることはないが、本書では姓の一つとして数えた。
*/**(×1) ブラジル人の子ども2人のうち1人のみが前置詞あるいは前置詞と冠詞が結合したものを名に、そして同時に「Filho」を姓に持っていた。
第1列：ハイフンを挟んで、登録された名の数、姓の数を表示。
　例：「1-1」は、名が一つ、姓が一つ登録されていることを示す。
第2列：名と姓の数および名と姓が日本のものであるか否かを表示。
　例：1(1NJ)-2(1J-1NJ)は、非・日本名が一つ、姓が二つあることを示す。その二つの姓が日本姓か否かは2の後の（ ）内に記載され、この例での本来の配列は、日本姓、非・日本姓である。名簿上の配列ではないことに注意。名簿に登録された配列については別途分析する。
第3列：示された形式の名前を持つブラジル人の子どもの数。
第4列：示された形式の名前を持つペルー人の子どもの数。

表 15　登録された名前の数や形式に変更のあった子ども（丙自治体）

No	+ -	当初の登録名 GN-FN の数・形式	第1回目の変更後 GN-FN の数・形式	配列 J/NJ（GN-FN）	名前の種類と表記 Kt/Kj
1B	=	1(1NJ)-2(1NJ-1J)	1(1NJ)-2(1NJ-1J)	**JFN**-NJGN-NJFN	Kt-Kt-Kt
1B'				**JFN**-NJGN-NJFN	
2B	=	2(1NJ-1J)-1(1J)	2(1NJ-1J)-1(1J)	JFN-NJGN-JGN	**Kt**-Kt-Kt
2B'					**Kj**-Kt-Kt
1P	=	2(2NJ)-1(1J)	2(2NJ)-1(1J)	**NJGN**-NJGN-**JFN**	NJGN-Kt/JFN-Kj
1P'				**JFN**-NJGN-**NJGN**	
2P	=	2(2NJ)-1(1J)	2(2NJ)-1(1J)	**NJGN**-NJGN-**JFN**	NJGN-Kt/JFN-Kj
2P'				**JFN**-NJGN-**NJGN**	

Bはブラジル人、Pはペルー人を示す。
1B、2B、1P、2Pの登録変更後の名前を、それぞれの下の行に1B'、2B'、1P'、2P'として示した。
第1列：研究期間中に登録された名前の数や形式に変更があったブラジル人、ペルー人の子どもに番号を振った。
第2列：「+」は、登録された名前の数が増えたケース。「=」は、登録された名前の数に変化がなかったケース。「-」は、登録された名前の数が減ったケース。
　例：「+2」は、登録された名前が最終的に二つ増えたことを示す。
第3列：閲覧できた最古の名簿に記載されていた、母語での名と姓の数と形式。名簿に記載された配列とは異なる（以下同じ）。
第4列：第1回目の変更後に登録された名と姓の数と形式。
第5列：名簿に登録された名と姓の数と形式。
第6列：名簿に登録された名前の種類と、その表記形式。Kjは漢字、Ktはカタカナ。

表14のデータから、以下の観察結果が得られた[24]。

1. ブラジル人

    (a) 登録された名前：三つ　40人（52.6%）

    (b) 登録された名前：二つ　31人（40.7%）

    (c) 登録された名前：四つ　5人（6.6%）

    (d) 登録された名前：五つ　0人（0%）

2. ペルー人

    (a) 登録された名前：四つ　10人（45.4%）

(b) 登録された名前：二つ　8人(36.3%)
(c) 登録された名前：三つ　3人(13.6%)
(d) 登録された名前：五つ　1人(4.5%)

　表14の、名前の変更がなかった子どものデータに基づくと、丙自治体では、ブラジル人の場合、名前三つが登録されている子が最も多く40人(52.6%)、次が名前二つの31人(40.7%)、最後が名前四つの5人(6.6%)。ペルー人の場合だと、名前四つが最も多く10人(45.4%)、次が名前二つで8人(36.3%)、続いて名前三つの3人(13.6%)、最後が名前五つで1人(4.5%)となっている。ブラジル人の場合、最も一般的なのが、二つの名と一つの姓とが選ばれて登録されたケースである。一方、ペルー人の場合、最も多かったのは、二つの名と二つの姓とが選ばれて登録されたケースである。丙自治体について特筆すべきは、甲・乙自治体と違って、名か姓のどちらかしか登録していないというケースがまったくないことだ。名前が五つ登録されたペルー人のケースもあった。
　表15のデータからは、以下の観察結果が得られた。

1. 登録された名前に変更があったブラジル人の子ども：
   ・丙自治体では、甲・乙自治体と違い、ほとんどの子どもは最初の登録から本研究終了時までの間、登録名にまったく変化がなかった。言い換えると、何らかの理由でいったん間違って登録されたなら、転出するまでずっと間違って登録されたままということでもある。以下では、例外的に変更(と言っても、他の自治体と比べると小さな変更だが)があった1Bと2Bという2人の少女のケースに焦点を当てて分析する。
   ・1Bは、非・日本名一つと、二つの姓すなわち非・日本姓一つと日本姓一つを持っている。彼女の父方の祖父がブラジルに移民した時、まず、本来の日本姓に、ブラジルでの登録に際して変化が生じた。日本語では元々「Kondo」[25]だったが、ブラジルでは

「Konda」として、末尾の母音が間違って登録されたのである。彼女の父親は、変化を受けた名前である「Konda」をブラジルで生まれた時から使ってきた。そしてこの姓は、その子どもにも与えられた。働くために来日し、日本語の本来の名前が「Kondo」であると知った。しかし、彼女と兄の名前は、最初から「コンダ」とカタカナで登録されていた。それが、どういうわけか、最後に閲覧した最新の名簿では「Kondo（コンドウ）」と登録されていた（1B'）。この変更の理由について名簿の担当者にインタビューしたところ、本来の日本語の名前は「Kondo」であり「Konda」はブラジルで間違って登録されたものだから、とのことだった。名前は「訂正」され本来の日本語の名前になった、というわけである。しかし、子どもの正式に登録されている名前は「Kondo」ではなく「Konda」なのである。この変更には疑問が残る。

・2Bは、二つの名、すなわち非・日本名一つと日本名一つを持ち、また、日本姓一つを持っている。彼女のケースでは、いつもカタカナで書かれてきた日本姓が、突然、何の明確な説明もないまま、漢字表記に変えられた。理由を、研究期間中のほとんどの年に名簿作成に携わってきた担当者に尋ねたところ、変更は間違いだったと認めたものの、漢字表記はそのまま改められなかった。

2．登録された名前に変更があったペルー人の子ども：
・1Bの登録名が変えられたのと同じ際に、1Pと2Pの兄弟も変更を受けた。
・1Pと2Pは2人とも、名、姓という本来の配列で登録されていた。2人とも二つの名と一つの姓を持っている。名前の配列が変更された理由は不明だ。普通、登録名の変更が起きるのは、小学校を卒業して中学校に入学した時か、登録担当者が変わった時か、変更せねばならない特別な理由が生じた時だ。1Pと2Pのケースでは、どちらも小学校を卒業したわけではなかったし、担当者が

配置転換されたわけでもなかった。理由がまったく明らかではなかったので、担当者にインタビューすると、説明はこうだった。この兄弟だけが名簿記載の名前の配列が他の子どもと違っていたので⟨26⟩、様式を統一することに担当者が決めて、配列を変えた。さらに問うと、続いた弁解は、名簿を扱う教育委員会の人間は外国人の名前に馴染んでいないので、元のままだとどれが名でどれが姓だかわからない、とのことだった。つまり、名簿の変更は教育委員会の人間のためであり、子どもやその親がどういう風に登録してもらいたいかは優先されない、というわけである。

・2人とも変更後は、本来最後に位置する日本姓が1番目に来て、本来1番目に来る名が1番後ろに移動させられていた。本来2番目に来る名の位置は元のまま、移動しなかった。
・1Pのケースで特筆すべきことは、小学校を卒業した時、卒業生名簿に書かれた彼の名前の配列が、教育委員会の名簿に数年に渡って記載されてきた配列であったということ、日本語ではなくローマ字で書かれていたこと、そして、小学校の卒業証書にも正式な名前がローマ字で書かれていたことである。

　丙自治体は、5年間を通して筆者が最も頻繁に訪れ、子ども一人ひとりの一次資料を最も多く集めることのできた自治体である。ニューカマーの子どもが当時目立って増えており、教育委員会の上層部がこうした子どもたちの教育に高い関心を見せていた。教育委員会で子どもたちの名簿を作っていた人物は、日本語指導が必要なニューカマーの子どもが在籍する学校すべてを巡回している教師でもあった。彼女が、記載様式の統一を図って、名簿に変更を加えたのだった。
　彼らの大きな関心は、学校で使われている名前と名簿上の名前が一致しない子どもがいるという点にあった。名簿の担当者は、必要が生じるたびに誰が誰かを口頭で説明しなくてはならなかった。しかし、記載される子どもの数が増えてくると、子どもと直接接することのない教育委員会の人々が子ど

もの名前の実際を把握しつづけるには、事態が複雑になりすぎた。そこで解決策として、名前記載形式の標準化が図られたのである。目的は、名簿に記載されている名前と、学校で実際に知られている名前とのギャップを埋めることにあった。名簿上の名前の変更は、学校で実際に知られている子どもの名前に基づいてなされた。そうすることで、上役たちが子どもを名簿上で探す作業が簡単になり、名簿作成者も名前の不一致についていちいち説明する必要がなくなると考えたのである。このように、変更は実用的な理由によってなされたのであり、子どもや保護者の要求によってなされたのではなかった。言い換えると、変更は、一人ひとりの子どもの情報を上役や名簿作成者が探しやすくするためになされたのである。

名簿作成者によれば、上役の関心は主に名簿上の2種類の情報に向けられていたようだ。一つは、子どもがどの学校に通っているかという点、もう一つは、子どもの日本語修得レベルが「A」「B」「C」のどれに当たるかという点だ。「A」は、日本語でほとんどコミュニケーションできない子どもで、「B」は、少しは話せる子ども、「C」は、教科の授業での言葉を理解するために補助が必要な子どもとされていた。

表15の1B、1P、2Pのケースで見られた変更は、名前を標準化して名簿上で探しやすくするという意図に沿ってなされたものだ。2Bのケースでは、他の3人に先立って変更が行われ、変更があったこと自体はもちろん、変更を加えた理由も筆者が尋ねるまで、子ども本人にはまったく知らされていなかった。変更自体が名簿作成者たち教育委員会の人々にとっては内部資料であるとの意識もあって、また、その女の子は学校で名前を漢字だけで書いており、名簿上はいつもカタカナで書かれてきたことを知らされていなかったこともあり、些細なことだと考え、連絡するまでもないと判断したのだろう。

この丙自治体のケースでは、名簿上の名前の変更は、名簿作成者の決定のみによってなされたことが明らかであった。彼女によれば、名簿に名前をどう記載するかは常に大きな関心事であり、何とかして標準化する必要があると感じてきたと言う。名簿上の名前には、日本式に姓が先に来て名が後に来

ているものもあれば、その逆もあったからだ。筆者との対話の中で、彼女は、こうも言っていた。いつも統一された一つの方法で名簿記載をする必要性を感じている、名簿を使って子どもを探す人が見つけやすくするために、と。そして遂に、意識的に統一を試みたのだ。だが、実際は、細かく分析すると、意図した通りの結果は得られず、西洋式に名が先、姓が後、という順序で記載された名前もいくつか残り、日本式のものと混在する形になった。彼女の試みが示すのは、名前表記の標準化は実際には非常に難しいということだ。同一市区町村内での子どもの転入・転出はもちろん、市区町村外からの転入や市区町村外への転出を名簿に正確に反映させるという仕事を、ただ1人で担当するよう命じるのは、ニューカマーの子どもの転入・転出が非常に頻繁な状況下では、あまりにも厳しすぎる要求であった。

　丙自治体が甲・乙自治体と大きく異なるのは、甲・乙自治体とは異なり変更はある時突然になされたのではなかったという点と、すでに述べたように、ブラジル人の半数以上が、甲・乙自治体のように名前二つではなく、三つの名前が登録されていたこと、そしてペルー人のケースでは、半数近くが四つの名前が登録されており、その次に二つの名前が登録されている子どもが多かった、という点である。このことだけを見ると、丙自治体の子どもは甲・乙自治体の子どもよりも名前が多いと誤解されてしまいそうだが、もちろんそうではない。甲・乙自治体では、子どもの名前の中からいくつかを選んで記載しており省略された名前があったが、この丙自治体では、より完全に近い形で名前が登録されていただけである。

　丙自治体でも、すべての子どもがすべての名前を登録されていたわけではないが、より完全に近いものが登録されていた。他の市区町村とのこの違いの理由をすべてのケースについて説明するのは難しいが、少なくとも1Bや2Bのケースでは、学校で使われていた名前と名簿上の名前の違いが認識された時に、名簿の記載を事実に即して変更しようとする意識が名簿作成担当者に生じていたということが、明らかに認められよう。

　丙自治体の教育委員会で、保護者や、登録を任された人々が子どもに関する情報を書き込む書式には、本研究調査の終了に近い時期に、変更があっ

た。新しい書式では、名前は日本語とローマ字とで記入することになった。しかし、この書式を作成した担当者も認めるように、この書式を教育委員会の職員全員で共有するにはまだ時間がかかりそうであった。と言うのは、新規登録の担当者が席を外している間にニューカマーが登録にやって来たような場合には、古い書式がしばらくは登録に使われていたからである。行政組織内部でのこのような情報共有の不徹底は、ニューカマーの子どもの受入れに関するさまざまな場面で現れる。多くの場合、担当者のみが情報を知っており、他の人は知らない。

　丙自治体では甲・乙・丁自治体と違って、名簿作成者は、外国籍の子どもの情報すべてを管理する責任を負う教育委員会の担当職員ではなかった。学校の取り出し授業で子どもたちに実際に教えている教師であり、他の自治体のように子どもの保護者が教育委員会に登録に来たときに応対するがそれ以降は子どもと接することのない役職の人物ではなかったのである。彼女は、他の三つの自治体の名簿担当職員とは違って、教育委員会のオフィスで働くのではなく、学校で仕事をしていた。この教師が雇われて仕事を引き継いだ時から、同じ名簿が使われてきた。彼女は、学校の授業を終えて教育委員会に戻ると、登録を受け付けた人からメモを渡され、そのメモを元に名簿に記入していったと言う。彼女は、働きはじめて最初の数年間はいくつかの名前が間違って登録されたままだったこと、彼女が保護者自身によって記入された登録用紙の原本を見つけて、その原本に基づいて名簿に記入するようになるまでは、その状態が続いていたことを認めた。登録用紙の原本に基づいて記入するようになってからは、情報が他人経由で来ていた頃に比べて間違いは減った。名前が変えられたり歪められたりして届くことがなくなったからである。

■丁自治体

　表16は、丁自治体の教育委員会で最初に名前が登録されてから、本研究終了までの期間に、その登録名の数や形式が変更されなかったブラジル人、ペルー人児童・生徒の人数と登録名の形式をまとめたものである。全32人

第5章　ブラジル人・ペルー人の子どもたちの学校内での名前　139

表16　登録された名前の数や形式に変更のなかった子ども（丁自治体）

GN-FNの数	GN-FNの数・形式	ブラジル人	ペルー人
二つ		1	0
1-1	1 (1NJ) - 1 (1NJ)	1	-
三つ		24	1
1-2	1 (1J) - 2 (1J-1NJ)	1**	-
1-2	1 (1NJ) - 2 (1J-1NJ)	4	-
1-2	1 (1NJ) - 2 (1NJ-1J)	7* (× 4)	1
1-2	1 (1NJ) - 2 (2NJ)	6* (× 4)	-
2-1	2 (1NJ-1J) - 1 (1J)	3	-
2-1	2 (2NJ) - 1 (1J)	2	-
2-1	2 (2NJ) - 1 (1NJ)	1*	-
四つ		7	7
2-2	2 (1NJ-1J) - 2 (1J-1NJ)	2** (× 1)	-
2-2	2 (1NJ-1J) - 2 (1NJ-1J)	3	3
2-2	2 (1NJ-1J) - 2 (2NJ)	-	1
2-2	2 (2NJ) - 2 (1NJ-1J)	1	1
2-2	2 (2NJ) - 2 (1J-1NJ)	-	1
2-2	2 (2NJ) - 2 (2NJ)	-	1
3-1	3 (2NJ-1J) -1 (1J)	1***	-
計		32	8

* 前置詞あるいは前置詞と冠詞が結合したものを含むが、それは1語として数えていない。(×4)は、そのうち4人が前置詞あるいは前置詞と冠詞が結合したものを持つことを示す。
** 数に入れた姓の一つが「Junior」(息子)、「Filho」(息子)、「Neto」あるいは「Netto」(男の孫)だった事例。普通は別途数えられることはないが、本書では姓の一つとして数えた。(×1)は、ブラジル人の子ども2人のうち1人のみが「Neto」あるいは「Netto」を姓の一部として持っていることを示す。
*** 三つの名のあるこのケースでは、二つは普通は分けて数えられることのない複合名だが、分けて登録されていたので、便宜上、分けて数えた。
第1列：ハイフンを挟んで、登録された名の数、姓の数を表示。
　例：「1-1」は、名が一つ、姓が一つ登録されていることを示す。
第2列：名と姓の数および名と姓が日本のものであるか否かを表示。
　例：1(1NJ)-2(1J-1NJ)は、非・日本名が一つ、姓が二つあることを示す。その二つの姓が日本姓か否かは2の後の（　）内に記載され、この例での本来の配列は日本姓、非・日本姓である。名簿上の配列ではないことに注意。名簿に登録された配列については別途分析する。
第3列：示された形式の名前を持つブラジル人の子どもの数。
第4列：示された形式の名前を持つペルー人の子どもの数。

(100%)のブラジル人児童・生徒の登録名に変更がなく、全18人(100%)のペルー人児童・生徒の登録名にも変更がなかった。名簿上の名前の変更がなかった唯一の自治体である。

表16のデータから、以下の観察結果が得られた[27]。

1．ブラジル人
　　(a) 登録された名前：三つ　24人(75%)
　　(b) 登録された名前：四つ　7人(21.8%)
　　(c) 登録された名前：二つ　1人(3.1%)

2．ペルー人
　　(a) 登録された名前：四つ　7人(87.5%)
　　(b) 登録された名前：三つ　1人(12.5%)
　　(c) 登録された名前：二つ　0人(0%)

表16の、名前の変更がなかった子どものデータに基づくと、丁自治体では、名前が三つ登録されたブラジル人24人中、最も一般的なのが、一つの名と二つの姓とが登録されたケースで18人(75%)、他は、二つの名と一つの姓とが登録されたケースで6人(25%)となっている。名前が四つ登録されたブラジル人7人中、二つの名と二つの姓とが登録された子どもが6人(85.7%)。三つの名と一つの姓とが登録されたケースが1人(14.3%)となっている。

一方、名前が四つ登録されたペルー人の子ども7人全員(100%)が、二つの名と二つの姓とを登録されていた。ただ1人、名前が三つ登録されていた子どもは、一つの名と二つの姓とが登録されていた。

ここで再度記しておきたいのは、丁自治体では、甲・乙自治体と違って、名か姓のどちらか一方しか登録していないというケースがまったくないということと、丙自治体と違って、名前が五つ登録されたケースがないということだ。

丁自治体が、特に甲・乙自治体と顕著に異なるのは、登録された名前の数である。甲・乙自治体では、二つの名前のみが登録されている子どもがブラジル人でもペルー人が最多だったが、丁自治体では、ブラジル人では 1 人いるだけ、ペルー人には 1 人もいない。

　丁自治体で収集できたデータは他の三つの自治体に比べて少ないが、これは丁自治体でのデータ収集は最後の 2 年になって始めたものだからである。しかしそれでも、丁自治体のデータには、「本当の」正式な名前に最も近い名前が登録されていると、結論できる。なぜなら、丁自治体の教育委員会に子どもの登録のためにやって来た人のほとんどが、子どもの外国人登録証明書を、手続の中で提示しているからである。

　丁自治体は、名前がローマ字と日本語の両方で名簿に記載されていた唯一の自治体である。他の 3 自治体では、日本語のみで記載されていた。丁自治体の名簿には、「通称名」を記載する欄もあった。そこには、市区町村役場で公式に「通名登録」した名前でなくても、「通称名」として記入できた。

5.2.3　登録された名前の配列
1. ブラジル名の配列

　表 17 は、甲・乙・丙・丁 4 自治体の名簿に登録されたブラジル人の名前のうち研究期間中に数や形式に変更のなかったものの情報を、一つの表にまとめたものである。表 18、表 19、表 20 は、やはりこれら 4 自治体で登録された名前のうち研究期間中に数・形式に変更のなかったものの配列を、登録された名前の数を基準に分類したものである。

- 名簿に登録されていた全 221 人の子どものうち、20 人（9％）の名前には、前置詞、あるいは前置詞と定冠詞を組み合わせたもの（de、da など）が本来は含まれるが、これらを本書では名前として数えていない[28]。5 人（2％）は、姓の一部として「Junior」（ジュニア）、「Filho」（息子）、「Neto」あるいは「Netto」（孫）という名を持っていた[29]。24 人の名前に、前置詞、あるいは前置詞と定冠詞を組み合わせたも

142 第1部 マイノリティの名前の扱い

表17 ブラジル人の子どもの登録された名前の配列
(数・形式に変更のなかったもの。自治体別)

GN-FNの数	名前の配列	甲	乙	丙	丁	計
二つ	GN (J/NJ) -FN (J/NJ)	47	46	31	1	125
0-2	0-NJFN-JFN	1	-	-	-	1
1-1	JFN-JGN	23	17	12	-	52
1-1	JFN-NJGN	19	17	14	-	50
1-1	NJFN-JGN	1	5	1	-	7
1-1	NJGN-JFN	1	-	-	-	1
1-1	NJFN-NJGN	2	7	4	1	14
三つ		10	6	40	24	80
1-2	JFN-JGN-NJFN (2)	-	-	-	1	1
1-2	JFN-JGN-NJFN	-	-	1	-	1
1-2	JFN-NJGN-NJFN- (1)	-	-	-	2	2
1-2	JFN-NJGN- (1) -NJFN	-	-	-	2	2
1-2	JFN-NJGN-NJFN	-	2	-	3	5
1-2	JFN- (1) -NJFN-NJGN	-	1	-	-	1
1-2	NJFN- (1) -NJGN-JFN	1	-	-	-	1
1-2	NJFN-NJGN-JFN	-	-	1	4	5
1-2	NJFN-JFN-JGN	-	-	1	-	1
1-2	NJFN-JGN-NJFN (2)	-	-	1	-	1
1-2	NJGN-JFN- (1) -NJFN	-	-	1	-	1
1-2	NJFN-NJGN-NJFN	1	1	3	2	7
1-2	NJFN-NJGN- (1) -NJFN	-	-	2	2	4
1-2	NJFN-NJGN-NJFN- (1)	-	-	2	2	4
1-2	(1) -NJFN-NJGN-NJFN (2)	1	-	-	-	1
2-1	JFN-NJGN-JGN	2	1	14	3	20
2-1	JFN-NJGN-NJGN	2	1	-	2	5
2-1	JFN-JGN-NJGN	-	-	4	-	4
2-1	NJGN-JGN-JFN	-	-	2	-	2
2-1	NJGN-JGN-NJFN	-	-	2	-	2
2-1	NJFN-NJGN-JGN	1	-	4	-	5
2-1	(1) -NJFN-NJGN-NJGN	2	-	-	1	3
2-1	NJFN-NJGN-NJGN	-	-	2	-	2
四つ		2	2	5	7	16
2-2	JFN-NJGN-JGN- (1) -NJFN	-	-	-	1	1
2-2	JFN-NJGN-JGN-JFN	-	1	-	-	1
2-2	JFN-NJGN-JGN-NJFN	1	-	-	2	3
2-2	JFN-NJGN-JGN-NJFN (2)	-	1	-	-	1
2-2	JFN-NJGN-NJGN-NJFN	1	-	-	-	1
2-2	NJGN-JGN-JFN-NJFN (2)	-	-	-	1	1
2-2	NJFN-NJGN-JGN-JFN	-	-	1	1	2
2-2	NJFN-JFN-NJGN-NJGN	-	-	-	1	1
2-2	NJFN-NJGN-NJGN-JFN	-	-	4	-	4
3-1	JFN-NJGN-NJGN-JGN	-	-	-	1	1
計		59	54	76	32	221

(1) 前置詞あるいは前置詞と冠詞が結合したものを含むが、それは1語として数えていない。
(2) 数に入れた姓の一つが「Junior」(息子)、「Filho」(息子)、「Neto」あるいは「Netto」(男の孫)だった事例。
第1列：ハイフンを挟んで、登録された名の数、姓の数を表示。
第2列：名簿上の名前の配列。
第3～6列：配列ごとの子どもの数。
第7列：合計。

第 5 章　ブラジル人・ペルー人の子どもたちの学校内での名前　143

表18　二つの名前が登録されたブラジル人の名前の配列
（数・形式に変更のなかったもの。自治体別）

		登録名二つ				
GN-FN の数	名前の配列	甲	乙	丙	丁	計
0-2	0-NJFN-JFN	1	-	-	-	1
1-1	JFN-JGN	23	17	12	-	52
1-1	JFN-NJGN	19	17	14	-	50
1-1	NJFN-JGN	1	5	1	-	7
1-1	NJGN-JFN	1	-	-	-	1
1-1	NJFN-NJGN	2	7	4	1	14
	計	47	46	31	1	125

(1) 前置詞あるいは前置詞と冠詞が結合したものを含むが、それは1語として数えていない。
(2) 数に入れた姓の一つが「Junior」（息子）、「Filho」（息子）、「Neto」あるいは「Netto」（男の孫）だった事例。
第1列：ハイフンを挟んで、登録された名の数、姓の数を表示。
第2列：名簿上の名前の配列。
第3〜6列：配列ごとの子どもの数。
第7列：合計。

の、または「Junior」「Filho」などが含まれていた。これはつまり、名前の中に「de」などと「Junior」などの両方を持つ子どもが1人いたということだ。

- 7人（3％）の子どもが、名の後に姓が続く形で登録されていた〈30〉。
- 名が一番目に登録された子どもの中には、姓が登録されていない子どもはいなかった〈31〉。
- 214人（97％）の子どもは、姓の後に名が続く形で登録されていた。そのうちの1人は、姓が二つ登録されているだけで、名はまったく登録されていなかった〈32〉。
- 姓が一番目に登録された214人のうち、151人（70.5％）の子どもで日本姓が最初に来ており、63人（29.5％）の子どもで非・日本姓が最初に来ていた。
- 姓が一番目に登録された214人のうち、次に続いたのが名という子どもが210人（98.1％）、別の姓が続いたのが4人（1.9％）だった。

144　第1部　マイノリティの名前の扱い

表19　三つの名前が登録されたブラジル人の名前の配列
（数・形式に変更のなかったもの。自治体別）

登録名三つ						
GN-FNの数	名前の配列	甲	乙	丙	丁	計
1-2	JFN-JGN-NJFN(2)	-	-	-	1	1
1-2	JFN-JGN-NJFN	-	-	1	-	1
1-2	JFN-NJGN-NJFN-(1)	-	-	-	2	2
1-2	JFN-NJGN-(1)-NJFN	-	-	-	2	2
1-2	JFN-NJGN-NJFN	-	2	-	3	5
1-2	JFN-(1)-NJFN-NJGN	-	1	-	-	1
1-2	NJFN-(1)-NJGN-JFN	1	-	-	-	1
1-2	NJFN-NJGN-JFN	-	-	1	4	5
1-2	NJFN-JFN-JGN	-	-	1	-	1
1-2	NJFN-JGN-NJFN(2)	-	-	1	-	1
1-2	NJGN-JFN-(1)-NJFN	-	-	1	-	1
1-2	NJFN-NJGN-NJFN	1	1	3	2	7
1-2	NJFN-NJGN-(1)-NJFN	-	-	2	2	4
1-2	NJFN-NJGN-NJFN-(1)	-	-	2	2	4
1-2	(1)-NJFN-NJGN-NJFN(2)	1	-	-	-	1
	小計					37
2-1	JFN-NJGN-JGN	2	1	14	3	20
2-1	JFN-NJGN-NJGN	2	1	-	2	5
2-1	JFN-JGN-NJGN	-	-	4	-	4
2-1	NJGN-JGN-JFN	-	-	2	-	2
2-1	NJGN-JGN-NJFN	-	-	2	-	2
2-1	NJFN-NJGN-JGN	1	-	4	-	5
2-1	(1)-NJFN-NJGN-NJGN	2	-	-	1	3
2-1	NJFN-NJGN-NJGN	-	-	2	-	2
	小計					43
	計	10	6	40	24	80

(1) 前置詞あるいは前置詞と冠詞が結合したものを含むが、それは1語として数えていない。
(2) 数に入れた姓の一つが「Junior」（息子）、「Filho」（息子）、「Neto」あるいは「Netto」（男の孫）だった事例。
第1列：ハイフンを挟んで、登録された名の数、姓の数を表示。
第2列：名簿上の名前の配列。
第3～6列：配列ごとの子どもの数。

第 5 章 ブラジル人・ペルー人の子どもたちの学校内での名前　145

表 20　四つの名前が登録されたブラジル人の名前の配列
（数・形式に変更のなかったもの。自治体別）

GN-FN の数	名前の配列	甲	乙	丙	丁	計
2-2	JFN-NJGN-JGN-（1）-NJFN	-	-	-	1	1
2-2	JFN-NJGN-JGN-JFN	-	1	-	-	1
2-2	JFN-NJGN-JGN-NJFN	1	-	-	2	3
2-2	JFN-NJGN-JGN-NJFN（2）	-	1	-	-	1
2-2	JFN-NJGN-NJGN-NJFN	1	-	-	-	1
2-2	NJGN-JGN-JFN-NJFN（2）	-	-	-	1	1
2-2	NJFN-NJGN-JGN-JFN	-	-	1	1	2
2-2	NJFN-JFN-NJGN-NJGN	-	-	-	1	1
2-2	NJFN-NJGN-NJGN-JFN	-	-	4	-	4
	小計					15
3-1	JFN-NJGN-NJGN-JGN	-	-	-	1	1
	小計					1
	計	2	2	5	7	16

第 1 列：ハイフンを挟んで、登録された名の数、姓の数を表示。
第 2 列：名簿上の名前の配列。
第 3～6 列：配列ごとの子どもの数。
第 7 列：合計

- 姓、姓の順で続いた 4 人のうち、3 人が非・日本姓、日本姓という配列で、1 人が日本姓、非・日本姓という配列だった。この 4 人のケースは、姓を前に移動する場合には一番最後の姓のみを頭に持ってくるというブラジル名の一般的ルールに沿っていない。4 人のうち 1 人は、登録された名前が二つだけで、姓二つのみが登録されたという甲自治体のケースだ。2 人は三つの名前が登録されており、乙・丙自治体のケースである。もう 1 人は、四つの名前が登録された、丙自治体のケースである。

- 日本姓が一番目に登録されている 151 人の子どものうち、133 人（87.4%）が日本姓のみの登録で、非・日本姓は登録されていない。151 人中 18 人（12.6%）は非・日本姓も持っているが、前方に登録さ

れているのは日本姓である。
- 非・日本姓が一番目に登録されている子ども63人のうち、48人（76.1％）は非・日本姓のみの登録で日本姓は登録されておらず、15人は日本姓も登録されていたが非・日本姓が前方に来ていた。
- 甲・乙自治体では二つの名前だけが登録されているケースが多いが、丙・丁自治体では三つの名前が登録されているケースが多い。

2. ペルー名の配列

　表21は、甲・乙・丙・丁4自治体の名簿に登録されたペルー人の名前のうち研究期間中に数や形式に変更のなかったものの情報を、一つの表にまとめたものである。表22、表23、表24は、やはりこれら4自治体で登録された名前のうち研究期間中に数・形式に変更のなかったものの配列を、登録された名前の数を基準に分類したものである。

- 60人（93.7％）の子どもは、姓の後に名が続く形で登録されていた。
- 4人（6.3％）の子どもが、名の後に姓が続く形で登録されていた。
- 名が一番前に登録された子どもの中には、姓が登録されていない子どもはいなかった。
- 姓が一番前に登録された60人のうち、26人（43.5％）の子どもが、日本姓で登録が始まっており、34人（56.5％）の子どもが、非・日本姓で登録が始まっていた。
- 姓が一番前に登録された60人のうち、次に続いたのが名という子どもが38人（63.5％）、姓が続いたのが22人（36.5％）だった。姓、姓の順で続いた22人のうち、11人（50％）が非・日本姓、非・日本姓という順序で、7人（31.8％）が非・日本姓、日本姓の順序、3人（13.6％）が日本姓、非・日本姓という順序、1人（4.5％）が日本姓・日本姓の順序だった。
- 日本姓が一番前に登録されている26人の子どものうち、21人（80.8％）が日本姓のみの登録で、非・日本姓は登録されていない。5人（19.2％）は非・日本姓も持っているが、前方に登録されているのは日本姓であ

第 5 章　ブラジル人・ペルー人の子どもたちの学校内での名前　147

表 21　ペルー人の子どもの登録された名前の配列
（数・形式に変更のなかったもの。自治体別）

GN-FNの数	名前の配列	甲	乙	丙	丁	計
二つ	GN (J/NJ) -FN (J/NJ)	10	18	8	0	36
1-1	JFN-JGN	2	1	2	-	5
1-1	JFN-NJGN	5	6	3	-	14
1-1	NJFN-JGN	-	5	-	-	5
1-1	NJGN-JFN	1	-	-	-	1
1-1	NJFN-NJGN	2	6	3	-	11
三つ		4	0	3	1	8
1-2	JFN-NJGN-NJFN	-	-	2	-	2
1-2	NJFN-NJFN-JGN	1	-	-	-	1
1-2	NJFN-JFN-NJGN	2	-	-	1	3
1-2	JFN-JFN-NJGN	-	-	1	-	1
2-1	JFN-NJGN-NJGN	1	-	-	-	1
四つ		2	0	10	7	19
2-2	NJGN-NJGN-NJFN-JFN	-	-	1	-	1
2-2	NJGN-NJGN-JFN-NJFN	-	-	1	-	1
2-2	NJFN-NJFN-NJGN-JGN	1	-	-	-	1
2-2	NJFN-NJFN-NJGN-NJGN	1	-	5	1	7
2-2	JFN-NJFN-NJGN-JGN	-	-	1	-	1
2-2	JFN-NJFN-NJGN-NJGN	-	-	1	-	1
2-2	NJFN-JFN-NJGN-JGN	-	-	-	2	2
2-2	JFN-NJFN-NJGN-NJGN	-	-	-	1	1
2-2	NJFN-NJFN-JGN-NJGN	-	-	-	1	1
2-2	NJFN-JFN-NJGN-NJGN	-	-	-	1	1
2-2	NJFN-JFN-JGN-NJGN	-	-	-	1	1
1-3	JGN-JFN-NJFN-NJFN	-	-	1	-	1
五つ		0	0	1	0	1
3-2	NJFN-NJFN-NJGN-NJGN-NJGN	-	-	1	-	1
計		16	18	22	8	64

第 1 列：ハイフンを挟んで、登録された名の数、姓の数を表示。
第 2 列：名簿上の名前の配列。
第 3 〜 6 列：配列ごとの子どもの数。
第 7 列：合計。

　　る。上記 21 人中の 1 人（26 人中の 3.8％）は日本姓が二つ登録されており、非・日本姓は登録されていない。
・非・日本姓が一番前に登録されている子ども 34 人のうち、27 人（79.4％）が非・日本姓のみの登録で日本姓は登録されておらず、7 人（20.6％）は日本姓も登録されていたが、一番前に来たのは非・日本姓

表22　二つの名前が登録されたペルー人の名前の配列
（数・形式に変更のなかったもの。自治体別）

GN-FN の数	名前の配列	甲	乙	丙	丁	計
1-1	JFN-JGN	2	1	2	-	5
1-1	JFN-NJGN	5	6	3	-	14
1-1	NJFN-JGN	-	5	-	-	5
1-1	NJGN-JFN	1	-	-	-	1
1-1	NJFN-NJGN	2	6	3	-	11
	計	10	18	8	0	36

第1列：ハイフンを挟んで、登録された名の数、姓の数を表示。
第2列：名簿上の名前の配列。
第3〜6列：配列ごとの子どもの数。
第7列：合計。

表23　三つの名前が登録されたペルー人の名前の配列
（数・形式に変更のなかったもの。自治体別）

GN-FN の数	名前の配列	甲	乙	丙	丁	計
1-2	JFN-NJGN-NJFN	-	-	2	-	2
1-2	NJFN-NJFN-JGN	1	-	-	-	1
1-2	NJFN-JFN-NJGN	2	-	-	1	3
1-2	JFN-JFN-NJGN	-	-	1	-	1
	小計					7
2-1	JFN-NJGN-NJGN	1	-	-	-	1
	小計					1
	計	4	0	3	1	8

第1列：ハイフンを挟んで、登録された名の数、姓の数を表示。
第2列：名簿上の名前の配列。
第3〜6列：配列ごとの子どもの数。
第7列：合計。

だった。
- 甲・乙自治体では二つの名前だけが登録されているケースが多いが、丙・丁自治体ではその倍の四つの名前が登録されているケースが多い。

第 5 章　ブラジル人・ペルー人の子どもたちの学校内での名前　149

表24　四～五つの名前が登録されたペルー人の名前の配列
（数・形式に変更のなかったもの。自治体別）

GN-FNの数	名前の配列	甲	乙	丙	丁	計
登録名四つ							
2-2	NJGN-NJGN-NJFN-JFN	-	-	1	-	1
2-2	NJGN-NJGN-JFN-NJFN	-	-	1	-	1
2-2	NJFN-NJFN-NJGN-JGN	1	-	-	-	1
2-2	NJFN-NJFN-NJGN-NJGN	1	-	5	1	7
2-2	JFN-NJFN-NJGN-JGN	-	-	1	-	1
2-2	JFN-NJFN-NJGN-NJGN	-	-	1	-	1
2-2	NJFN-JFN-NJGN-JGN	-	-	-	2	2
2-2	JFN-NJFN-NJGN-NJGN	-	-	-	1	1
2-2	NJFN-NJFN-JGN-NJGN	-	-	-	1	1
2-2	NJFN-JFN-NJGN-NJGN	-	-	-	1	1
2-2	NJFN-JFN-JGN-NJGN	-	-	-	1	1
	小計					18
1-3	JGN-JFN-NJFN-NJFN	-	-	1	-	1
	小計					1
	計	2	0	10	7	19
登録名五つ							
3-2	NJFN-NJFN-NJGN-NJGN-NJGN	-	-	1	-	1
	計	0	0	1	0	1

第1列：ハイフンを挟んで、登録された名の数、姓の数を表示。
第2列：名簿上の名前の配列。
第3～6列：配列ごとの子どもの数。

▽登録された名前

1. ブラジル人の典型的な名前とその配列のバリエーション

　二つの名前を登録されたブラジル人の子どもについては表18を、三つの名前を登録されたブラジル人の子どもについては表19を、四つの名前を登録されたブラジル人の子どもについては表20を、参照してほしい。どの表も、調査地域とした4自治体のデータをまとめたものである。

(a) 二つの名前
　　ⅰ　名(GN)一つと姓(FN)一つ
　　　A．姓(FN)　名(GN) → 123
　　　B．名(GN)　姓(FN) → 1
　　ⅱ　名(GN)二つ
　　　A．名(1GN)　名(2GN) → 0
　　　B．名(2GN)　名(1GN) → 0
　　ⅲ　姓(FN)二つ
　　　A．姓(1FN)　姓(2FN) → 1
　　　B．姓(2FN)　姓(1FN) → 0
(b) 三つの名前
　　ⅰ　名(GN)二つと姓(FN)一つ
　　　A．姓(FN)　名(1GN)　名(2GN) → 35
　　　B．姓(FN)　名(2GN)　名(1GN) → 4
　　　C．名(1GN)　名(2GN)　姓(FN) → 4
　　　D．名(1GN)　姓(FN)　名名(2GN) → 0
　　　E．名(2GN)　名(1GN)　姓(FN) → 0
　　　F．名(2GN)　姓(FN)　名(1GN) → 0
　　ⅱ　名(GN)一つと姓(FN)二つ
　　　A．名(GN)　姓(1FN)　姓(2FN) → 1
　　　B．名(GN)　姓(2FN)　姓(1FN) → 0
　　　C．姓(1FN)　名(2GN)　姓(FN) → 1
　　　D．姓(1FN)　姓(2FN)　名(GN) → 0
　　　E．姓(2FN)　名(GN)　姓(1FN) → 33
　　　F．姓(2FN)　姓(FN)　名(GN) → 2
(c) 四つの名前
　　ⅰ　名(GN)二つと姓(FN)二つ
　　　A．姓(2FN)　名(1GN)　名(2GN)　姓(1FN) → 14
　　　B．姓(1FN)　姓(2FN)　名(1GN)　名(2GN) → 1

C.　名（1GN）　名（2GN）　姓（1FN）　姓（2FN）→ 1
　ⅱ　名（GN）三つと姓（FN）一つ
　　A.　姓（FN）　名（1GN）　名（2GN）　名（3GN）→ 1

　日本姓（JFN）の方が非・日本姓（NJFN）よりも登録されることが多い。もちろん例外もあって、後述する「ケーススタディ」の「ケース1」は、非・日本名（NJGN）と非・日本姓（NJFN）が優先された例である。

2. ペルー人の典型的な名前とその配列のバリエーション

　二つの名前を登録されたペルー人の子どもについては表22を、三つの名前を登録されたペルー人の子どもについては表23を、四～五つの名前を登録されたペルー人の子どもについては表24を、参照してほしい。どの表も、調査地域とした4自治体のデータをまとめたものである。

(a) 二つの名前
　ⅰ　名（GN）一つと姓（FN）一つ
　　A.　姓（FN）　名（GN）→ 35
　　B.　名（GN）　姓（FN）→ 1
　ⅱ　名（GN）二つ
　　A.　名（1GN）　名（2GN）→ 0
　　B.　名（2GN）　名（1GN）→ 0
　ⅲ　姓（FN）二つ
　　A.　姓（1FN）　姓（2FN）→ 0
　　B.　姓（2FN）　姓（1FN）→ 0
(b) 三つの名前
　ⅰ　名（GN）二つと姓（FN）一つ
　　A.　姓（FN）　名（1GN）　名（2GN）→ 1
　ⅱ　名（GN）一つと姓（FN）二つ

　　　　A.　姓（1FN）　姓（2FN）　名（GN）→ 5
　　　　B.　姓（2FN）　名（GN）　姓（1FN）→ 2
　（c）四つの名前
　　ⅰ　名（GN）二つと姓（FN）二つ
　　　　A.　姓（1FN）　姓（2FN）　名（1GN）　名（2GN）→ 13
　　　　B.　姓（1FN）　姓（2FN）　名（2GN）　名（1GN）→ 3
　　　　C.　名（1GN）　名（2GN）　姓（1FN）　姓（2FN）→ 2
　　ⅱ　名（GN）一つと姓（FN）三つ
　　　　A.　名（GN）　姓（1FN）　姓（2FN）　姓（3FN）→ 1
　（d）五つの名前
　　ⅰ　名（GN）二つと姓（FN）三つ
　　　　A.　姓（1FN）　姓（2FN）　名（1GN）　名（2GN）　名（3GN）→ 1

▽名前の部分的登録

　ペルー人についてもブラジル人同様、教育委員会で名前すべて（フルネーム）が登録されない場合は通常、名であれ姓であれ、日本の名前（JN）が日本以外の名前（NJN）より選ばれるという強い傾向がある。しかし、この傾向が当てはまらないケースもいくつかある。後述する「ケーススタディ」の「ケース1」は、非・日本名（NJGN）と非・日本姓（NJFN）が優先された例である。

5.2.4　自治体間の比較と子どもの心理

　学校で在日外国人の名前を登録する際、これまで見てきたように、本来の名前とは違った形式が選ばれることが多い。どの自治体でも、登録される名前の形式は、子どもに対して責任を負う保護者が決定権を持っているのではなく、保護者に付き添った通訳と教育委員会の担当職員に影響される。
　そして、前節で見たように、調査を行った四つの自治体では、登録された名前の形式が非常にバラエティに富んでいた。たとえば、表10、12、14、16では、ブラジル人とペルー人の登録された名前について、自治体ごとに

分析した。表25には、研究期間を通して登録名の数や形式が変更されなかったブラジル人の子どもの登録名の形式すべてを、甲・乙・丙・丁の各自治体ごとにまとめて示す。同様に、表27には、研究期間を通して登録名の数や形式が変更されなかったペルー人の子どもの登録名の形式すべてを、甲・乙・丙・丁の各自治体ごとにまとめて示す。

登録名の数や形式に変更のあったブラジル人、ペルー人の名前の形式は、表11、13、15で自治体ごとに分析した。表26には、登録名の数や形式に変更のあったブラジル人の子どもの登録名の形式すべてを、甲・乙・丙・丁の各自治体ごとにまとめて示す。同様に、表28には、登録名の数や形式に変更のあったペルー人の子どもの登録名の形式すべてを、甲・乙・丙・丁の各自治体ごとにまとめて示す。

ここまで、教育委員会による登録について見てきたが、名前を登録される側の子どもの心理に目を転じると、日本の学校に慣れてきたブラジル人、ペルー人の子どもたちの中に、自分の名前を漢字でどう書くかを知りたがるという傾向が、明らかにあった。書き方を知るとすぐに、多くの子どもが漢字で名前を書きはじめる。もちろんこれは日本名と日本姓に関しての話だ。

この傾向は、子どもたちの心情から説明することができる。まず、自分たちの文化の文字とはまったく違う漢字に興味を覚え、自分の名前が漢字でどう書かれるのかを純粋に好奇心から知りたがる子どもたちがいる。一方、日本の学校生活の中で精神的に圧迫され、学校環境の中では自分の本当の名前を使いたくないという子どもたちもいる。このような子どもたちは、自分の名前を多くの場面で漢字で書く。日本人の同級生たちと名前で区別されたくないためであり、家族や親しい人たちに家で呼ばれている名前を学校で知られたくないためである。

以上を前提に、四つの事例を見てみよう。

5.2.5　ケース・スタディ
▽ケース1
　　ブラジル人

表25　登録された名前の数・形式に変更がなかったブラジル人の子どもの数（自治体別）

GN-FN の数	名前の形式	甲	乙	丙	丁	計
二つ	GN (J/NJ) -FN (J/NJ)	47	46	31	1	125
0-2	0-2 (1J-1NJ)	1	-	-	-	1
1-1	1 (1J) -1 (1J)	23	17	12	-	52
1-1	1 (1J) -1 (1NJ)	1	5	1	-	7
1-1	1 (1NJ) -1 (1J)	20	17	14	-	51
1-1	1 (1NJ) -1 (1NJ)	2	7	4	1	14
三つ		10	6	40	24	80
1-2	1 (1NJ) -2 (1J-1NJ)	1*	1*	2* (×1)	4	8
1-2	1 (1NJ) -2 (1NJ-1J)	-	2	-	7* (×4)	9
1-2	1 (1J) -2 (2NJ)	-	-	2	-	2
1-2	1 (1J) -2 (1J-1NJ)	-	-	2** (×1)	1**	3
1-2	1 (1J) -2 (1NJ-1J)	-	-	1	-	1
1-2	1 (1NJ) -2 (2NJ)	2*/** (×1)	1	5	6* (×4)	14
2-1	2 (1NJ-1J) -1 (1J)	2	1	20	3	26
2-1	2 (1NJ-1J) -1 (1NJ)	1	-	6	-	7
2-1	2 (2NJ) -1 (1J)	2	1	-	2	5
2-1	2 (2NJ) -1 (1NJ)	2*	-	2	1*	5
四つ		2	2	5	7	16
2-2	2 (1NJ-1J) -2 (1J-1NJ)	-	1**	1	1**	3
2-2	2 (2NJ) -2 (1J-1NJ)	-	-	4	1	5
2-2	2 (2NJ) -2 (1NJ-1J)	1	-	-	1	2
2-2	2 (1NJ-1J) -2 (1NJ-1J)	1	-	-	3	4
2-2	2 (1NJ-1J) -2 (2J)	-	1	-	-	1
3-1	3 (2NJ-1J) -1 (1J)	-	-	-	1***	1
計		59	54	76	32	221

*　前置詞あるいは前置詞と冠詞が結合したものを含むが、それは1語として数えていない。
**　数に入れた姓の一つが「Junior」(息子)、「Filho」(息子)、「Neto」あるいは「Netto」(男の孫)だった事例。普通は別途数えられることはないが、本書では姓の一つとして数えた。(×1)は、ブラジル人の子ども2人のうち1人のみが「Junior」「Filho」「Neto」あるいは「Netto」を姓の一部として持っていることを示す。(×4)は、4人がそうであることを示す。
*/**(×1) ブラジル人の子ども2人のうち1人のみが前置詞あるいは前置詞と冠詞が結合したものを名前に、そして同時に「Junior」を姓の一部として持っていた。
第1列：ハイフンを挟んで、登録された名の数、姓の数を表示。
　例：「1-1」は、名が一つ、姓が一つ登録されていることを示す。
第2列：名と姓の数および名と姓が日本のものであるか否かを表示。
　例：1(1NJ)-2(1J-1NJ)は、非・日本名が一つ、姓が二つあることを示す。その二つの姓が日本姓か否かは（　）内に記載され、この例での本来の配列は日本姓、非・日本姓である。名簿上の配列ではないことに注意。名簿に登録された配列については別途分析する。
第3～6列：示された形式の名前を持つブラジル人の子どもの数（自治体別）。
第7列：合計。

第 5 章　ブラジル人・ペルー人の子どもたちの学校内での名前　155

表 26　登録された名前の数・形式に変更がなかったペルー人の子どもの数（自治体別）

GN-FN の数	名前の形式	甲	乙	丙	丁	計
二つ	GN (J/NJ) -FN (J/NJ)	10	18	8	0	36
1-1	1 (1J) -1 (1J)	2	1	2	-	5
1-1	1 (1J) -1 (1NJ)	-	5	-	-	5
1-1	1 (1NJ) -1 (1J)	6	6	3	-	15
1-1	1 (1NJ) -1 (1NJ)	2	6	3	-	11
三つ		4	0	3	1	8
1-2	1 (1NJ) -2 (1NJ-1J)	-	-	-	1	1
1-2	1 (1NJ) -2 (1NJ-1J)	2	-	2	-	4
1-2	1 (1J) -2 (2NJ)	1	-	-	-	1
1-2	1 (1NJ) -2 (2J)	-	-	1	-	1
2-1	2 (2NJ) -1 (1J)	1	-	-	-	1
四つ		2	0	10	7	19
1-3	1 (1J) -3 (1J-2NJ)	-	-	1	-	1
2-2	2 (1NJ-1J) -2 (2NJ)	1	-	-	1	2
2-2	2 (1NJ-1J) -2 (1J-1NJ)	-	-	1	-	1
2-2	2 (1NJ-1J) -2 (1NJ-1J)	-	-	-	3	3
2-2	2 (2NJ) -2 (2NJ)	1*	-	5	1	7
2-2	2 (2NJ) -2 (1J-1NJ)	-	-	2	1	3
2-2	2 (2NJ) -2 (1NJ-1J)	-	-	1	1	2
五つ		0	0	1	0	1
3-2	3 (3NJ) -2 (2NJ)	-	-	1	-	1
計		16	18	22	8	64

*「San」を含むが数には入れていない。例：San Marino
第 1 列：ハイフンを挟んで、登録された名の数、姓の数を表示。
　例：「1-1」は、名が一つ、姓が一つ登録されていることを示す。
第 2 列：名と姓の数および名と姓が日本のものであるか否かを表示。
　例：1(1NJ) -2(1J-1NJ) は、非・日本名が一つ、姓が二つあることを示す。その二つの姓が日本姓か否かは（　）内に記載され、この例での本来の配列は日本姓、非・日本姓である。名簿上の配列ではないことに注意。名簿に登録された配列については別途分析する。
第 3 ～ 6 列：示された形式の名前を持つペルー人の子どもの数（自治体別）。
第 7 列：合計。

家族構成：父、母、娘 2 人、息子 1 人
　・父：João Matos da Silva [33]
　・母：Maria Keiko Asai da Silva [34]
　・娘 1：Kristy Keiko da Silva [35] → Silva Kristy [36]

表27　登録された名前の数や形式に変更のあったブラジル人の子ども（甲乙丙自治体）

No	+/-	当初の登録名 GN-FNの数・形式	第1回目の変更後 GN-FNの数・形式	第2回目の変更後 GN-FNの数・形式	第3回目の変更後 GN-FNの数・形式
1甲	+2	0-2 (1J-1NJ)**	2(2NJ) -2 (1J-1NJ)**		
2甲	+1	0-2 (2NJ)**	1 (1NJ) -2 (2NJ)**		
3甲	+1	1 (1J) -1 (1J)	2 (NJ-1J) -1 (1J)		
4甲	+1	1 (1J) -1 (1J)	2 (NJ-1J) -1 (1J)		
5甲	+1	1 (1J) -1 (1J)	2 (NJ-1J) -1 (1J)		
6甲	+2	1 (1J) -1 (1J)	1 (1J) -1 (1J)	2(1NJ-1J)-2(1NJ-1J)	
7甲	+2	1 (1J) -1 (1J)	1 (1J) -1 (1J)	1 (1J) -1 (1J)	2(1NJ-1J)-2(1NJ-1J)
8甲	+2	1 (1J) -1 (1J)	2(1NJ-1J)-2(1NJ-1J)		
9甲	+1	1 (1NJ) -1 (1J)	1 (1NJ) -1 (1J)	1 (1NJ) -2 (1J-1NJ)	
10甲	+1	1 (1NJ) -1 (1J)	1 (1NJ) -1 (1J)	2 (1NJ-1J) -1 (1J)	
11甲	+2	1 (1NJ) -1 (1J)	1 (1NJ) -1 (1J)	2 (2NJ) -2 (1NJ-1J)	
12甲	=	1 (1J) -1 (1NJ)	1 (1J) -1 (1J)		
13甲	=	1 (1NJ) -1 (1NJ)	1 (1NJ) -1 (1J)		
14甲	=	1 (1NJ) -1 (1NJ)	1 (1NJ) -1 (1J)	1 (1NJ) -1 (1J)	
15甲	=	1 (1NJ) -1 (1NJ) *	2 (2NJ) -0		
16甲	-1	2 (2NJ) -1 (1NJ)	2 (2NJ) -0		
17甲	-1	2 (1NJ-1J) -1 (1J)	2 (1NJ-1J) -1 (1J)	1 (1J) -1 (1J)	
18甲	-1	2 (1NJ-1J) -1 (1J)	2 (1NJ-1J) -1 (1J)	1 (1J) -1 (1J)	
19甲	-1	1 (1NJ) -1 (1J)	2 (1NJ-1J) -1 (1J)	1 (1J) -1 (1J)	
20甲	-1	2 (2NJ) -1 (1J)	1 (1NJ) -1 (1J)	1 (1NJ) -1 (1J)	1 (1NJ) -1 (1J)
1乙	+1	1 (1J) -1 (1J)	2 (1NJ-1J) -1 (1J)	-	-
2乙	+1	1 (1J) -1 (1J)	1 (1J) -2 (1J-1NJ)	-	-
3乙	-1	2 (2NJ) -1 (1NJ)	1 (1NJ) -1 (1NJ)	-	-
4乙	-1	2 (1NJ-1J) -1 (1J)	1 (1J) -1 (1J)	-	-
5乙	-1	1 (1J) -2 (1J-1NJ)**	1 (1J) -1 (1J)	-	-
6乙	-1	2 (1NJ-1J) -1 (1J)	1 (1J) -1 (1J)	-	-
7乙	-1	2 (1NJ-1J) -1 (1NJ)	1 (1J) -1 (1NJ)	-	-
8乙	-2	2 (2NJ) -2 (2NJ)**	2 (2NJ) -2 (2NJ)**	0-2 (2NJ)**	-
1丙	=	1 (1NJ) -2 (1NJ-1J)	1 (1NJ) -2 (1NJ-1J)	-	-
2丙	=	2 (1NJ-1J) -1 (1J)	2 (1NJ-1J) -1 (1J)	-	-

「甲」は甲自治体、「乙」は乙自治体、「丙」は丙自治体。
* 前置詞あるいは前置詞と冠詞が結合したものを含むが、それは1語として数えていない。
** 数に入れた姓の一つが「Junior」(息子)、「Filho」(息子)、「Neto」あるいは「Netto」(男の孫)だった事例。普通は別途数えられることはないが、本書では姓の一つとして数えた。
第1列：研究期間中に登録された名前の数や形式に変更があったブラジル人の子どもに番号を振った。
第2列：「+」は、登録された名前の数が増えたケース。「=」は、登録された名前の数に変化がなかったケース。「-」は、登録された名前の数が減ったケース。
　例：「+2」は、登録された名前が最終的に二つ増えたことを示す。
第3列：閲覧できた最古の名簿に記載されていた、母語での名と姓の数と形式。名簿に記載された配列とは異なる（以下同じ）。
第4～6列：各変更後に登録された名前の形式。

第5章　ブラジル人・ペルー人の子どもたちの学校内での名前　157

表28　登録された名前の数や形式に変更のあったペルー人の子ども（甲乙丙自治体）

No	+/-	当初の登録名 GN-FNの数・形式	第1回目の変更後 GN-FNの数・形式	第2回目の変更後 GN-FNの数・形式	第3回目の変更後 GN-FNの数・形式
1甲	+1	1 (1NJ) -1 (1J)	2 (2NJ) -1 (1J)		
2甲	+1	1 (1NJ) -1 (1J)	2 (2NJ) -1 (1J)		
3甲	+2	1 (1NJ) -1 (1NJ)	2 (2NJ) -2 (1NJ-1J)		
4甲	+2	1 (1NJ) -1 (1NJ)	2 (2NJ) -2 (1NJ-1J)		
5甲	+1	2 (2NJ) -1 (1NJ)	2 (2NJ) -2 (1NJ-1J)		
6甲	=	1 (1NJ) -1 (1NJ)	1 (1NJ) -1 (1J)	1 (1NJ) -1 (1J)	
7甲	-2	2 (1NJ-1J) -2 (1NJ-1J)	2 (1NJ-1J) -1 (1J)	2 (1NJ-1J) -0	
1乙	+1	1 (1NJ) -1 (1J)	1 (1NJ) -2 (1J-1NJ)		
2乙	+1	1 (1NJ) -1 (1J)	1 (1NJ) -2 (1NJ-1J)		
3乙	-1	2 (2NJ) -1 (1NJ)	1 (1NJ) -1 (1NJ)		
4乙	-1	2 (2NJ) -1 (1J)	1 (1NJ) -1 (1J)		
5乙	-2	2 (1J-1NJ) -2 (1J-1NJ)	1 (1J) -1 (1J)		
1丙	=	2 (2NJ) -1 (1J)	2 (2NJ) -1 (1J)		
2丙	=	2 (2NJ) -1 (1J)	2 (2NJ) -1 (1J)		

「甲」は甲自治体、「乙」は乙自治体、「丙」は丙自治体。
第1列：研究期間中に登録された名前の数や形式に変更があったペルー人の子どもに番号を振った。
第2列：「+」は、登録された名前の数が増えたケース。「=」は、登録された名前の数に変化がなかったケース。「-」は、登録された名前の数が減ったケース。
　例：「+2」は、登録された名前が最終的に二つ増えたことを示す。
第3列：閲覧できた最古の名簿に記載されていた、母語での名と姓の数と形式。名簿に記載された配列とは異なる（以下同じ）。
第4〜6列：各変更後に登録された名前の形式。

・娘2：Katia Keiko da Silva [37] → Silva Katia [38]
・息子：Kristian Asai da Silva [39] → Asai Kristian [40] → Silva Kristian [41]

　この家族では、息子と娘ともに父親の姓「da Silva」を持っているが、母親の姓については息子と娘で受け継ぎ方が異なっている。母親は日系2世で、彼女の日本名である「Keiko」が娘たちに与えられた。これは父親がこの名前を好きで、同じ名前を娘たちに与えたかったからに他ならない。姉妹は2人とも出生証明書に同じ日本の名前を持っているが、どうもブラジルの登録官署が「Keiko」は母親の姓で、それが娘たちに与えられたと解釈したようにも見える。「Keiko」は日本では女性の名前だが、ブラジルでは一般的に言ってアルファベットの「o」で終わるのは男性の名前と見なされるか

らである。母親は自分の日本名である「Keiko」が女性の名前だと知っていたので、息子が生まれた時、父母共にこの名前を息子に与えないよう注意して、代わりに、母親の姓である「Asai」が息子に与えられた。

彼・彼女らが来日して、子どもを学校に通わせるために教育委員会を訪ねた時、学校でどの名前を使いたいか、選ぶように言われた。教育委員会では、日本名と日本姓が好まれる。しかし、彼・彼女らの娘たちの場合、日本名は同じだった。教育委員会の担当職員は、同じ名で2人を登録するのを拒み、その理由として、2人が同じ姓と同じ名だと、学校や教師、同級生が混乱するからと説明した。当初、息子は「Asai Kristian」と登録されていたが、同じ家族の一員同士は同じ姓でなくてはならないとして、姉妹の登録名になっていた父親の姓を使って、「Silva Kristian」に変更された。

▽ケース2
　　ブラジル人
　　家族構成：母、息子1人
　　・母方の祖母：Katsue Sato [42]
　　・母方の祖父：Haruki Sato [43]
　　・母：Teresa Yoshiko Sato [44]
　　・息子：Fabio Tsutomo Sato [45] → Sato Tsutomo [46]

乙自治体の節で1Bとして紹介したケースである。母1人息子1人の母子家庭の家族で、母親は父母両方の役割を果たしてきた。息子はブラジルで生まれ、非常に幼い頃に来日した。と言っても、安全に旅ができる程度に大きくなってからのことだが、それでも彼は、人生のほとんどを日本で、ほとんど日本の子どもとして育てられてきたと言えるだろう。実際、すぐに日本語のモノリンガルになり、彼が話せる言語は日本語だけであった。

母親は日本とブラジルの二重国籍なので、息子にも日本国籍を取得させようと決意した。そうすれば、息子が22歳になった時、息子自身が日本国籍を選ぶかブラジル国籍を選ぶか、選択することができるからだ。彼は日本で

育ち、日本語のモノリンガルなので、日本を離れようとは考えていない。おそらく日本国籍を選択するだろうと母親は思っている。

　彼の日本名は、ブラジルの出生証明書には間違って記入されている。日本語のローマ字表記のルールに従うなら、本来は「Tsutomu」と登録されるべきところを、「Tsutomo」と登録されているのである。母親が言うには、彼が生まれた時、この日本名の正確な綴り方を知らなかったとのことだ。母親は、日本で名前が登録される時に息子の名前が正式な読みではなく日本式に読まれることを心配し、教育委員会担当者に、(ツトモ)とカタカナでカッコ書きするよう依頼した。彼女は、彼の非・日本名は実用的な理由から登録しなかった。

　息子の帰化申請をする時、戸籍の記載については正式なブラジル名である「Tsutomo」を優先することにした。そして、「佐藤ツトモ」と登録した。日本語の普通の読みとは違う読みを持つ名前が生む問題に対して彼女が見つけた解決策は、「Sato」を漢字で書き、「Tsutomo」をカタカナ書きにすることだったのである。彼女は息子の名が、漢字表記だと間違って読まれる恐れがあるので、非常に意識的にカタカナ表記での登録を行った。彼のケースでは、正式な名前を日本語本来の表記に「訂正」する機会があったが、母親はあえてブラジルの出生証明書の表記に敬意を表す道を選んだのだ。

　母親自身、自分や兄弟姉妹の名前がブラジルでどういう風に登録されたかについて、非常に興味深いライフ・ヒストリーを持っていた。少しだけ紹介しておこう。彼女は、日本からのブラジル移民である父母に生まれた大勢の子どもの中の1人だった。彼女の父親は子どもの国籍と名前について非常に厳格な人物で、子どもが生まれるといつも、日本名と日本国籍を与えていた。彼女の兄や姉は皆、日本名一つと日本姓一つだけが、この配列で出生証明書に登録されている。

　兄や姉はブラジル南東部の町で生まれ、家族が別の町に引っ越した後、彼女が生まれた。父親は、他の子どもの時と同じように登録官署に出かけて、「Yoshiko Sato」と登録しようとしたが、ブラジルで生まれた子どもはブラジル名を一つ持たなくてはならないと、登録官から要求された[47]。そん

な経験のなかった父親はブラジル名の用意などしていなかったので、登録官に案を求めた。登録官は一般的な名前をいくつか挙げ、その中から父親が「Teresa」を選び、「Teresa Yoshiko Sato」と登録された。彼女の弟や妹たちも、非・日本名一つ、日本名一つ、日本姓一つという形で登録された。末の子ども2人を除く兄弟姉妹全員が在ブラジル日本領事館で登録され、二重国籍を持っている。そのため、父親は、末の2人については日本領事館で公式に出生登録しなくても日本人であると疑いなく見なされ、国籍取得も問題なくできるだろうと考えて、領事館に登録に出向かなかった。そのため、結局、ブラジル国籍のみになった。

彼、すなわちTsutomoの祖父は、末の2人の子どもだけが登録の仕方が違うというだけで、日本政府が子どもたちに異なった対応・扱いをするなどとは思いもしなかった。また、将来、入管法が改定され、日系ブラジル人や日系ペルー人に日本で働く道が開かれるなどということも、まったく想像していなかった。Teresaはインタビューでこう語っている。

「父は日本政府が弟たちに違った扱いをするだなんて、予想もしていなかった。しかし、私自身を含む二重国籍者は日本国籍と見なされるけど、ブラジル国籍の2人の弟は日本人を祖先に持つ日系の外国人と見なされ、まったく違うものと見なされる。弟たちの話を聞くと、国籍によって異なった扱いを受けていて、日本での経験がまったく違っている。まさか国籍が異なるからという理由で同じ家族が区別され差別されるとは想像もしなかった。」

彼女の家族のほとんどは来日しており、近くで暮らしている者もいれば、遠くの都道府県で暮らしている者もいた。

別の町で暮らしている兄の一家は、子どもの日本国籍取得を申請しており、ブラジルに帰らず日本に留まることを決めた。皆、日本の名前のみを残し、それを漢字表記で登録した。この選択が実際に意味するのは、日本の名前の後ろに隠れて身を守りやすくすること、そして、官僚主義的な嫌がらせに晒される危険性を減らそうとする意思のように見える。そうすることで、異なる歴史・文化・社会的背景を持って外国で生まれ、実用的な理由から日本国籍を得ることを選んだ多くの人々のグループに加わることになる。外国

人が日本の名前のみを登録しようと決めた時、かくして「日本人」の同質性は表面上は保たれる。目立つ外国名を持ち続けるのなら日本国籍を取得する意味はないと考える人も多いように見える。しかし、Tsutomoのケースでは、彼はある意味で目立つ日本の名前を持ち、将来成長してから、自分自身で、自分のルーツを名前に残した母親の意図について判断することになる。

「息子は、私のしたことを批判することになるかも知れない。息子の選択と考えを尊重する準備はできている」

彼女はそう語っている。

▽ケース3

ペルー人

家族構成：父、母、娘1人、息子1人
- 父：Diego Vicente Castro Rodriguez [48]
- 母：Maria Manuela Sanchez Ueno [49]
- 娘：Alejandra Isabel Castro Sanchez [50] → Ueno Alejandra [51]
- 息子：Diego Moises Castro Sanchez [52] → Ueno Diemo [53]

この家族では、母親が日本人の子孫で、Uenoという姓を持っていた。「Ueno」が名前の配列の中で姓としては2番目に表れるので、スペイン語圏の名前の配列ルールに則って、彼女の母親が日本人の子孫だとがわかる。つまり、子どもたちの母方の祖母が日本人の子孫だった。数世代に渡って残っていくのは父方の家族名のみで、女性の母方の姓は普通、2世代で失われる。

このケースでは、娘も息子も、本来、正式には日本名も日本姓も持っていない。ところが、教育委員会で2人の正式な名前を登録したにもかかわらず、学校では、母親の日本姓である「Ueno」で2人は知られている。このようなケースは、日本人配偶者等という在留資格を取得するためには日本人の子孫であると証明する必要があることと密接に関係しており、ブラジル人よりもペルー人の中で多く生じている。発端は、1990年代前半に、少なからぬペルー人が来日するために日本人の子孫であると偽っていたことが問題

になり、ペルー人に対する入管職員の審査が厳しくなったことである。事態を受けて、ペルー人の多くは、自分が日本人の子孫であると証明することに関して、ブラジル人よりもはるかに意識的かつ神経質になったと言えよう。そのとき、「本物」の日系人が「偽」と自分たちを区別するための戦略としてとった対応が、自分たちが日本人の子孫であると明確にすることだった。そのための最も簡単な方法が、日本姓を示すことだった。「偽」日系人と自分たち自身を区別するために「本物の」日系ペルー人がとったのが、日本姓によって日本人の子孫であることを明確に示すという戦略だった。

ここで留意しなくてはならないのは、日本姓を持っていない日系ペルー人が直ちに「偽」日系人だというわけではない、ということだ。前述のように、第2次大戦中に迫害から逃れるため日本姓を別の姓に換えた人たちも多いし、ペルーの名付けの習慣では、通常、父方の祖父の姓と母方の祖父の姓とが子どもに与えられる。それゆえ、母親の母方のみが日系人の場合、その日本姓は受け継がれないのである。しかし、日系ペルー人の歴史やペルーの名付けのこのような習慣に対する日本人の無知が、明確な日本の名前を持たない日系ペルー人に対して、様々な場面で多くの誤解と誤った扱いを生んだ。それゆえ、自分たちを守り、「偽」日系ペルー人などに間違えられないための、そしてそのように扱われないための戦略として、彼・彼女らは先祖の日本姓を使うことが多くなっているのであろう。

この家族に関してもう一つ重要なのが、息子の名である。彼は生まれてからずっと、来日前から、家でも学校でも、「Diemo」と呼ばれてきた。「Diemo」は、ファースト・ネーム「Diego」の「Die」とセカンド・ネーム「Moises」の「Mo」とを組み合わせた愛称である。そして、教育委員会で正式な名前が正確に登録されているにもかかわらず上述の姉と同じく、学校では日本姓で登録されていた。それに加えて、彼の場合は、名札の名前がこの愛称だった。彼はこの愛称の日本語での書き方だけを学んでおり、正式な名前の書き方は日本語でもスペイン語でも教わっていなかった。それどころか、尋ねてみると、「Diemo」の意味・由来さえ忘れてる、と答えた。また、自分の本当の名前をもう覚えていないとも言った。自分の名前は「Diemo」

だと信じていたのだ。

彼のケースは非常に深刻である。彼が書ける唯一の名前は「Ueno Diemo」なのだ。彼は本当の名前を覚えておらず、覚えている姓も名も正式な名前ではない。学校の友だちも教師も皆この名前だけを使っており、たとえ彼自身が望んでも変更することは非常に難しかっただろう。この愛称で呼ばれることにあまりにも慣れてしまい、正式な名前で呼ばれたときに応えられないおそれさえあった。

▽ケース4

ペルー人

家族構成：父、母、息子3人

- 父方の祖父：Julio Miguel Santos Llosa [54]
- 父：Felipe Alfonso Santos Chavez [55] → Cato Alfonso または Cato Felipe
- 母：Luisa Manuela Santana Cato [56]（de Santos）[57]
- 息子1：Felipe Alfonso Santos Santana [58] → Cato Alfonso [59]
- 息子2：Julio Miguel Santos Santana [60] → Cato Julio [61]
- 息子3：Fernando Estéban Santos Santana [62] → Cato Estéban [63]

このペルー人一家では、母親が日系3世である。母親の母方の姓がスペイン語の綴りで登録されたので日本語のローマ字表記とは異なっているが、「Cato」は日本語の「Kato」と同じ発音である。3人の息子は皆、教育委員会の名簿では、母親の母方の姓であるCatoを登録している。ケース3と同じく、日本人の子孫であると証明するためである。一つ興味深いのは、父親も日常生活の中で妻の姓の「Cato」を使っている点だ。これは、日本の名前を使うことが日本人の子孫だと示すうえで有効だからである。父親は、外国人登録をする際に「Cato Felipe」を「通称名」登録した。日本で自動車の購入契約を結ぶときに必要だったのである。

この家族のケースでは、父親は長男に自分と同じ名前を付けることを選ん

だ。長男は父親の名を二つとも受け継ぎ、母親からは姓を受け継いでいる。次男は、父方の祖父の名を二つとも受け継いでいる。

なお、ラテン・アメリカでは、両親や親戚に敬意を表す意味で彼・彼女らの名前を付けることが極めて一般的である。そしてペルー人の場合、母親の父方の姓と父親の父方の姓とが子どもに与えられるので、両親の母方の姓が子どもに与えられることは、ブラジル人の場合より可能性が小さい。

5.2.6 直面した問題

名前に関して、さまざまな問題が浮かんできた。名付けの伝統の違いが衝突するところで発生する多くの問題状況が見られたのである。また、名前がどのように読まれあるいは書かれるべきかについての認識の違いが、問題を生むという状況も見られた。

兄弟姉妹が異なる姓で登録されたケースがいくつかあった。これは、親が再婚した場合の前婚の子と後婚の子の場合にはごく一般的なケースなのだが、男子の場合には必ずしもそうとは言えない。

日本では、家族のメンバーはほとんどの場合、全員同じ姓で、人は姓で呼ばれるので、異なる姓を持つ兄弟姉妹が登録に来た場合、登録担当者は、他の日本人と同一の扱いがなされるように、同一の姓での登録を認めるのであろう[64]。

教育委員会でフルネームが登録されなかった時はいつも、名でも姓でも日本の名前が非・日本の名前に優先して登録される傾向が強かった。しかし、すべての場合にそうだというわけではなく、たとえば「ケース1」は、非・日本名と非・日本姓が優先された例である。

日本人にとってあまり知られていない外国の人名の特徴が、さまざまな問題を生んでいることは容易に想像できる。しかし、技術的に簡単に解決できる問題もある。たとえば、登録申請用紙の記入欄が小さいために保護者たちが子どもの正式なフルネームを書かないよう間接的に強制されているという問題は、記入欄を拡張することですぐにでも解決できよう。

名前の間に半角ないし全角スペースを置かないことが、非・日本名と非・

日本姓を区別するというただでさえ難しい仕事を一層困難にしている。個人名の扱いに慎重であれば、これも解決は簡単なはずである。

もう一つ問題となりうる状況は、正確な名前の登録を期待するなら、丁自治体のように教育委員会で登録する際に子どもの外国人登録証明書やパスポートを提示しなくてはならないという現実である。外国人登録証明書の提示は、子どもの正式な名前が正確なローマ字表記で登録されていないという問題を解決するための実用な方法ではある。しかし、この方法は、子どもが外国人登録証明書を取得しなくてはならないことを意味する。何らかの理由で外国人登録できず外国人登録証明書が発行されていない人々の子どもの教育へのアクセスを限定する結果になりかねない点で、問題が残る。パスポートについても同様で、無国籍の子どもをカバーできないという問題がある。

名前のカタカナ表記については、音を本人に確認して表記することで、本来の音に近い表記が可能になるであろう。

5.3　外国人名の日本語化状況

日本においてブラジル人の名前は、基本的に二つの変化のプロセスを経ることになる。「日本語化(Japanization)」、そして「英語化(Englishization、Anglicization)」である。どんな受入国も移住者がその社会に適応することを期待しているため、受入国の名付けのルールに対するある段階までの適応は不可避であり、移住者には適応が期待される[65]。

文化が違えば名前の好みも違ってくる。たとえば、LOUIE(1985)によれば、「アメリカ人は、短く、発音の簡単な名前を好み、それが、多音節の外国人名の省略と変形につながっている。」[66]。双方の名前のスタイルに対する好みが、移住者たちがどの名前を選ぶかに大きく影響している。関係している人たちの力関係、社会的地位などの違いが大きければ大きいほど、マジョリティの好みがマイノリティの好みを打ち負かす。

受入国において移住者個人が自分の名前を変えたり綴りを変えたりすると

いう個人的な行動は、それがどのようになされたものかに応じて、幾通りもの解釈が可能であろう。たとえば、名前の持ち主が自発的に名前を変更するのであれば、個人的意思決定から生じた自発的な行動と見なされるだろう。しかし、その場合にも考慮すべき重要な論点がいくつかある。たとえば、もしその人が日本語を知らないままで名前を自発的に日本式に変えるのだとすれば、その人物は自分の名前を日本語でどう書くのか知らないので、誰か他の人が代理としてなすことになる。

LOUIE が指摘したように、民族的ルーツとの結びつきに関連する姓の方が、変更されることは少ない。また、森住（1997）は、英語における日本人名の語順の変化に関する問題を議論している[67]。

では、実際にどのように名前の「日本語化」が行われているのか、本節では「日本語化」に焦点を当てる。「日本語化」の方法とそれにまつわる状況を、前節までで見たケースを基に、挙げてみよう。

・姓一つと名一つという、名前二つだけの登録。
・兄弟姉妹で正式な姓が違っていても、同じ姓にして登録する。
・日本姓や日本名の登録が好まれる。たとえそれが子どもの正式な名前でなくても、日本以外のエスニシティが表れた名前の代わりに登録される。
・西洋式に名が先、姓が後に書かれている子どももいるが、いくつかの名前は、日本式に、姓が先、名が後という形で書かれていた。
・もし子どもが正式に登録された日本姓を持っていなければ、親の持つ日本の名前が借用されうる。親の名を姓として登録したケースがあった。
・極端な例ではあるが、英語のテストの時、中学１年のブラジル人生徒が自分の名前をアルファベットを使って正しく書いたのに、日本人の英語教師が赤ペンで日本語式ローマ字表記に訂正し、減点したケースがあった。（例：正しい綴りが「Minerva」なのに、英語教師は「Mineruba」と赤ペンを入れた。）
・ほとんどの子どもが、学校では日本の名前で呼ばれている。子どもたちの非・日本の名前が学校ではまったく使われていないためであり、ほと

んどのケースで子どもの外国名を知っているのは、他の外国人のみである。
- 子どもたちが日本の名前以外で呼ばれるのは、日本の名前がもともとない場合であることが多い。
- 日本の名前以外の名前を好んでいても、学校では日本の名前のみで呼んでほしいと思っている子どももいる。理由を尋ねると、説明できないが、ただそう感じる、との答えだった。
- 年少の子どものほとんどが、保護者の母語で自分の名前や親の名前を書くことができない。日本語で正確に書くこともできない。
- 小学3年生のある子どもは、家でも学校でも試験の時でさえニックネームのみを使っていた。正式な名前を尋ねたところ、忘れた、との答えだった。彼のケースでは、学校は彼の母親の姓を彼に割り当てていた。その結果、彼が書いた名前は、本当の名前でも正式な名前でもなかった。
- 教育委員会にある子どもの名簿に記載されている名前と、学校で使われている名前とは、一致していないことがある。どちらの名簿でも、日本の名前以外の名前は、多くが登録されていなかった。
- 表記にはまったく統一的な基準がない。漢字で書かれているものもあれば、ひらがなやカタカナもある。ここで重要なのが、子どもたちの保護者のほとんどは日本語を話すことも理解することもできないだけでなく、どう書くかも知らないということである。そこで、根本的な疑問が生じてくる。子どもの姓と名のどちらか一方でも複数ある場合に、どの名前を名簿に登録するかを選び、それを書式に漢字で記入しているのは一体誰か、という疑問である。

5.4 ブラジル名の英語化

ブラジルの人名に英語の影響があるのは明らかであり、THONUS

(1991)[68]がこのことを証明している。彼女は、1967年から1987年までの間に出生したブラジル人女性のファースト・ギブン・ネームへの英語の影響について、記述的な分析を行った。その結果、英語がポルトガル語に与えた影響は少ないが、名付けのシステムへの影響は重大だということがわかった。

それによると、47,058人の女性の出生証明書を調査したところ、その約4分の1 (10,522人) に英語の影響が見られた。この数は、彼女が採用した下記の基準で絞り込むと、さらに5,553人にまで減った。

a) ブラジルで出生した両親の子孫のみを考慮する。
b) 対象とする名前が、明らかに両親や祖父母のファースト・ネーム、ミドル・ネームのコピーや、全体的あるいは部分的な組み合わせである場合は、除外する。

そして、女性の名前のサンプルは、七つのカテゴリーに分けられた。

1．英語の名前とまったく同一 (24%)：例　Caroline、Sue Ellen
2．ポルトガル語綴りの英語の名前 (17%)：例　Jenifer、Alison
3．英語起源の接頭辞や接尾辞のついた名前 (49%)：例　Francyane、Dryelen
4．英語風綴りのポルトガル語の名前 (2%)：例　Chystane、Juliany
5．英語風綴りのポルトガル語以外の外国語の名前 (3%)：例　Danielly、Jakeline
6．英語風綴りの英語の名前 (5%)：例　Hellen、Sheyla
7．不明 (1%以下)

THONUSによるこの研究で観察されたように、本研究においても、ブラジル人の子どもの名前に英語名が含まれている例がいくつも見られた。いくつかの名前は英語に直接由来し、いくつかの名前は、ポルトガル語の綴りの

以下のような慣習を守っていた。

- 「y」と「w」の使用を避ける。
- 二重子音 (ss, ll, nn など) の単純化。
- 「sh」と「th」のような英語の音を、発音の近いポルトガル語綴りに変える。
- /a/ のような英語の長母音を /ei/ に置き換える。
- 鋭 (揚音) アクセント (´) や曲アクセント (ˆ)、セディリャ「ç」の使用。
- 末尾の /m/、/n/ には区別がない。

　THONUS (1991) は、英語の名前を登録する場合のポルトガル語の綴りの慣習について報告しているが、彼女の研究の対象・目的ではなかったので、英語の名前の発音がポルトガル語でどう変化するかという点など、口語レベルでの調節や変化についてはカバーしていない。筆者の集めたサンプルの中には、子どもの名前にまさに英語の綴りが使われているのに、両親が子どもを呼んだり子どもが自分自身の名前を言ったりする際には、ポルトガル語の発音が使われるケースがいくつもあった。ほとんどの場合、ポルトガル語の音韻論に則っているのである。

　たとえば、「H」で名前が始まる時、ポルトガル語では英語と違って、「H」は無気音であり発音されない。「Henry」という名前は /enhi/ と発音される。全体あるいは部分が「Carol」や「George」「Michael」「Robison」「Helena」などのような英語の名前に基づく場合、ポルトガル語の読みは英語本来の読みとはかなり違ったものになる。これについては第6節で詳述する。

　これらの名前が、本来英語の名前に由来するものであり、その全体あるいは部分が英語の綴りで書かれていたとしても、ポルトガル語の音韻論に則って発音されるということは、理解の難しくない現象である。

　ブラジル人の名前について筆者の集めたサンプルの中には、子どもの名前が英語由来のものであるか否かにかかわらず、英語の音韻論に則った日本語で表記されているものがいくつもあった。

5.5　ペルー人の名前の状況

　調査の結果を在日ペルー人の名前についてまとめると、以下のことが言える。
- 在日ペルー人のほとんどは日本名が登録されている。
- 日本姓は、名簿上漢字で表記されるケースがある。
- 非・日本名を二つと、姓二つを登録されている子どもたちがいる。
- ほとんどの子どもは、母親の姓一つと父親の姓一つを持っているか、母親の姓一つまたは父親の姓一つを持っている。
- 一つのケースでは、母親が自分の日本名を姓にした結果、2人の娘がこの名前を母親の姓として受け継ぐことになった。
- 両親の名前は誰が日本人の子孫であるかを明確に示す。これは、再婚などで家族構成が変わった場合でも同様である。（ここで思い出す必要があるのが、日本人の子孫とその配偶者は、比較的安定した在留資格を取得する資格があるということだ。日本で暮らす日系人家族の中での権力関係で言えば、日本人を直系の先祖に持つ者の方がそうでない者よりも強い力を持つのである。）
- 学校で使われる名前は、名簿上の本来の標準的な配列に従っていない。

5.6　いくつかの言語学的観点

　ここではまず、本研究で収集したデータが示す、ブラジル人の名前のいくつかに生じている状況を、例をまじえて紹介する。例は、ヘボン式に則って表記する。

1.
　　　　ch=/tʃ/　日本語　/ʃ/　ポルトガル語

ヘボン式で /tʃ/ は、「ch」と表記される音である。その結果、「Chiba」は日本語では [tʃɪba] と発音される。しかし、ポルトガル語では「ch」は、/ʃ/ と発音される。

　　例　Chaves〈69〉

ポルトガル語でこれは [ʃaːvis] あるいは [ʃaːves] と発音される。しかし、日本語に字訳されると、「チャベス」になることが多い。本来の発音に近い字訳も可能だが、表記の方が重視され、ヘボン式に基づく日本語読みがされてしまうのである。

2.

　　　r-=/r/　日本語　/h/　ポルトガル語

ヘボン式では、語頭の「r」は、/r/ という音を持つ。しかし、ポルトガル語では、語頭の「r」の発音は、/h/ である。

　　例　Renata〈70〉

ポルトガル語でこれは /henata/ と発音されるが、日本語に字訳されると、「レナタ」になってしまう。本来の発音に近い字訳も可能だが、表記の方が重視され、ヘボン式に基づく日本語読みがされてしまうのである。

3.

　　　h-=/h/　日本語　/Ø/　ポルトガル語

ヘボン式では、語頭の「h」は、/h/ という音を持つ。しかし、ポルトガル語では、語頭の「h」は無気音なので、発音されない。

　　例　Helio〈71〉

ポルトガル語でこれは [ɛlio] と発音されるが、ヘボン式のルールに則って日本語に字訳されると、「ヘリオ」になってしまう。

4.

  -l- あるいは -l=/ru/ 日本語 /u/ ポルトガル語

　「l」の後に子音がない時、ポルトガル語では /u/ と発音される。しかし、日本語は音節によって構成される言語なので、/l/ という音は日本語にはない。そこで、子音である「l」の後には母音 /u/ が付け加えられ、/ru/ となる。

　　例　Alberto [72]

　ポルトガル語でこれは [auberto] と発音される。しかし、ヘボン式のルールに則って日本語に字訳されると、「アルベルト [aruberuto]」になってしまう。2番目の音素に母音 /u/ を付け加えるのを避けるのは難しいとも思えるが、/l/ は本来、母音 /u/ と同じ発音である。言語的な困難さは問題ではなく、日本語で本来の音と発音の近い表記をすることは可能である。

5.

  -nh=/n/ + /h/ 日本語 /ɲ/ ポルトガル語

　　例　Marinho [73]

　ポルトガル語でこれは [mariɲo] と発音される。しかし、ヘボン式のルールに則って日本語に字訳されると、「マリンホ」になってしまう。

　以上、ブラジル人の名前について広く見られる字訳の特徴を挙げてみた。もちろん、これらの綴りを持つ名前すべてが上記のように字訳をされているわけではないが、多くの事例で共通して見られるパターンである。また、ペルー人の名前にも、違った字訳の例がある。
　注意すべきなのは、本来の音を優先して日本語に字訳したいくつかのケースがあるが、それはそれで別の問題が生じているということである。この問題については、次に挙げるペルー人の名前を例に説明する。

6.

　　　-j=/dʒ/　　日本語　　/h/　　スペイン語

　　　例　Jose と Jorge〈74〉

　スペイン語でこれは［hose］、［horxe］と発音される。日本語には本来の音に非常に近い形で字訳されていたが、それをローマ字表記する時に、「Hose」「Horhe」となってしまっていた。イニシャルも「J」ではなく「H」になっていた。

〈注〉
〈1〉 1952年に施行された外国人登録法（英語では「Alien Registration Law」）に基づく。2009年3月、外国人登録法を廃止し住民基本台帳への登録手続きに統合するための法改定案を総務省が公表した。2012年までの施行を目指すという。
〈2〉 2009年3月現在、ICカードを用いた強力な在留管理システムの構築を目指して、関連法制の整備・改定が議論されている。
〈3〉 外国人登録法は、外国人登録証の常時携帯を義務付け、不携帯を犯罪として刑事罰を科している。この常時携帯制度に対しては、国連自由権規約委員会が1993年、日本国籍者には適用されない差別的な制度である旨の意見を総括所見中で明らかにし、さらに1998年、この差別的な法律は国際自由権規約26条に合致しないので廃止されるべきであると日本政府に勧告している（参考文献［78］）。そして、2008年の自由権規約委員会は、その勧告が実施されていないことに懸念を表明し、勧告の実施を重ねて日本政府に求めた。ところが、新たに導入が検討されているIC在留カードについても、外国人登録証と同様、常時携帯義務が刑事罰の威嚇の下課せられる予定であり、国際人権規約との関係で議論を呼ぶことになろう。
〈4〉 在留資格や必要な法的手続についての詳細は、参考文献［99］を参照。
〈5〉 「変更登録申請書・家族事項等登録申請書／APPLICATION FOR REGISTRATION OF ALTERATION OF REGISTERED ITEMS/ APPLICATION FOR REGISTRATION OF FAMILY INFORMATION RECORD AND OTHERS」は巻末資料（238ページ）として掲載。参考文献［99］の様式10。
〈6〉 参考文献［33］参照。
〈7〉 巻末付表（235〜236ページ）が外国人登録証明書の見本である。
〈8〉 英語では「true seal」とでも訳すことになろうか。
〈9〉 ヘボン式とは、James Curtis Hepburnの名をとって付けられた名前で、「標準式」とも呼ばれる。

〈10〉 最近では極まれに例外もあるが、ニューカマーの子どものほとんどのケースで、日本の学校のどの学年に編入されるかを決定する際に考慮されるのは年齢のみだ。

〈11〉 研究対象とした市区町村には、フィリピン人、中国人、アルゼンチン人、ボリビア人、パラグアイ人の子どももいたが、本書の対象として分析するには数が少なかった。

〈12〉 本書冒頭の略語表を参照。ほとんどの場合、子どもの数には基数（1、2、3、…）を用い、名前の数については（一つ、二つ、三つ、…）と記す。

〈13〉 表 11 の 15B、16B と 7P のケースを参照。

〈14〉 カッコ内の数字は、表 11 の子どもの番号。

〈15〉 そのうち 1 人は、非・日本名 (NJGN) 2 つを追加されていた。1B のケースを参照。

〈16〉 1 人は、カタカナでの表記が 2 度変更された。

〈17〉 どちらの姓 (FN) が先に来るかは、このケースでは知ることができなかった。同じことは 13B、14B、15B でも言える。

〈18〉 カッコ内の数字は、表 11 の子どもの番号。

〈19〉 本書冒頭の略語表を参照。ほとんどの場合、子どもの数には基数（1、2、3、…）を用い、名前の数については（一つ、二つ、三つ、…）と記す。

〈20〉 甲自治体であった名前同士の並べ替えというケースは、乙自治体では見られなかった。

〈21〉 本書冒頭の略語表を参照。

〈22〉 カッコ内の数字は、表 13 の子どもの番号。

〈23〉 カッコ内の数字は、表 13 の子どもの番号。

〈24〉 本書冒頭の略語表を参照。ほとんどの場合、子どもの数には基数（1、2、3、…）を用い、名前の数については（一つ、二つ、三つ、…）と記す。

〈25〉 もちろんこれは彼女の本名ではない。行われた変更の特徴を示すために作成した仮名である。

〈26〉 担当者は、1P と 2P のみが名 (GN) が姓 (FN) の前に登録されていると勘違いしていた。実は、丙自治体には他にもそういう子どもが何人かいた。

〈27〉 本書冒頭の略語表を参照。ほとんどの場合、子どもの数には基数（1、2、3、…）を用い、名前の数については（一つ、二つ、三つ、…）と記す。

〈28〉 名簿上では名前が変わっていた子どもの別の 1 人は、本来の名前には、前置詞、あるいは前置詞と冠詞を組み合わせたものが含まれていた。表 11 の 15B のケースを参照。

〈29〉 名簿上では名前が変わっていた子どものうち別の 4 人は、本来の姓 (FN) には「Junior」（ジュニア）、「Filho」（息子）、「Neto」あるいは「Netto」（孫）が含まれていた。表 11 の 1B、2B、表 13 の 5B、8B のケースを参照。

〈30〉 他に 2 人、名 (GN) が姓 (FN) の前に登録されていたのに、後になって配列が変えられた子どもがいた。表 15 の 1P、2P のケースを参照。

〈31〉 登録名が変えられた子どもの中には、姓 (FN) が登録されていなかったがゆえに、名 (GN) から登録された子どもが 2 人いた。表 11 の 15B、16B のケースを参照。

〈32〉 名 (GN) が登録されていない子どもが他に3人いるが、この3人の名前は何らかの変更を受けており、それぞれ別の表に記載してある。表11の1B、2B、表13の8Bのケースを参照。
〈33〉 1 (1NJGN) -2 (2NJFN)。
〈34〉 2 (1NJGN-1JGN) -2 (1JFN-1NJFN)。
〈35〉 2 (1NJGN-1JGN) -1 (1NJFN)。
〈36〉 1 (1NJFN) -1 (1NJGN)、教育委員会で登録された配列。
〈37〉 2 (1NJGN-1JGN) -1 (1NJFN)。
〈38〉 1 (1NJFN) -1 (1NJGN)、教育委員会で登録された配列。
〈39〉 1 (1NJGN) -2 (1JFN-1NJFN)。
〈40〉 1 (1JFN) -1 (1NJGN)、教育委員会で登録された配列。
〈41〉 1 (1NJFN) -1 (1NJGN)、教育委員会で登録された配列。
〈42〉 1 (1JGN) -1 (1JFN)。
〈43〉 1 (1JGN) -1 (1JFN)。
〈44〉 2 (1NJGN-1JGN) -1 (1JFN)。
〈45〉 2 (1NJGN-1JGN) -1 (1JFN)。
〈46〉 1 (1JGN) -1 (1JFN)、教育委員会で登録された配列。
〈47〉 地域によっては、時代によってそういうことがあった。今後、このような実状についても調査する必要があろう。
〈48〉 2 (2NJGN) -2 (2NJFN)。
〈49〉 2 (2NJGN) -2 (1NJFN-1JFN)。
〈50〉 2 (2NJGN) -2 (2NJFN)。
〈51〉 1 (1JFN) -1 (1NJGN)、教育委員会で登録された配列。
〈52〉 2 (2NJGN) -2 (2NJFN)。
〈53〉 1 (1JFN) -1 (1NJGN)、教育委員会で登録された配列。
〈54〉 2 (2NJGN) -2 (2NJFN)。
〈55〉 2 (2NJGN) -2 (2NJFN)。
〈56〉 2 (2NJGN) -2 (1NJFN-1JFN)。
〈57〉 (de Santos) がカッコ書きされているのは、これが正式な名前に含まれていないからである。しかし、もし彼女が夫の姓を自分の姓に加えることを選べば、このようになる。つまり、前置詞の「de」を加え、その後に夫の父方の姓を続けるのである。
〈58〉 2 (2NJGN) -2 (2NJFN)。
〈59〉 1 (1JFN) -1 (1NJGN)、教育委員会で登録された配列。
〈60〉 2 (2NJGN) -2 (2NJFN)。
〈61〉 1 (1JFN) -1 (1NJGN)、教育委員会で登録された配列。
〈62〉 2 (2NJGN) -2 (2NJFN)。
〈63〉 1 (1JFN) -1 (1NJGN)、教育委員会で登録された配列。
〈64〉 このようなことが起きるのは、名前すべてが登録されるのではなく、いくつかの名

前だけが選択されているからである。普通、姓(FN)一つと名(GN)一つが選ばれる。
〈65〉　さまざまな国のさまざまな移民について、ALATIS (1955)（参考文献［3］）、MAASS (1958)（参考文献［54］）、KLYMAZ (1963)（参考文献［38］［39］［40］）、LOUIE (1985–86)（参考文献［50］）、LOUIE (1998)（参考文献［52］)を参照。
〈66〉　LOUIE (1985–86: 17)（参考文献［50］）を参照。
〈67〉　参考文献［67］。
〈68〉　英語名におけるポルトガル語の綴りの慣習については THONUS (1991: 31-32)（参考文献［114］）を参照。
〈69〉　ブラジルでは一般的な姓(FN)。
〈70〉　ブラジルでは一般的な、女性名(GN)。
〈71〉　ブラジルでは一般的な、男性名(GN)。
〈72〉　ブラジルでは一般的な、男性名(GN)。
〈73〉　ブラジルでは一般的な姓(FN)。
〈74〉　スペイン語圏では一般的な名(GN)。

第 6 章　差異の受容から未来へ

6.1　相互理解へ

　日本で暮らすマイノリティ・グループはすべて、それぞれに異なった歴史的経験を持っている。その違いは、日本で暮らすことになった経緯や、経てきた歴史的時空などが影響して生じたものである。彼・彼女たちの経験は、日本人との間ではもちろん、同時に、マイノリティ・グループ同士でも分かち合うべきものである。

　たとえば、オールドタイマーズのための正義が実現されなければならない。オールドタイマーズである韓国・朝鮮・中国系住民にまつわる多くの問題が未解決のまま残されている。名前の使用に関しても、韓国・朝鮮系の人々のほとんどが、生存していくためそして差別から身を守るための手段として、通称名を継続的に使うという戦略を余儀なくされてきた。歴史的背景を考えると、また彼・彼女らの経験が数世代に渡るものであることなどを考えると、ニューカマーと同じ次元では議論できない面があるし、ニューカマーと分かち合うのが困難な面もある。しかし、根本的な扱いに関して、共通する部分もある。

　摩擦が生じるのはマイノリティとマジョリティとの間だけではない。日本のいくつかの地域ではマイノリティ同士の軋轢も生じている。たとえば、本書の対象とした甲自治体では、ニューカマーの子どもたちのために年に1回から3回企画されていたイベントが、開始から3年で取りやめられることになった。きっかけは、オールドタイマーズとりわけ在日韓国・朝鮮人コミュ

ニティが地域自治体に対して、これまでオールドタイマーズに対して行政は何もしてこなかったことについて不満を表明し、説明を求めたことだ。彼・彼女らの不平と不満の理由は、正当化されて余りあるものだった。彼・彼女らにはアイデンティティや自分たちの文化、名前を守るための選択肢がなかったし、同化が強制されてきたからだ。

このケースから考えると、平等はすべての人に対して実現されねばならないものであり、しかも、何かを取り除く方向でではなく付け足していく方向で実現されねばならないものである。たとえば、消極的にイベントを中止するのではなく、積極的にオールドタイマーズの置かれてきた状況を知り改善していくために、オールドタイマーズのための、またはニューカマーとオールドタイマーズ両者のためのイベントをも開催する、などである。

いまだに正義が実現されていないのなら、その原因すべてを見つめ直す作業が必要であり、さらに、自治体などに説明を求める努力も継続する必要がある。オールドタイマーズであれニューカマーであれマイノリティの子どもたちが、歴史的な過ちや不正義の結果を押し付けられ、その負担を負わされ不利益を被らせられることがあってはならない。そこで筆者は、名前に影響する文化的、社会的、宗教的、歴史的に異なる背景を持つ人々同士が相互的な関係を築いていくことを提案したい[1]。

日本人の子孫であるか否かが、日本でどのように扱われるかという点での差異において重要な意味を持っていると見えても、ニューカマーの直面している問題と韓国・朝鮮人の経験とは、本質では、それほど異なっていないように見える。日系ブラジル人のエスニシティに関してTSUDA (1996)[2]が示すように、ほとんどの日系人は、平均的日本人によって日本人として受け入れられていないと感じている。そして、ブラジル人に向けられた差別が、日系ブラジル人の中に「カウンター・アイデンティティ」を創り出している。日本人によって「日本人」として受け入れられるという体験の欠如が、その原因である。エスニック・アイデンティティは、個人の自意識の中で内面的に育まれていくだけではなく、外部からの影響で生まれていくものでもあるのだろう。

第 6 章　差異の受容から未来へ　179

　前章までで見たすべての問題を考慮に入れたうえで、日本でエスニシティの表れる名前を使うこと、使わないこと、の背後にある重大な問題について考察してみよう。これまで見たように、四つの自治体すべてで外国人名の登録手続に重大な不注意が確認された⟨3⟩。感受性の欠如が生むこれらの不注意は、マジョリティのマイノリティに対する意識的・無意識的な態度と密接に結びついている。そして、その子どもが日本の公立学校に通っていようが通っていまいが「差異を受け入れない」という宣言、さらには、「違いがニューカマーの子ども一人ひとりにとってアイデンティティの一部であるということを理解しない」という宣言とでも理解する他ないものである。こうした態度が問題を生むのは、もちろん名前の使用や登録の場面に限られない。

　名前には文化的、社会的、宗教的、歴史的背景が反映される。そこでまず最初に、非常に配慮の欠けた登録書式が使われているのではないかと、疑ってみることを求めたい。そしてもし本書が指摘したような不適切さが見つかったなら、登録手続や登録書式の見直しに取りかかってもらいたい。その際には、手続に関連する人々やグループが積極的に関われるような柔軟な取り組みが必要である。

　文化的差異の克服は、差異の存在を可能なものとして受け入れることからのみ、始まる。次のステップは、差異の共存を許すこと、互いの違いを尊重し合うこと、自分たちの価値観を相手に押しつけないこと、そのような姿勢を確保することである。グローバリゼーションの波が経済第一の価値観を世界中に猛烈な勢いで浸透させ、また、排外的・排他的な風潮をかきたてる結果にもなっている状況下で、そのような姿勢を維持していくには、かつてなかったほどに、マイノリティ同士、あるいはマイノリティとマジョリティの間の相互の協力関係が不可欠である。そして、差異の存在を許すとは、すべての個人が自分自身でいるという基本的権利を尊重することなのである。もし、異なる形式の名前について理解し、異なる形式の名前との共存を受け入れることができるなら、他者に対する真の尊重と相互理解が開く世界への希望も見えてくるだろう。

6.2　名前だけの問題ではなく：感受性、柔軟性、交渉、妥協

　本書では、ただ名前だけの問題ではなく、名前が個人のアイデンティティやエスニック・アイデンティティにどのように関連しているかについても、多少ではあるが、触れてきた。

　ここまででマイノリティの視点を強調してきたが、ちょっと視点を変えてみよう。森住（1997）[4]は、日本人の名前の配列に関連する五つの議論を紹介している。第1に、森住は、日本人の名前の英語表記での配列が英語式の「名＋姓」に変わったターニング・ポイントはいつだったかを確認するために、歴史的外交文書を詳しく調べた。第2に、英語教育の分野に焦点を当てた。主に英語の教科書を分析し、日本人の名前がどのように表記されてきたかを観察し、表記法についての説明をなした。第3に、彼は、日本人の名前を英語式に表現すること、つまり名を姓の前に書くことを擁護・推奨する立場の議論を要約した。第4に、英語を使う際に日本語本来のスタイルで書かれた人名の具体例を挙げた。そして最後に、日本人の名前を日本語式に表記すること、つまり姓を名の前に書くことを擁護・推奨する立場の議論を要約した。

　日本人の名前を英語表記する際に名前の順序を逆にするという百年来の習慣を変えることに賛成するこの議論は、この数年、メディアでも大きな関心を呼んできた[5]。2000年に国語審議会がまとめた中間報告や、文部科学省の諮問委員会が日本人の名前を日本語の語順で書くことを推奨した後は、特にそうだ。英字新聞の論説に、次のようなものがあった[6]。

　　「文部科学省に教科書出版の認可を申請した教科書出版社7社のうち4社は、2002年度の中学校英語の教科書において、審議会の推奨に従う計画を持っていると伝えられた。2002年度は、教科書の全面的改定が予定されている。7社のうち1社はすでに推奨された変更を採用している。中学校の英語教科書市場の90％は、5社が占めている。もし名前表記の配列が推奨されたように変更されれば、この1世紀以上の中で

初めての変更だと、関係者は語った。」

　筆者は、森住(1997)が要約・紹介した五つの議論の中から、英語の中での日本人の名前の配列を英語式から日本式に変更することに賛成する立場の三つの論証を紹介したい。最初の論証は、名前とエスニック・アイデンティティの関連についてのものである。当事者にとって、自分が自分をどのように自己認識するかは、アイデンティティに関する問題そのものである。森住(1997: 51)は、日本人が英語での日本人の名前の表記を本来のものと逆の順序で使ってきたことは、「個人や民族に関してあまりにも無頓着すぎるのではないだろうか」と述べている。この無関心は、英語の授業で英語教師が、日本人の生徒に「Bob」とか「Jane」などと名前を付けるといった状況に関係している。さらに、このような行動は「英語化症候群」を促進するものであり、1947年の学習指導要領が「われわれ(日本人)の心を、英語を話す人々の心と同じように働かせること」を目指したのと同じくらい有害なものだとして、森住は注意を呼びかけている。そのような目標設定は、個人のアイデンティティとエスニック・アイデンティティへの脅威だと言うのである。
　変更を肯定する第2の論証は、異文化間の理解を尊重する立場に基づいている。基本理念は、差異の存在と共存を許すことである。森住の言葉を借りれば、「異質な存在と共存していくこと」であり 'Difference is beautiful' という認識が根底にある。彼は、名前の配列を日本式に、姓を前、名を後に変えることを強いられている在日外国人の状況を指して、異文化理解を促進すべきという原則に逆行するものだと論じている。そのような変更は、森住の考えによれば、日本人に外国人に対する優越感を与えるものなのである。
　日本では「ここのルールに従え」という意図で使われがちなのが、「ローマにおいてはローマ人のやる通りにしろ」「郷に入れば郷に従え」などの古くからの諺である。しかし、これらが本来示すのは、現地の人であれば事情をよくわかっているので、彼・彼女らの言うとおりにすれば間違いはないであろうという処世術である。他者への強制を肯定するための言い回しではないという解釈が必要ではないか。

本書では、日本社会で暮らすマイノリティが直面する問題や経験は、名前の配列の変更にとどまるものではなくはるかに深刻なものであることを、記述してきた。すでに見たように、教育委員会での外国籍の子どもの登録手続は、教育委員会の担当職員に任されており、市区町村間で大きく異なっていた。インタビューに応じてくれた担当職員たちのほとんどは、子どもの名前を日本語で書く前に保護者かその代理人に名前を発音してくれるよう頼んでいる、と答えていた。それが本当であれば、関係者が妥協点に達するための交渉に必要な最初のステップは、一応は踏まえられていることになる。後は、適正な交渉がなされ、双方当事者が相手を理解する柔軟性を持っていれば、名前の表記に関する同意は達成されるであろう。たとえ日本語の音韻によるという限界があっても、本来の音に最も近く、耳で聞いて受け入れられる音を、保護者そして名前の持ち主は見つけることができるはずである。そして、この「近い音」を、すべての外国人の名前について見つけ出し、日本語の表記システムに則って登録することは、感受性と柔軟性、交渉と妥協とが存在しさえすれば、可能なのである。

　第3の論証は、日本人の名前の英語表記の不正確さについてである。森住は、日本人の姓をファースト・ネームと、名をセカンド・ネームだと、考えている。これは名前登録や話し言葉の語順に基づく考察だが、筆者はこれに加えて、日本人はフォーマルな場面では姓で呼び合うのが一般的であること、インフォーマルな場面でしかも親しい関係の者同士でなければ、名で呼び合うことはあまりない、という点を指摘したい。多くの日本人は、西洋人とは違って、見知らぬ人や親しくない友人から名で呼ばれると居心地の悪さを感じる。この居心地の悪さという感覚は、本書の関心の基礎的要素である。これはエスニック・アイデンティティに特に敏感な人だけの問題ではない。アイデンティティ形成期にあるすべての子どもにとっても重要な、非常に繊細な問題なのである。自分たちや自分たちの文化が周りのマジョリティの人々によってどのように認識されているかについて敏感にならざるを得ないマイノリティの子どもたちの場合、特にそうである。

　人が、他人を不愉快にさせる単語や表現を避けようとするのは、合理的理

由があることであり、そのような意識を想像するのも難しくない。同様に、自分の名前こそが自分を不愉快にする単語になっており、しかもその名前で常に呼ばれている人の抱える苦悩や不愉快さも、想像するのは難しくないであろう。さらに、日本人英語教師に英語のテストで正しく書いた自分の名前を訂正されてしまった子どもの苦悩と不愉快さは、数倍も強烈なものだ。

　筆者の調査に協力してくれたブラジル人、ペルー人の子どもたちのほとんどは、学校の中で彼・彼女らが「できないこと」を強調させられることで、自尊心を傷つけられていた。日本語が話せない、日本語が書けない、言われたことがわからない、自由に自己表現できない、クラスではクラスメートと母語で話せないなど、ここでは書ききれないほどたくさんのことが、学校生活の中では強調されていた。英語教師に名前を変えられた少年のケースは、彼には自分自身の名前さえ正確に書けないと決めつけた教師の、感受性の完全な欠如によってもたらされた。この教師の視点から見ると、少年が最初に正確に書いた名前は「正しい」名前ではなかったのである。

　また、本調査では出会わなかったがよく耳にする事例として、子どもは自分の名前をひらがなで書きたいと望んでいるのに、「外国人だからカタカナでないとダメだ」と教師に拒絶されてしまうというものがある。このような教師の視点と態度も適切とは評価できまい。

　しかしそれでも、これらの問題は外国人名をどのように書くかというマニュアルが存在しないことに関連しているということを、考慮しないわけにはいかない。もちろんすべての言語や文化に対応するマニュアルを作るなど現実的に不可能だから、そのようなマニュアルが存在すべきだと言うわけではない。それでも、たとえば、名前の取扱いに求められる配慮やその要点をまとめたチェックシートのようなものは必要であろう。そして、この問題は、数多くの微妙な政治的・文化的論点があるので、どのように標準化をすることができるかの判断にかかっている。教育委員会の担当職員各人の聴き取り能力や名簿作成技術の違い、そして外国人が自分の名前を書いたり言ったりしなくてはならない状況のすべても、注意深く考慮する必要がある。

　ここで筆者は、四つのキーワードを強調しておきたい。関係当事者すべて

の、感受性、柔軟性、交渉、妥協だ。

　研究対象とした市区町村のさまざまな部署の公務員から返ってきた最も一般的な説明は、私たちは外国人の名前について何も知らない、というものだった。異なる由来と文化的背景を持つ名前に対する無知は理解できるとしても、疑問は残る。外国人名を日本語で記入する際の注意の欠如に関して、この説明が弁解になるのか？　答えは、否、だ。いったんこの問題についての注意が求められたら、手続の検討・改善をすることが期待されるのである。筆者は、この問題の存在に一人でも多くの学校関係者が気づいてくれること、そして、名前登録手続の検討・改善がなされることを期待している。この問題は、ブラジル人、ペルー人の子どもだけが直面しているものではなく、暮らしているのが日本であれ日本以外であれ、マジョリティとは異なる文化的背景を持つすべてのマイノリティが直面している問題なのである。

6.3　文化的アイデンティティへの契機としての名前

　すでに幾度も論じてきたように、名前は、その人の所属するエスニック・グループと関連している。この意味で名前は、文化的アイデンティティにつながる契機、出発点として機能しうる。

　ニューカマーのブラジル人やペルー人の子どもたちが日本の名前以外の名前を使うか使わないかについての態度には、各人のさまざまな戦略に応じて明確な違いがある。一人ひとりの子どもたちの経験は実にさまざまであり、一般化するのは難しい。しかし、自分の名前に対する子どもたちの態度はいくつかの段階を通過していくものであり、そこに文化的アイデンティティ[7]との密接な関連が見て取れる。

　子どもたちの意識は、下記のように、実にさまざまな段階をたどる。

・自分の名前に対する認識の段階
・自分のエスニック・ネームに与えられた重要性に気づく段階

・友だちをつくりたい、周りに受け入れられたいと熱望する段階
・母語・継承語を維持しようとする段階
・変化に対して柔軟な段階
・過去の経験に満足および不満足を感じる段階
・自分の名前のバリエーションの存在に耐える段階
・新しい環境への適応の段階

　子どもの性格、過去および毎日の学校での経験、暮らしているコミュニティでの経験、そしてその他の数多くの要因の影響を受け、自分の名前に対する態度は一人ひとり異なっている。はっきりとした関連性の存在を断定することはできなかったが、日本でエスニシティの表れる名前を使うか使わないかということは、自分がエスニック・グループとつながっているかどうかという点について、自分をどのように見せたいか、そして、どのような文脈で見せたいのかということと、非常に密接に関連しているようであった。言い換えると、マジョリティとは異なる自分たちのルーツや背景を知られないように、あるいは、関係があると思われないように、エスニシティを表す名前を意識的に避ける子どもたちが存在していた。しかし同時に、どんな文脈においてもどの名前を使うかについて無関心な子どもたちも存在した。
　筆者は、子どもたちの態度に応じて子どもたちをカテゴリーごとに分類することで議論を展開しようとは考えていない。もしそのような分類が可能だとしても、筆者の見るところ、子どもたちの態度は、主に個人的な選択によるものであり、子どもたちの感情の状態やアイデンティフィケーション、戦略によって、ダイナミックな変化が流動的に生じるので、分類は確定的なものではないし、あえて分類する必要性も感じられないからである。仮にそのような区分が必要だとしても、それは関係当事者にとって自発的でかつ有意義だと見なされるものでなくてはならず、筆者がなすべきこと、できることとは考えられないのである。
　以下に、子どもたちの態度に見られた主な傾向をいくつか紹介するが、同じ子どもであっても自己認識の違う局面に入れば違う傾向を示すだろうこと

を、あらためて強調しておく。本研究では、エスニシティの表れる名前を使うか使わないかに関して、次のような六つの局面が観察された。

- **同化の局面**：この局面に、完全にあるいはほとんど完全に位置する子どもは、ほとんどの文脈において、エスニック・ネームをほぼ排除し日本の名前を使っている。この子どもたちの周りには、彼・彼女らの異なる背景を知っている人々がいる可能性もあるが、この局面の子どもは、意識的あるいは無意識的に、自分たちのルーツや背景をほとんど見せないし、連想させることもない。その原因が、同じ背景を持つ人々とはまったく接触がなかったためであるとか、同じ背景を持つ人々から完全に孤立しているための場合もある。適応または同化が最も進んだ局面である。
- **戦略の局面**：エスニック・ネームを使用するかどうかを、状況に応じた戦略的視点で決定するという、いっそう意識的かつ注意深くなった局面である。どの名前を使うか、ある種の自由を獲得している。この局面では、文脈に応じてどの名前を使うのが最善かを、戦略的に選択する。置かれた文脈で自己イメージをどのように構築できるかに大きくかかっている。この局面では、他と異なることが煩わしいと考えれば、日本の名前を使って日本人として「やり過ごす」。
- **自意識の局面**：この局面の子どもは、自己のルーツや背景に関連する自分の名前に対して、非常に自意識が強い。自分のエスニック・ネームが他の人々によってどのように扱われるかに対して、非常に敏感である。名前とエスニック・グループの間に強い関連性があり、それを重要視するからだ。
- **抵抗の局面**：この局面の子どもは、単に自意識の問題にとどまらず、自分のエスニック・ネームが他の人々に適切に扱われなかった場合、強烈な抵抗を見せる。名前の変容を受け入れることに対して抵抗が強く、忍従はしない。同化や適応を要求する圧力に対して強力な抵抗を見せる。抵抗のための強力なカウンター・イメージを構築し、それが他の態度に

も関係している。
- **無関心の局面**：どの名前を使うかについて意味をもたせず無関心な局面である。二つの理由があると思われる。一つは、自らのエスニシティや文化的背景との関連性に対する関心の欠如。もう一つは、日本の名前でもそれ以外の名前でもどちらでもいいと考えていることだ。
- **柔軟な局面**：この局面の子どもは非常に柔軟で、名前に好みがあったり自分たちのルーツや背景について意識的だったりするが、自分をどう呼ぶかについての他の人々の好みにも理解を示す。高度の忍耐力を持っていると解釈することも可能である。このような高度の忍耐も、この局面の子どもにとっては、他に優先するものがあるので、それほどストレスにはならないように見受けられる。

これら六つの局面はそれほど明確に分かれているのではなく、情況によってはいくつかの局面が混合した態度となって表れる。それゆえ、この局面の区分けは、エスニシティの表れる名前の使用に関する態度を考える際の参考となるに過ぎない。

6.4　言語的人権としてのエスニック・ネーム

慣習も価値観も異なる新しい環境に移動した時は、誰でも、不安と戸惑いの感覚を強く覚える。そしてこの感覚は、新しくやって来た者とそれを迎える側、双方に生じるが、考慮しなくてはならないのは、新しくやって来た者の方が格段に大きな不安を抱いているということである。と言うのは、新しい環境で何が待っているかまったくわかっておらず、その土地で生きるために必要なことに関するあらゆる種類の基礎的情報へこれからアクセスできるかどうかに、今後の生活すべてがかかっているからである。

学校との関係にも、似た状況がある。教師も保護者も子どもも、何が待っているのかわかっていない。そして、子どもたちの不安の方が大人たちの不

安よりもはるかに強烈だということは、それほど想像力を働かせなくても理解できるであろう。社会的地位の違いも、注意深く考慮すべき可変要因である。保護者と教育委員会の担当職員との間の交渉でさえ、力関係の厳然たる存在のため、対等のものではない。一方は、学校に子どもを登録するための手続を知り、状況をよりコントロールできる人物であり、その子どもが通うことになる学校について知っており、言い換えると、何が待っているかを知っている。この人物は、登録書式に記入する必要のある情報を、名前の登録方法を含めて、積極的に尋ねて聞き出しさえすればいい。この局面では、実際のところ、保護者に子どもの名前をどう登録したいか尋ねることは、とても難しい。なぜなら、子どもの登録に際して保護者には、他に心配すべきことが山ほどあるからだ。

　分析した子どもたちのケースに基づいてここで強調したいのは、ニューカマーの子どもの「日本の名前以外の名前」を扱う時には、一層の注意と感受性が必要だということである。ただし、注意が必要というのは、どの名前を使いたいかを尋ねれば十分という意味ではない。保護者に子どもの名前をどう登録したいかを尋ねることは、それ自体すでにある種の強制を意味するからだ。ニューカマーにどの名前を好むかを選択させる質問をすることよりも、むしろ、学校を多様な存在を受け入れる環境に変えていくことに、一層の努力を注ぐべきである。

　観察した子どもたちのほとんどのケースでは、学校に転入してきた最初の日にどう紹介されるかで、その学校でどう呼ばれるかが決まったようである。コミュニケーションの手段が欠如した中で、子どもは普通、日本の学校の伝統に従って紹介される。その状況について二つの説明が可能である。最も一般的なのが、紹介する教師に、子ども自身は違った形で紹介されたいのかも知れないと考える感受性と想像力が完全に欠けているという説明である。もう一つは、教師がニューカマーの子どもの同級生とのある種の接点を見せようと特別な配慮をした、という説明である。どちらのケースでも子どもたちは、どのように紹介されれたいのかを、自分たちの理解できる形で尋ねられることはなかった。そもそもブラジルにもペルーにも、登校初日にク

ラスメート全員の前で自己紹介をしなければならないという習慣はないのである。新しい環境への不安に加えて、教室の前方に立たされ、クラスメート全員の注目を浴びる中で日本語での自己紹介を求められる経験は、多くの子どもたちが日本での最もトラウマ的な体験の一つだったと語っている。その状況があまりに衝撃的だったので、どう自己紹介したかも思い出せないと言う子どもたちもいた。そのため、登校初日にどの名前を使ったかを教えてもらうのは非常に難しかったが、子どもたちが現在どう呼ばれどう名前を書いているかを出発点にすれば、初日にどうやって紹介されたか、いくつかの仮説を立てることはできた。子どもが日本の名前を持っていてそれで呼ばれはじめると、その名前に皆が慣れてしまった後で別の呼び名に変える機会など残されていないからである。

　誰かが外国籍の子どもの名前を変えたり変形したりするということも少なからず観察された。そこでは、子ども自身がどう呼ばれたいかよりも、呼ぶ側が発音しやすいかどうかが考慮されていた。「……と呼んでもいい？」「これ、OK?」といった質問によって、名前の変更や変形がなされる。これは、ニューカマーの子どものために愛称を「創造」したり名前を単純化したりする試みにもつながっている。関係者相互の距離感を縮めるための方法かも知れないが、状況をよりコントロールできる側による押しつけでもある。ケース・スタディの「ケース3」の例では、子どもは愛称で呼ばれることに慣れすぎて、本当の名前を忘れてしまっていた。

　もう一つの問題は、日本の名前で呼ばれる時とそれ以外の名前で呼ばれる時とでは、異なったイメージや異なったアイデンティティが存在するかに見えるということである。

　そして、これらの議論すべてが、児童の権利条約第7条と第8条で掲げられた子どもたちの権利に実際に関連する。特に第8条は、子どもが自分のアイデンティティを保持する権利を強調しており、その中には、国籍、名前、家族関係が含まれている。そしてこれらの権利は、本研究が見てきたように、本研究で指摘してきたすべての状況や問題に対して一層の注意が向けられない限り、脅威にさらされつづけているのである。日本式の名前、簡略化

された名前で自己紹介をさせられ、自分の出自にまつわるすべてを日本式なものに変えて使うことに慣れていくと、将来、以下のような問題で子どもを苦しめることになりかねない。

・自分のフルネームを知らない。
・自分の正式な名前を母国語で書けない。
・自分の正式な名前を間違えて書く。
・親や兄弟姉妹、その他の家族の名前を母国語で書けない。
・エスニック・ネームで自分を示すことに恥ずかしさや圧迫感を感じる。
・本当の名前でも正確な名前でもない名前で呼ばれつづけて、そのことに感じる圧迫感から逃れられない。

　これらの状況はすべて、子どもたちの言語的人権に関係する論点である。名前は、誰の名前でも、それがエスニシティを表す名前でもそうでない名前でも、自尊心に関連しており、生まれた時に名前をもらえるくらいのケアを受けていた存在であることの証でもある。名前が人を呼ぶための実際的な機能のみを持つものと見なされた時に、忘れられてしまう大事なものがあるのだ。そして、子どもを迎え入れる側の人たちが名前のそのような重みを尊重しない態度を示すことは、その子どもの心にもつらく厳しいメッセージを送ることになるのではないか。ありのままの自分は、ここでは受け入れられないのだ、と。
　名前の持つこのような側面を常に心に留めておくべきである。しかし同時に、人間の子どもはほとんどの場合、友だちや、自分を好きでいてくれる人たちに囲まれていることを何よりも望んでいるということも忘れてはならない。誰でも、周囲の人々に歓迎されたいし、周囲のために貢献したいし、そうすることで、自分の存在意義を感じたいのである。子どもたちは、自分のエスニック・ネームについて自意識や好みがあっても、多くの場合、学校でのマジョリティ・グループの一員として受け入れられるための努力に力を注ぐ。エスニシティ表す名前が、この努力を脅かすと考えた時、子どもたちは

その名前を使わなくなる。差異を差異として、また、個人の個性として受け入れることが、ホストである受入側社会とマジョリティ・グループのメンバーの責任である。これは、さまざまなルーツや背景を持つ人々が居心地のよさを感じるような環境に変えていくことであり、違ったふうに呼ばれたいと本人が感じるのならそれを歓迎するような環境に変えていくことでもある。

6.5 結び

　歴史を振り返れば、伝統がどのようにして変化と共存できるかは、常に、人類にとって重要なテーマであり続けてきた。それは現代でも同様である。現代社会では、物事の変化の速度は、かつてないほど、多くの人々の意識がついていけないほど、速くなっている。価値観も同時に変化し、「常識」と見なされてきたものも常に再評価を迫られている。すべての人が変化に慣れるには時間が必要であり、他の人より多くの時間がかかる人がいるのも当然である。そこに軋轢が生じることはあっても、しかしそれは、人類が歴史を通じて歩んできた道なのである。

　世界の発展のこのようなプロセスを心に留めるなら、移動手段が発達し、地球上のあらゆる場所からあらゆる地域への人の移動が容易になってきた時代に、「何が常識か」について人々の間に摩擦が生じるのは自然なことと理解できよう。そして、異なる背景を持つ異なる人々、異なる文化が、摩擦を超えてどうやって平和に共存していくかが、今や人類の課題なのである。

　理解がキーワードだ。交渉し理解することこそ賢明なる知恵である。本書では、名前の観点から、「文化が違えば物ごとも違い、物ごとに与えられる意味も違う」ことを示してきた。

　自分たちのものとは違うタイプの名前や名付けの伝統に関する知識は、より良い関係の構築に向けた理解を深めるうえで不可欠である。この第1部では、マイノリティの名前がどのように扱われているかに関する問題のいくつ

かを指摘し、論じてきた。今や、子どもたちが生活するのは一つの国に限られず、二つ、三つ、あるいはそれ以上の国で暮らす経験を持つような時代なのだと、気づくべき時だ。姓も名も一つに限らないしこの配列とも限らないという、名前に関する「常識」を受け入れるべき時なのだ。

日本で暮らすマイノリティも、社会の一員として、そして住民としてさらには市民として、ここに存在し暮らしていく権利を持っている。そのような権利ははっきりと保障されるべきであり、そうした方向へ向かうための日本にとってのキーワードは、歴史上の過ちの是正と反省だ。人種差別的なイデオロギーがきっぱりと禁止され平和の名の下に罰せられてこそ、人類は進歩でき、マイノリティは社会に普通の参加者として参加できるようになるだろう。これがなされた後で初めて、大人は、マイノリティの子どもたちを納得させる言葉を持つだろう。「自分が一番使いたい名前を使っても恐れなくていい」と。この方向に向かうために、本書が貢献することを願ってやまない。

結論に入ろう。日本における外国人の名前の登録手続、中でも教育分野での手続きに関して、配慮あるものに変える行動が早急に求められている。第1に、現在の登録手続を問い直す必要がある。そして、見直しと、外国人名の登録をどのように行うべきか、注意深く計画を立てる必要がある。これは、関係するさまざまな当事者グループの代表者による協議を通してなされねばならない。日本において名前に関する問題が、どのような歴史的背景と関連するものであり、自分や子どもたちの将来にとっていかに重要な意義を持つものであるのか、当事者自身が気づいていないこともあるので、積極的な呼びかけや情報提供が重要になってくるだろう。

国境を越えた関係がますます必要になってきている時代には、エスニシティに関する議論がもっともっと行われるべきだ。これは、日本政府がどんな自己イメージを持ちたいかとか、どんなふうに他者から見られたいか、といった議論にとどまらない。日本政府と日本人が、日本で暮らすマジョリティとは違った背景を持つ人々と、互いの義務と権利を尊重しながら、どうやって共生できるかの議論でもある。それは非常にタイムリーで重要な議論

であり、グローバル社会における日本の位置を見つめ直す作業と同時に扱われねばならない。差異に対する本当の理解を見せ、自分たちの価値観で計るための物差しに他者を載せるなどしなければ、多文化社会として日本は、本当の意味での「国際化」のプロセスを真に歩きはじめることができるだろう。そのための良いスタートは、名前をどう登録すべきかを交渉する時に、登録される側の状況や思いに対する感受性と、登録される側の文化的背景などを学びつつそれに合わせて登録書式などを変更していく柔軟性、そして交渉のための開放的な姿勢を見せることなのである。

〈注〉
〈1〉 たとえば、2005年に神戸で始まった多民族共生教育フォーラムは、その一つの試みである。筆者もその準備に関わってきたが、中華学校や朝鮮学校、ブラジル学校やペルー学校など、さまざまな背景を持つ外国人学校が、協力関係の構築を通して情報や経験を交換し合い、公的支援の充実を求めていくというその動きは、今後、ますます重要性を増していくであろう。
〈2〉 参考文献［115］参照。
〈3〉 感受性の欠如と一言で言っても、研究対象とした市区町村それぞれに違った形で存在した。
〈4〉 参考文献の［67］を参照。
〈5〉 参考文献［6］［69］［128］の新聞記事を参照。
〈6〉 参考文献［69］のMURAI（2000）を参照。
〈7〉 ここでは子どもたちの態度の文化的側面を強調するために、「エスニック・アイデンティティ」ではなく「文化的アイデンティティ」という語を使っている。

第 2 部
日本で出生登録がされた
ブラジル人の名前
（2005–2007 年）
の分析

第 7 章　日本で出生登録がされた
　　　　　ブラジル人の名前

7.1　はじめに

　博士論文を基にまとめた本書第 1 部では、「日本語指導が必要な外国人児童生徒」の名前に焦点を当てた。そこで取り上げた「外国人児童生徒」は、ほとんどが外国で生まれ、ある程度母国で成長してから保護者に連れられ日本にやって来た子どもたちであった。しかしその後、博士論文提出から 8 年が経過する間に、新しい状況が現れてきた。筆者はフィールド調査を行った地域のブラジル人コミュニティとの関わりを、博士論文執筆後も教育支援活動などを通じて持ちつづけてきたのだが、そのさまざまな場面で、日本で生まれ育ち日本の公立学校に通っている子どもたちと接する機会が急激に増えてきたのである。

　その間、保護者の雇用形態の不安定さは以前と何ら変わっておらず、また、多くの在日ブラジル人の意識は「一時滞在」のままでありつづけているかに見えたが、実態としては日本社会への定住化が進んでいた[1]。滞在が長期化すれば日本で生まれる子どもが増えるのはもちろん、そうして生まれた子どもたちが日本で成長していくのも自然な流れであった。そして生じたのは、ブラジルの名前を持っているにも関わらず、その名前で呼ばれることはほとんどなく、ましてやその名前をアルファベットを使って書くこともできない子どもが増えているという現実だった。中には、ブラジルに一度も行ったことのない子どもも少なくない。

　こうした状況に接するうちに一つの仮説が浮かんできた。日本生まれのブ

ラジル人の子どもたちの正式な登録名に日本での暮らしの長期化を反映した何らかの特徴があるのではないか、という仮説である。具体的には、実態としての定住化傾向を受けて、従来のブラジル式の名前を選ぶ保護者が減少して日本式の名前、つまり「名一つ、姓一つ」という形式を選ぶ動きが生まれているのではないか？

この仮説を実証するには、近年の在日ブラジル人の出生届に関するデータが必要である。幸いにその願いは叶い、東京の駐日ブラジル総領事館から2005年、2006年、2007年に出生届が提出された子どもすなわち日本で生まれた子どもの名簿の提供を受けることができた。ただ、当該名簿の基礎となった届出がなされた期間がわずか3年と短いため、命名の傾向の経年的変化を分析するには不十分である。そこで第2部では、その名簿を基に、近年日本で生まれたブラジル人の子どもたちの名前の特徴を分析する。

7.2 背景とデータ

7.2.1 在日ブラジル人人口の推移

まず、在日ブラジル人の人口がどのように推移してきたかを、出生届の受理件数によってではなく、子どもの人口に焦点を絞って、見てみよう。

表1の上半分にはブラジル籍の外国人登録者について、1997年、2000年、2005年、2006年、2007年の各年末時点での人数と、『在留外国人統計』[2]で用いられている年齢区分のうちおおよそ中学生以下にあたる年齢層ごとにその人数とブラジル籍外国人登録者数全体に占める割合を記載している。また、表の下半分には比較のために、同様の年齢区分での2007年末時点でのデータを、外国人登録者全体と国籍(出身地)別人数で最多の「中国」と2番目に多い「韓国・朝鮮」について併記している。

2007年の外国人登録者全体とブラジル籍登録者の数値を比較すると、外国人登録者全体の年齢層別割合が0–4歳は3.1%、5–9歳は3.2%、10–14歳は2.9%であるのに対して、ブラジル人では順に5.8%、6.0%、4.6%と全登

表1 国籍(出身地)別・年齢別・外国人登録者数の推移

		0–4歳	5–9歳	10–14歳	15歳–	全体
ブラジル	1997年	12,935 (5.5%)	8,866 (3.8%)	8,019 (3.4%)	203,434 (87.2%)	233,254 (100%)
	2000年	17,368 (6.8%)	11,005 (4.3%)	10,210 (4.0%)	215,811 (84.8%)	254,394 (100%)
	2005年	17,186 (5.7%)	17,476 (5.8%)	11,328 (3.8%)	256,090 (84.8%)	302,080 (100%)
	2006年	17,959 (5.7%)	18,611 (5.9%)	12,876 (4.1%)	263,533 (84.2%)	312,979 (100%)
	2007年	18,470 (5.8%)	18,974 (6.0%)	14,490 (4.6%)	265,033 (83.6%)	316,967 (100%)
韓国・朝鮮 2007年		11,757 (2.0%)	15,153 (2.6%)	18,348 (3.1%)	548,231 (92.4%)	593,489 (100%)
中国 2007年		13,690 (2.3%)	12,173 (2.0%)	12,022 (2.0%)	569,004 (93.8%)	606,889 (100%)
外国人登録者全体 2007年		67,137 (3.1%)	68,622 (3.2%)	63,276 (2.9%)	1,953,938 (92.4%)	2,152,973 (100%)

(単位：人。数値は各年末時点のもの)

録者の場合に比して高くなっている。また、ブラジル人のデータを1997年と2007年で比較すると、0–4歳は5.5%から5.8%に、5–9歳は3.8%から6.0%に、10–14歳は3.4%から4.6%へと、低年齢世代の比率が大きくなっている。このような傾向は、日本国籍者の総人口の超少子高齢化傾向や人口減少傾向とは大きく異なる。人口規模でブラジル人よりも大きい在日「中国」人・「韓国・朝鮮」人との比較でも、低年齢層の割合が極めて大きく人数もまた多いという在日ブラジル人の人口構成の特徴が見て取れる。

表2は、本研究のために名簿を提供してくれたブラジル東京総領事館の管轄区域で暮らしているブラジル人の人口推移を知るべく、表1と同様の年齢区分別で外国人登録者数とその推移をまとめたものである。

駐日ブラジル東京総領事館の管轄区域は、関東甲信越以北の17都道県(北海道、青森、岩手、宮城、秋田、山形、福島、茨城、栃木、群馬、埼玉、千葉、東京、神奈川、山梨、長野、新潟)である。

2007年末にこの17都道県において外国人登録をしていたブラジル人は

200　第 2 部　日本で出生登録がされたブラジル人の名前（2005–2007 年）の分析

表 2　年齢別・外国人登録者数の推移―東京総領事館管轄区域を中心に―

			0–4 歳	5–9 歳	10–14 歳	15 歳 –	全体
外国人登録者全体	ブラジル国籍	全国 ブラジル東京総領事館管轄区域	2007 年	18,470 (5.8%)	18,974 (6.0%)	14,490 (4.6%)	265,033 (83.6%)	316,967 (100%)
			1997 年	5,016 (5.2%)	3,325 (3.5%)	2,989 (3.1%)	84,445 (88.2%)	95,775 (100%)
			2000 年	6,259 (6.2%)	3,927 (3.9%)	3,585 (3.6%)	86,877 (86.3%)	100,648 (100%)
			2005 年	5,271 (5.2%)	5,493 (5.4%)	3,645 (3.6%)	86,727 (85.8%)	101,136 (100%)
			2006 年	5,249 (5.2%)	5,613 (5.6%)	4,018 (4.0%)	85,871 (85.2%)	100,751 (100%)
			2007 年	5,149 (5.2%)	5,528 (5.6%)	4,407 (4.4%)	84,395 (84.8%)	99,479 (100%)
			2007 年	33,215 (3.2%)	33,611 (3.2%)	30,527 (2.9%)	951,398 (90.7%)	1,048,751 (100%)

（単位：人。数値は各年末時点のもの）

99,479 人で、ブラジル籍外国人登録者全体（316,967 人）の 31.4% に当たる。表 1 で示した各年末時点での全国のブラジル籍外国人登録者数を併せ用いることで 2006 年以前のこの割合を計算すると、1997 年は 41%、2000 年は 39.6%、2005 年は 33.5%、2006 年は 32.2% であり、東京総領事館管轄区域のブラジル人人口が全国で占める割合は減少している。その背景には、名古屋総領事館管轄区域（東海地域を含む、上記以外の 30 府県）で暮らすブラジル人人口が、東京総領事館管轄区域のブラジル人人口よりも大きな勢いで増加してきたことがある。

　一方、0 歳から 14 歳までの年齢層に着目すると、東京総領事館管轄区域内で外国人登録をしている低年齢層のブラジル人の割合は、2007 年を見る限り、全国平均より若干低いものの全国の傾向とほとんど変わらない。

　上述のようにこの第 2 部で扱うのは、駐日ブラジル東京総領事館から提供を受けた名簿に記載されていた名前である。この名簿は 2005 年から 2007 年の 3 年間に東京総領事館宛になされた届出に基づくものであり、ブラジル人人口が最も多い東海地域（愛知県や静岡県など）で暮らすブラジル人の名

前は、名古屋総領事館の管轄であるため、今回分析するデータには含まれない。しかし、東京総領事館の管轄区域の在日ブラジル籍外国人登録者の人口構成は、表2から全国平均と大きくずれていないであろうと推測できるうえ、在日ブラジル人コミュニティが管轄総領事館ごとに分断されてそれぞれが独自の文化圏を築いているわけでもない。それゆえ、東京総領事館管轄区域内で出生した子どもの名前の特徴を分析することによって、在日ブラジル人の新生児の名前の特徴を把握することも可能と考える。

7.2.2　分析対象データの絞り込み

入手した名簿には明らかに重複しているデータやタイプミスと思われるデータなどがあったので、まずそれを除外すると、全体で3,477名分の名前が残った。ただ、そこには該当年に死亡届が領事館に提出された人物の名前や、出生から数年後に出生届がなされた子どもの名前も記載されていたので、それらも除外して、近年の命名の傾向を抽出しようと考えた。その結果、2005年から2007年の間に東京総領事館に出生届のあった子どものうち2005年から2007年の間に生まれた子ども2,844名分の名前に分析対象は絞られた(表3)。

表3を見ると、出生年中に出生届がなされた人数は、2005年699人、2006年793人、2007年828人であり、増加傾向にある。筆者はここ数年、特に2000年以降、在日ブラジル人コミュニティとの関わりのさまざまな場面で、コミュニティでベビーブームが起きているようだとの印象を受ける機会が少なくなかったが、表3の数字はその印象を裏付けるものと言えよう。

表3　届出年・出生年別人数

届出年	入手データ全体	出生年別人数 2005年	2006年	2007年	合計
2005年	1,045	699			699
2006年	1,206	246	793		1,041
2007年	1,226	41	237	828	1,106
累計	3,477	986	1,030	828	2,844

ここで、領事館への出生届が出生年の翌年以降になされるケースが生じる理由を説明しておく。日本国内で暮らすブラジル人が子どもの出生届に関する手続を完了するには、ブラジル国籍の保護者の少なくとも一人が領事館に出向かねばならない。しかし、上述のように領事館の管轄区域が広範囲にわたるため、子どもが生まれてもすぐには領事館に出向けない場合が少なくない。同様のことはブラジル国外のさまざまな地域で生じうるので、国外在住者の領事館への出生届提出期間は緩やかに定められており、子どもの出生年中に手続を完了する必要が法律上はないのである。そこで、子どもが生まれるとただちに自治体での外国人登録手続や健康保険等に関連する届出はするものの、間近に予定している海外渡航のためブラジルのパスポートが必要であるなどの緊急性がない限り、出生届は翌年以降に行うといったケースが珍しくないのである。

7.2.3 入手データ全体に見る名前の個数

2005年から2007年に出生した子どもの名前の分析に取りかかる前に、表3の「入手データ全体」(3,477人)の内容を概観しておこう。「名前の個数」と「届出年」とを基準に分類すると(表4)、2005年、2006年、2007年とも、東京総領事館に最も多く届出(死亡届や2004年以前に出生した子どもの出生届を含む)がなされたのは名前が三つの人たちで、全体の47.3%を占める。次に多いのは名前が四つの人たち(33.2%)、これら二つの形式で全体の8割を占める。

表4 届出年別・名前の個数別・届出のなされた人数　　(単位：人)

名前の個数＼届出年	2005年	2006年	2007年	累計
2個	188	184	214	586 (16.9%)
3個	488	580	575	1,643 (47.3%)
4個	343	403	409	1,155 (33.2%)
5個	25	39	27	91 (2.6%)
6個	1	0	1	2 (0.5%)
合計	1,045	1,206	1,226	3,477 (100%)

この傾向は、第1部で分析した4市区町村のデータとは明らかに異なる。すなわち、第1部で分析したデータでは、自治体の登録方法によるバラツキはあったものの、全体で見ると、二つの名前の登録が最も多く、その次が名前三つ、3番目が名前四つで、名前が五つのケースは、ペルー人にはあったものの、ブラジル人ではゼロであった（第1部第5章参照）。ところが、今回ブラジルの東京総領事館から提供を受けたデータ3,477件中には、名前五つの事例が91件(2.6%)含まれていたほか、わずか2例(0.5%)とはいえ、名前六つの事例もあった。ブラジル人の名前の多様性を一層強く感じさせるデータである。

7.2.4　2005年から2007年に生まれた子どものデータに見る名前の個数

それでは、2005年、2006年、2007年に出生した子どもの名前に限定すると、名前の数にはどのような傾向があるか。概略をまとめたのが表5である。

多い方から名前三つが48.6%、名前四つが35.3%、名前二つが13.5%、名前五つが2.6%で、これらでほとんどすべてを占めており、この順序は表4の全体データとまったく同じであり、比率も名前2個の比率が若干小さいもののほぼ同様である。データを収集できたのがわずか3年分でしかもその対象期間が2005年から2007年と短いため、経年変化を読み取るのは不可能である。

表5　子どもの出生年と登録された名前の個数　　（単位：人）

名前の個数＼出生年	2005年	2006年	2007年	累計
2個	120	145	119	384 (13.5%)
3個	469	503	411	1,383 (48.6%)
4個	368	355	280	1,003 (35.3%)
5個	28	27	18	73 (2.6%)
6個	1	0	0	1 (0%)
合計	986	1,030	828	2,844 (100%)

7.3 名前の配列と個数

7.3.1 名前の配列

以下では、表5で分類した2,844名の名前を、その配列に着目してさらに細かく分析する。そこで活用する表6から表16の中には、表中に示した名前の配列で登録されている人数が0人となっているものがいくつかある。それらの配列は、入手した3,477人分の名前の中にあったが、2005年、2006年、2007年に出生した子どもの名前を抽出した際に抜け落ちたもの、つまりこの3年間に生まれたとして2007年までに登録された子どもの名前にはなかった配列である。本論文の分析対象には含まれない形式なので削除することも考えたが、その配列の名前が存在する可能性を何らかの形で残して名前の配列の多様性を示すべきだと結論し、欄を設けたうえで0人とする方法を採用した。

7.3.2 名と姓の配列の概要

表6は、2005年から2007年に出生した子どもの名前を、出生年別に、名前の個数、名（GN）と姓（FN）の配列に着目して分類したものである。

表6で人数が1,383人と最も多い、名前の個数が三つのグループをまず見てみよう。名（GN）と姓（FN）の配列で分類すると、名一つの後に姓が二つ続く配列（1GN-2FN）、姓一つの後に名が二つ続く配列（1FN-2GN）、名二つの後に姓が一つ続く配列（2GN-1FN）の3種類があった。そのうち最も多いのが、名二つの後に姓が一つ続く配列で、名前三つが登録された子ども全体の66.9％を占める。次に多いのが、名一つの後に姓が二つ続く配列で33.0％。そして、姓一つの後に名が二つ続く配列が2件（0.1％）あり、これはブラジルの名前の通常の配列と異なる。非常に興味深い事例であり、いずれも中国系の名前であった。親がブラジル人と中国人との国際結婚カップルというケースや、中国系ブラジル人というケースが考えられるが、十分な情報がないので、これ以上の言及は不可能である。

表6で二番目に人数が多い名前四つのグループにも、名前の配列は3種

表6　名前（名（GN）と姓（FN））の個数と配列：出生年別

名前の個数と配列		出生年別人数				累計
個数	配列	2005年	2006年	2007年	小計	
2個	1GN-1FN	120	145	119	384（100%）	384（13.5%）
3個	1GN-2FN	151	175	130	456（33.0%）	1,383（48.6%）
	1FN-2GN	1	1	0	2（0.1%）	
	2GN-1FN	317	327	281	925（66.9%）	
4個	1GN-3FN	30	18	19	67（6.7%）	1,003（35.3%）
	2GN-2FN	325	330	252	907（90.4%）	
	3GN-1FN	13	7	9	29（2.9%）	
5個	1GN-4FN	3	3	1	7（9.6%）	73（2.6%）
	2GN-3FN	22	20	14	56（76.7%）	
	3GN-2FN	3	4	3	10（13.7%）	
6個	2GN-4FN	0	0	0	0（0%）*	1（0%）
	4GN-2FN	1	0	0	1（100%）	
合計		986	1,030	828	2,844	2,844（100%）

（単位：人。小計列の（）内は、その行の配列の名前が、同数の名前のグループに占める割合。）
＊入手したデータ3,477件中にはあったが、2005年から2007年に生まれたとして2007年までに出生届がなされた子どもの名前にはなかった配列である。

類あった。そのうち名二つの後に姓二つが続く配列（2GN-2FN）が最も多く、名前四つが登録された子ども全体の実に90.4%に上る。次に多いのが、名一つの後に姓三つが続く配列（1GN-3FN）で6.7%、最後が名三つの後に姓一つが続く配列（3GN-1FN）で2.9%であった。複合姓を登録した事例が97%を占めている点が注目に値する。

　名前五つの事例は、全体の2.6%に過ぎないが、73件あった。そのうち最も多いのは、名二つの後に姓三つが続く配列（2GN-3FN）で、名前五つが登録された子ども全体の76.7%である。次に多いのが、名三つの後に姓二つが続く配列（3GN-2FN）の13.7%で、最も少ないのが、名一つの後に姓四つが続く配列（1GN-4FN）の9.6%であった。理論上は、名四つの後に姓一つが続く配列（4GN-1FN）も考えられるが、入手した名簿にそのような事例は見られなかった。

7.3.1 名と姓の配列の詳細
7.3.3.1 登録された名前が二つのグループ

以下では、登録された名前の数が二つのグループから三つ、四つのグループといった順で、名前の配列の詳細な分析を行う。

表6で見たように、2005年から2007年に生まれた子どもの出生届で名前二つが登録されていたのは分析対象データ2,844件中の384件（13.5％）で、そのすべてが名一つの後に姓一つが続く配列（1GN-1FN）であった。しかし、その配列はより詳細に分類できる。名が日本名か非・日本名か、姓が日本姓か非・日本姓か、そして前置詞 de や姓の一部としての Junior、Filho などが含まれるかが、その指標となる。表7は、これらを指標として分類したものである。

表7　名前二つの場合の名と姓の配列の詳細　　　（単位：人）

1GN-1FN		出生年			
		2005年	2006年	2007年	累計
①	JGN-JFN	78	87	67	232
②	JGN-NJFN	2	0	1	3
	JGN-(1)-NJFN	0	1	0	1
③	NJGN-JFN	36	50	45	131
④	NJGN-NJFN	4	5	6	15
	NJGN-(1)-NJFN	0	2	0	2
合計		120	145	119	384

(1) 前置詞(de)、あるいは前置詞と定冠詞を組み合わせたもの(do, da, dos, das)の位置を示す。ただし、本研究ではこれらを名前として数えていない。

名前の配列は、4通りに分類できた（表中の①から④）。そして、①日本名と日本姓の組み合わせが232人（60.4％）、③非・日本名と日本姓の組み合わせは131人（34.1％）で、この二つの形式で363人となり、全体の94.5％を占めている。④非・日本名と非・日本姓の組み合わせは17人（4.4％）で、最も少なかった②日本名と非・日本姓の組み合わせは4人（1％）であった。

姓に着目すると、日本姓が登録された子どもが363人で全体の94.5％に上り、名前が二つの場合は圧倒的多数が日本姓を登録していることがわか

る。また、そもそも名前二つであること自体が、名・姓というブラジル式の配列をなしていても、すでに日本式の名前の特徴を示していると考えることもできる。もちろん、日本式の名前とはまったく無関係に、両親共にたまたま名前が二つしかなく、それを踏襲したという可能性もある。いずれにせよ、大多数のケースで日本姓が選ばれている背景には、在日ブラジル人の大多数は家族の誰かが日本にルーツを持っていることがあると推測できよう。さらに、ブラジル人と日本人の国際結婚カップルが日本姓を選択した結果であったり、日本在住期間が長くなり日本姓の方が暮らしのうえで都合が良いとの判断がなされた結果であったりといった、さまざまな理由によって日本姓が選択されたと考えることもできるであろう。

7.3.3.2 登録された名前が三つのグループ

表6で見たように、2005年から2007年に生まれたとして出生届が2007年までに提出された子ども2,844人の名前のうち最も多いのは、登録名が名前三つで構成されているグループで、全体の半数近くの48.6%にあたる1,383人がこれに該当した。そして、名前三つの場合に最も多い配列は、名二つの後に姓一つが続く配列（2GN-1FN）の925人で、次に多いのが名一つの後に姓二つが続く配列（1GN-2FN）の456人、最も少ないのが、姓一つの後に二つの名が続く配列（1FN-2GN）の2人であった。このうち名二つと姓一つの名前（2GN-1FN と 1FN-2GN）の詳細をまとめたのが表8、名一つと姓二つの名前（1GN-2FN）の詳細をまとめたのが表9である。

7.3.3.3 名二つと姓一つの名前の配列

表8を見ると、名前の配列は8通りあり（表中の①から⑧）、最も多いのが③「非・日本名—日本名—日本姓（NJGN-JGN-JFN）」の754人（81.3%）で、次が⑤「非・日本名—非・日本名—日本姓（NJGN-NJGN-JFN）」の74人（8.0%）で、この二つで全体の約9割を占めている。

そして、名二つと姓一つの名前の場合、927人中852人（91.9%）の姓は日本姓（JFN）であり（②③⑤⑦）、75人（8.1%）の姓は非・日本姓（NJFN）であ

る（①④⑥⑧）。つまり、姓を一つだけを登録しているケースでは、圧倒的多数が日本姓を選択している。

　一方、名については、二つの名のうちどちらか一方が非・日本名（NJGN）でもう一方は日本名（JGN）という組み合わせが 829 人（89.4%）と最多で（①②③④）、次に多いのが 2 つの名とも非・日本名（NJGN）という組み合わせで 97 人（10.5%。⑤⑥⑧）、どちらも日本名（JGN）という例はわずか 1 人（0.1%）であった（⑦）。そして、非・日本名と日本名の組み合わせの場合、配列がどうなっているかを見ると、829 人中の 801 人（96.6%）が「非・日本名―日本名（NJGN-JGN）」という配列であり（③④）、「日本名―非・日本名（JGN-NJGN）」という配列は 28 人（3.4%）であった（①②）。この表から、名前の配列では非・日本名を前に登録する傾向が圧倒的に強いことが見てとれる。なお、ブラジル式の名前の順序と異なり姓（FN）が名（GN）の前に来ている⑧については、表 6 の解説ですでに若干の説明を試みた。

　また、第 1 部で分析した名前には、「日本名―日本名」という組み合わせ

表 8　2GN-1FN の場合の名と姓の配列の詳細　　　　　（単位：人）

2GN-1FN		出生年			
		2005 年	2006 年	2007 年	累計
①	JGN-NJGN-NJFN	2	0	2	4
	JGN-NJGN-(1)-NJFN	1	0	0	1
②	JGN-NJGN-JFN	11	9	3	23
③	NJGN-JGN-JFN	257	264	233	754
④	NJGN-JGN-NJFN	10	18	7	35
	NJGN-JGN-(1)-NJFN	8	2	2	12
⑤	NJGN-NJGN-JFN	21	30	23	74
⑥	NJGN-NJGN-NJFN	7	2	7	16
	NJGN-NJGN-(1)-NJFN	0	1	4	5
⑦	JGN-JGN-JFN	0	1	0	1
⑧	NJFN-NJGN-NJGN	1	1	0	2
	合計	318	328	281	927

(1) 前置詞（de）、あるいは前置詞と定冠詞を組み合わせたもの（do, da, dos, das）の位置を示す。ただし、本書ではこれらを名前として数えていない。

や「日本名—非・日本名」という配列の名前はなかった。新しい傾向かも知れない。

7.3.3.4 名一つと姓二つの名前の配列

表9を見ると、名一つの後に姓二つが続く配列（1GN-2FN）の場合も、配列は8通りある（表中の①から⑧）。

名に着目すると、456人中380人（83.3％）が非・日本名（NJGN）であり（表

表9　1GN-2FNの場合の名と姓の配列の詳細　　　　（単位：人）

	1GN-2FN	2005年	2006年	2007年	累計
①	NJGN-JFN-NJFN	35	25	27	87
	NJGN-JFN-(1)-NJFN	13	11	8	32
②	NJGN-NJFN-JFN	22	23	14	59
	NJGN-(1)-NJFN-JFN	4	4	3	11
③	NJGN-NJFN-NJFN	9	22	9	40
	NJGN-NJFN-NJFN (2)	1	0	0	1
	NJGN-(1)-NJFN-NJFN	1	1	2	4
	NJGN-NJFN-(1)-NJFN	5	7	5	17
	NJGN-(1)-NJFN-(1)-NJFN	0	1	0	1
④	NJGN-JFN-JFN	39	48	41	128
⑤	JGN-JFN-JFN	5	12	7	24
⑥	JGN-JFN-NJFN	4	6	3	13
	JGN-JFN-(1)-NJFN	2	0	3	5
	JGN-JFN-NJFN (2)	0	0	1	1
⑦	JGN-NJFN-JFN	10	11	5	26
	JGN-(1)-NJFN-JFN	1	1	2	4
⑧	JGN-NJFN-NJFN	0	2	0	2
	JGN-NJFN-(1)-NJFN	0	1	0	1
	合計	151	175	130	456

(1) 前置詞（de）、あるいは前置詞と定冠詞を組み合わせたもの（do, da, dos, das）の位置を示す。ただし、本研究ではこれらを名前として数えていない。
(2) 直近のNJFNが「Junior」（ジュニア）、「Filho」（息子）、「Neto」あるは「Netto」（孫）であることを示す。

中の①②③④)、76人 (16.7%) が日本名 (JGN) である (⑤⑥⑦⑧)。

　姓に着目すると、非・日本姓 (NJFN) と日本姓 (JFN) の組み合わせが 238 人 (52.2%) と最も多く (①②⑥⑦)、次に多いのが二つとも日本姓 (JFN) の 152 人 (33.3%) で (④⑤)、どちらも非・日本姓 (NJFN) なのは 66 人 (14.5%) であった (③⑧)。さらに詳細に分類すると、456 人中 152 人 (33.3%) が日本姓のみで (④⑤)、138 人 (30.3%) は母方の姓としてのみ日本姓をつけており (①⑥)、100 人 (21.9%) は父方の姓としてのみ日本姓をつけており (②⑦)、66 人 (14.5%) はいずれも非・日本姓のみが登録されている (③⑧)。

　ここであらためて注意を喚起しておきたいのは、「日本姓がないなら日系ではない」という関係にはない、ということである (第 1 部第 4 章 5「南米ニューカマーの名前」参照)。

7.3.3.5　名前が三つの場合の傾向

　上述のように、登録された名前が三つのグループには、今回分析した 2,844 人分の名前のほぼ半数に当たる 1,383 件 (48.6%) が該当する。それゆえその分析は、近年の在日ブラジルの命名の特徴を把握するうえで大変重要である。

　名に着目してみると、名を一つしか持たない表 9 のケースでは、380 人 (83.3%) が非・日本名であり (表 9 の①②③④)、名が二つある表 8 のケースでは、非・日本名と日本名の両方を持つのが 829 人 (89.4%、表 8 の①②③④)、両方とも非・日本名が 97 人 (10.5%、表 8 の⑤⑥⑧) であり、1,383 人中 1,306 人 (94.2%) が非・日本名を少なくとも一つ持っている。一方、姓については、表 8 で見た姓が一つのみの場合も、表 9 で見た姓が二つある場合でも、日本姓が登録される傾向が極めて強い。

　つまり、姓に関しては日本姓が登録される傾向が強い一方で、名に関しては少なくとも一つは非・日本名を登録する傾向が強いという特徴が浮かび上がる。筆者には、日系・非日系双方のルーツやアイデンティティを大切にしたいという保護者の願いが現れているように思える。

7.3.3.6　登録された名前が四つのグループ

　登録された名前の数が四つのケースは、表6で見たように、分析対象としたデータ2,844件のうち1,003件（35.3％）であり、名前の数が三つのケースに次いで2番目に多い。内訳を見ると、多い方から、名二つの後に姓二つが続く配列（2GN-2FN）が907人（90.4％）、名一つの後に姓三つが続く配列（1GN-3FN）が67人（6.7％）、名三つの後に姓一つが続く配列（3GN-1FN）が最も少なく29人（2.9％）である。この三つの配列の詳細をそれぞれまとめたのが、表10、表11、表12である。

7.3.3.6.1　名二つと姓二つの名前の配列

　表10が示すように、この形式の名前の配列は13通りあった（表中の①から⑬）。

　名については、日本名（JGN）と非・日本名（NJGN）の両方を登録しているケースが781人（85.9％）で最も多く（②③④⑤⑥⑦⑧⑬）、二番目に多いのが非・日本名のみの123人（13.6％。⑨⑩⑪⑫）、最も少ないのが日本名のみを登録している3人（0.3％）である（①）。

　次に、日本名と非・日本名の組み合わせが登録されている781人について、名の配列を見てみると、「日本名―非・日本名（JGN-NJGN）」という配列はわずか21人（2.7％）で（②③④⑬）、「非・日本名―日本名（NJGN-JGN）」という配列が760人（97.3％）と圧倒的に多く（⑤⑥⑦⑧）、非・日本名が前に来る強い傾向が見受けられた。同様の傾向は「名二つ、姓一つ」のグループでも確認されており（96.6％がこの配列だった。表8の分析参照）、二つの名が登録されている場合は名前の数に関わらず、非・日本名を登録する傾向が強いだけではなく、非・日本名が前に来る傾向が強いことがうかがえる（後述の表12、13の分析も参照）。

　また、少ないながらもあった「日本名―非・日本名」という配列の名前は、第1部の調査では、名前の数にかかわらず、確認することができなかったものである。新たな傾向かも知れない。

212　第2部　日本で出生登録がされたブラジル人の名前（2005–2007年）の分析

表10　2GN-2FNの場合の名と姓の配列の詳細　　　　　　（単位：人）

2GN-2FN		出生年			
		2005年	2006年	2007年	累計
①	JGN-JGN-JFN-JFN	1	0	2	3
②	JGN-NJGN-NJFN-JFN	2	3	3	8
	JGN-NJGN-(1)-NJFN-JFN	1	1	0	2
③	JGN-NJGN-JFN-NJFN	1	2	2	5
	JGN-NJGN-JFN-(1)-NJFN	0	0	0	0*
④	JGN-NJGN-NJFN-NJFN	1	0	0	1
⑤	NJGN-JGN-JFN-JFN	123	129	90	342
⑥	NJGN-JGN-JFN-NJFN	59	54	41	154
	NJGN-JGN-JFN-NJFN(2)	2	0	0	2
	NJGN-JGN-JFN-(1)-NJFN	21	8	17	46
⑦	NJGN-JGN-NJFN-JFN	43	56	42	141
	NJGN-JGN-(1)-NJFN-JFN	12	13	10	35
⑧	NJGN-JGN-NJFN-NJFN	11	9	11	31
	NJGN-JGN-(1)-NJFN-NJFN	2	2	0	4
	NJGN-JGN-NJFN-(1)-NJFN	0	4	1	5
⑨	NJGN-NJGN-JFN-NJFN	15	16	4	35
	NJGN-NJGN-JFN-(1)-NJFN	2	2	3	7
⑩	NJGN-NJGN-JFN-JFN	11	8	7	26
⑪	NJGN-NJGN-NJFN-JFN**	7	9	11	27
	NJGN-NJGN-(1)-NJFN-JFN	1	3	2	6
⑫	NJGN-NJGN-NJFN-NJFN	6	5	4	15
	NJGN-NJGN-(1)-NJFN-NJFN	2	1	0	3
	NJGN-NJGN-NJFN-(1)-NJFN	1	2	1	4
⑬	JGN-NJGN-JFN-JFN	1	3	1	5
	合計	325	330	252	907

(1) 前置詞（de）、あるいは前置詞と定冠詞を組み合わせたもの（do, da, dos, das）の位置を示す。ただし、本研究ではこれらを名前として数えていない。
(2) 直近のNJFNが「Junior」（ジュニア）、「Filho」（息子）、「Neto」あるいは「Netto」（孫）であることを示すが、この表中の⑪**では例外的に名として数えた。と言うのは、一般的に「Junior」は、名前の最後に位置して、父親の名前をそのまま継承してその息子であることを示すものだが、このケースでは名と姓の間に位置しており、一般的な用法とは明らかに異なっていたからである。
* 入手したデータ3,477件中にはあったが、2005年から2007年に生まれたとして2007年までに出生届がなされた子どもの名前にはなかった配列である。

7.3.3.6.2　名一つと姓三つの名前の配列

　表 11 が示すように、この形式の名前の配列は 14 通りあった（表中の①から⑭）。名前四つが登録された 1,003 件のわずか 6.7% に過ぎないが、配列は非常に多岐にわたっている。

　名に着目すると、非・日本名（NJGN）が登録されているのは 55 人（82.1%）で（①②③④⑤⑥⑩⑭）、残りの 12 人（17.9%）が日本名の登録である。ここでも、名に関しては非・日本名が圧倒的に多いことが確認できる。

　姓については、日本姓（JFN）一つと非・日本姓（NJFN）二つの組み合わせが 43 人（64.2%）で最多（②③④⑦⑧⑨）、日本姓（JFN）二つと非・日本姓（NJFN）一つの組み合わせが 13 人（19.4%）で 2 番目に多い（⑤⑩⑫⑬⑭）。その次に多いのが非・日本姓のみの 9 人（13.4%）で（①）、最も少ないのが日本姓のみの 2 人（3.0%）である（⑥⑪）。つまり、97% という圧倒的多数に非・日本姓が少なくとも一つある（表 8、10、12、13 の分析を参照）。

　ここで特記しておきたいのは、ブラジルが多民族国家であることを象徴するように、非・日本姓には多様な背景の姓が含まれているということである。たとえば、表 11 の①の 5 番目の名前（「NJGN-NJFN-(3)-NJFN-(3)-NJFN」）は、(3) と記した部分にアラブ系の定冠詞の "Al" と "El" が含まれていたし、また、分析対象とした 2,844 人分の名前には含まれないが、入手できた 3,477 人分のデータの中には、オランダ系と思われる冠詞「VAN」が含まれる名前もあった。日本式の名前や中国式の名前があることからも十分に推測できることと思うが、ポルトガル語圏だからと言って名前の形式がポルトガル式のものに限られてはいないのである。これらはいずれも姓の多様性を示す一例であり、多様な名前の共存が自然に成り立っている文化の存在は、国際化が進む日本社会にとって有意義な道しるべであると考えることができよう。

表 11　1GN-3FN の場合の名と姓の配列の詳細　　　　　　　（単位：人）

1GN-3FN		出生年			
		2005 年	2006 年	2007 年	累計
①	NJGN-NJFN-NJFN-NJFN	0	0	1	1
	NJGN-NJFN-NJFN-NJFN (2)	1	0	0	1
	NJGN-(1)-NJFN-NJFN-NJFN	0	1	0	1
	NJGN-(1)-NJFN-NJFN-NJFN (2)	1	0	0	1
	NJGN-NJFN-(1)-NJFN-NJFN	1	0	0	1
	NJGN-NJFN-(1)-NJFN-NJFN (2)	1	0	0	1
	NJGN-NJFN-NJFN-(1)-NJFN	1	0	1	2
	NJGN-NJFN-(3)-NJFN-(3)-NJFN	0	0	1	1
②	NJGN-NJFN-NJFN-JFN	1	2	0	3
	NJGN-NJFN-(1)-NJFN-JFN	0	0	1	1
③	NJGN-NJFN-JFN-NJFN	1	1	0	2
	NJGN-NJFN-JFN-NJFN (2)	0	0	0	0*
	NJGN-(1)-NJFN-JFN-NJFN	3	0	0	3
	NJGN-NJFN-JFN-(1)-NJFN	0	1	0	1
④	NJGN-JFN-NJFN-NJFN	3	4	6	13
	NJGN-JFN-(1)-NJFN-NJFN	1	0	0	1
	NJGN-JFN-(1)-NJFN-NJFN (2)	1	0	0	1
	NJGN-JFN-NJFN-(1)-NJFN	7	1	1	9
⑤	NJGN-JFN-JFN-NJFN	2	1	1	4
⑥	NJGN-JFN-JFN-JFN	1	0	0	1
⑦	JGN-NJFN-NJFN-JFN	0	0	1	1
⑧	JGN-NJFN-JFN-NJFN	1	1	1	3
	JGN-NJFN-JFN-(1)-NJFN	0	1	0	1
⑨	JGN-JFN-NJFN-NJFN	2	0	1	3
	JGN-JFN-NJFN-(1)-NJFN	0	1	0	1
⑩	NJGN-NJFN-JFN-JFN	0	0	2	2
⑪	JGN-JFN-JFN-JFN	1	0	0	1
⑫	JGN-JFN-NJFN-JFN	0	1	0	1
⑬	JGN-NJFN-JFN-JFN	0	0	1	1
⑭	NJGN-JFN-NJFN-JFN	0	2	1	3
	NJGN-JFN-(1)-NJFN-JFN	1	1	0	2
	合計	30	18	19	67

（1）前置詞（de）、あるいは前置詞と定冠詞を組み合わせたもの（do, da, dos, das）の位置を

示す。ただし、本研究ではこれらを名前として数えていない。
　(2) 直近のNJFNが「Junior」(ジュニア)、「Filho」(息子)、「Neto」あるは「Netto」(孫)であることを示す。
　(3) アラビア語の定冠詞("Al"や"El"など)の位置を示す。本書ではこれらも名前として数えていない。

* 入手したデータ3,477件中にはあったが、2005年から2007年に生まれたとして2007年までに出生届がなされた子どもの名前にはなかった配列である。

7.3.3.6.3　名三つと姓一つの名前の配列

　表12が示すように、この形式の名前の配列は7通りあった(表中の①から⑦)。

　姓を見ると、29人の内25人(86.2%)が日本姓(JFN)であった(①③⑤⑥⑦)。ただ、姓は一つしか登録されていないため、それが父方の姓なのか母方の姓なのか、どちらのルーツが日本にあるのかまでは把握できない。いずれにせよ、複数の名を登録する一方で姓は日本姓一つしか登録しなかった点に着目すると、「姓は一つ」という日本の名前の形式が影響した可能性が大きいということは言えそうである。

　名を見ると、29人の内25人(86.2%)が非・日本名(NJGN)と日本名(JGN)の組み合わせであった(①③④⑤⑥)。三つの名すべてが非・日本名なのは4人(13.8%)で(②⑦)、逆に三つとも日本名というケースはなかった。

　日本名と非・日本名の組み合わせを持つ25人の名の配列を見ると、24人

表12　3GN-1FNの場合の名と姓の配列の詳細　　　(単位：人)

3GN-1FN	出生年			
	2005年	2006年	2007年	累計
① NJGN-NJGN-JGN-JFN	9	4	6	19
② NJGN-NJGN-NJGN-NJFN	1	0	2	3
③ NJGN-JGN-JGN-JFN	2	1	0	3
④ NJGN-NJGN-JGN-NJFN	1	0	0	1
⑤ NJGN-JGN-NJGN-JFN	0	1	0	1
⑥ JGN-JGN-NJGN-JFN	0	1	0	1
⑦ NJGN-NJGN-NJGN-JFN	0	0	1	1
合計	13	7	9	29

(96%) は非・日本名が先頭にあり (①②③④⑤⑦)、日本名が先頭に来るのは1人 (4%) であった (⑥)。非・日本名が前に来るというこの傾向は、非・日本名と日本名の双方がある場合に、これまでも確認されたものと同様である (表8、10、13の分析を参照)。

7.3.3.7 登録された名前が五つのグループ

登録された名前の数が五つのケースは、表6で見たように、分析対象としたデータ2,844件のうち73件 (2.6%) である。内訳を見ると、多い方から、名二つの後に姓三つが続く配列 (2GN-3FN) が56人 (76.7%)、名三つの後に姓二つが続く配列 (3GN-2FN) が10人 (13.7%)、名一つの後に姓四つが続く配列 (1GN-4FN) が最も少なく7人 (9.6%) である。この三つの配列の詳細をそれぞれまとめたのが、表13、表14、表15である。

7.3.3.7.1 名二つと姓三つの名前の配列

表13が示すように、この形式の名前の配列は15通りあった (表中の①から⑮)。

名を見ると、56人中の45人 (80.4%) は非・日本名 (NJGN) と日本名 (JGN) の組み合わせで (①②③④⑤⑥⑦⑩⑬⑭⑮)、その配列は、45人中41人 (91.1%) が「非・日本名―日本名 (NJGN-JGN)」である (①②③④⑤⑥⑦⑩)。つまり、4名 (8.9%) のみが「日本名―非・日本名 (JGN-NJGN)」という配列であり (⑬⑭⑮)、非・日本名と日本名の双方がある場合には非・日本名が前に来るというこれまでも見てきた傾向は、ここでも確認された (表8、表10、表12の分析を参照)。

また、非・日本名のみが登録されているのは56人中11人 (16.6%) で (⑧⑨⑪⑫)、日本名のみが登録された事例はなかった。

姓の組み合わせを見ると、三つとも日本姓のみが登録されているのは1人 (1.2%) で (⑩)、二つが日本姓で一つが非・日本姓なのは20人 (35.7%、①④⑦⑬)、残りの31人 (55.3%) は一つが日本姓で二つが非・日本姓であった (②③⑤⑧⑨⑪⑮)。つまり、56人中4人 (7.1%) は非・日本姓のみが登録

第 7 章 日本で出生登録がされたブラジル人の名前　217

表13　2GN-3FN の場合の名と姓の配列の詳細　　　　　　　　（単位：人）

	2GN-3FN	出生年			
		2005 年	2006 年	2007 年	累計
①	NJGN-JGN-NJFN-JFN-JFN	0	2	2	4
	NJGN-JGN-(1)-NJFN-JFN-JFN	0	0	0	0*
②	NJGN-JGN-NJFN-NJFN-JFN	2	0	0	2
	NJGN-JGN-NJFN-(1)-NJFN-JFN	1	0	0	1
③	NJGN-JGN-JFN-NJFN-NJFN	5	1	0	6
	NJGN-JGN-JFN-(1)-NJFN-NJFN	0	0	1	1
	NJGN-JGN-JFN-NJFN-(1)-NJFN	1	3	1	5
④	NJGN-JGN-JFN-NJFN-JFN	2	1	4	7
	NJGN-JGN-JFN-(1)-NJFN-JFN	1	1	0	2
⑤	NJGN-JGN-NJFN-JFN-NJFN	1	1	0	2
	NJGN-JGN-NJFN-JFN-(1)-NJFN	0	2	1	3
⑥	NJGN-JGN-NJFN-NJFN-NJFN	0	0	1	1
	NJGN-JGN-(1)-NJFN-NJFN-NJFN(2)	0	0	0	0*
	NJGN-JGN-NJFN-NJFN-(1)-NJFN	1	0	0	1
⑦	NJGN-JGN-JFN-JFN-NJFN	0	1	1	2
	NJGN-JGN-JFN-JFN-(1)-NJFN	2	0	1	3
⑧	NJGN-NJGN-NJFN-JFN-NJFN	0	1	0	1
	NJGN-NJGN-NJFN-JFN-(1)-NJFN	1	0	0	1
⑨	NJGN-NJGN-NJFN-NJFN-JFN	2	1	1	4
⑩	NJGN-JGN-JFN-JFN-JFN	0	1	0	1
⑪	NJGN-NJGN-JFN-NJFN-NJFN	0	2	0	2
	NJGN-NJGN-JFN-NJFN-NJFN(2)	0	1	1	2
⑫	NJGN-NJGN-NJFN-NJFN-(1)-NJFN	1	0	0	1
⑬	JGN-NJGN-NJFN-JFN-JFN	1	0	0	1
	JGN-NJGN-(1)-NJFN-JFN-JFN	1	0	0	1
⑭	JGN-NJGN-NJFN-NJFN-NJFN	0	1	0	1
⑮	JGN-NJGN-NJFN-NJFN-JFN	0	1	0	1
	合計	22	20	14	56

(1) 前置詞（de）、あるいは前置詞と定冠詞を組み合わせたもの（do, da, dos, das）の位置を示す。ただし、本書ではこれらを名前として数えていない。
(2) 直近の NJFN が「Junior」（ジュニア）、「Filho」（息子）、「Neto」あるいは「Netto」（孫）であることを示す。
＊ 入手したデータ 3,477 件中にはあったが、2005 年から 2007 年に生まれたとして 2007 年までに出生届がなされた子どもの名前にはなかった配列である。

されており(⑥⑫⑭)、言い換えれば、52人(92.3%)は日本姓が少なくとも一つは登録されている(①②③④⑤⑦⑧⑨⑩⑪⑬)(表11、15の分析も参照)。

姓の配列については、日本姓も非・日本姓も、姓の1番目、2番目、3番目のすべての位置に現れていることだけを確認しておく。

7.3.3.7.2 名三つと姓二つの名前の配列

表14が示すように、この形式の名前の配列は6通りあった(表中の①から⑥)。ただし、そのうちの二つは、2005年から2007年に生まれたとして出生届が2007年までに提出された子どもの名前には事例が見当たらなかったので(①②)、分析対象となったデータだけを見れば4通りしかないことになる。

名の組み合わせを見ると、9人(90%)は日本名(JGN)一つと非・日本名(NJGN)の組み合わせで(③④⑤)、残りの1人(10%)は三つの名すべてが非・日本名であった(⑥)。

表14　3GN-2FNの場合の名と姓の配列の詳細　　　　(単位：人)

	3GN-2FN	2005年	2006年	2007年	累計
①	JGN-NJGN-NJGN-JFN-JFN	0	0	0	0*
②	NJGN-JGN-NJGN-NJFN-(1)-NJFN	0	0	0	0*
③	NJGN-NJGN-JGN-JFN-JFN	2	0	1	3
④	NJGN-NJGN-JGN-JFN-NJFN	0	2	0	2
④	NJGN-NJGN-JGN-JFN-(1)-NJFN	0	1	0	1
⑤	NJGN-NJGN-JGN-NJFN-JFN	1	0	1	2
⑤	NJGN-NJGN-JGN-(1)-NJFN-JFN	0	1	0	1
⑥	NJGN-NJGN-NJGN-JFN-JFN	0	0	1	1
	合計	3	4	3	10

(1) 前置詞(de)、あるいは前置詞と定冠詞を組み合わせたもの(do, da, dos, das)の位置を示す。ただし、本研究ではこれらを名前として数えていない。
(2) 直近のNJFNが「Junior」(ジュニア)、「Filho」(息子)、「Neto」あるは「Netto」(孫)であることを示す。
* 入手したデータ3,477件中にはあったが、2005年から2007年に生まれたとして2007年までに出生届がなされた子どもの名前にはなかった配列である。

姓を見ると、日本姓（JFN）のみが4人（40%、③⑥）、日本姓と非・日本姓（NJFN）の組み合わせが6人（60%）で（④⑤）、非・日本姓のみの事例はなかった。

ただ、対象データが少ないので、有意義な分析は難しい。

7.3.3.7.3　名一つと姓四つの名前の配列

表15が示すように、この形式の名前の配列は6通りあった（表中の①から⑥）。ただし、そのうちの一つは、2005年から2007年に生まれたとして出生届が2007年までに提出された子どもの名前には事例が見当たらなかったので（①）、分析対象となったデータだけを見れば5通りしかないことになる。しかも、分析対象もわずか7人分の名前しかないので、有意義な分析は困難である。非・日本姓（NJFN）しか登録されていない事例（①）が、可能性としてはあり得たものの、実際にはなかったことを確認するにとどめたい（表11、13、15の分析を参照）。

表15　1GN-4FN の場合の名と姓の配列の詳細　　　（単位：人）

	1GN-4FN	出生年			
		2005年	2006年	2007年	累計
①	JGN-NJFN-NJFN-NJFN-(1)-NJFN	0	0	0	0*
②	JGN-NJFN-NJFN-JFN-NJFN (2)	0	1	0	1
③	NJGN-JFN-(1)-NJFN-NJFN-JFN	1	0	0	1
④	NJGN-JFN-NJFN-NJFN-NJFN	1	0	0	1
	NJGN-JFN-NJFN-NJFN-(1)-NJFN	0	0	1	1
⑤	JGN-JFN-NJFN-NJFN-JFN	1	0	0	1
	NJGN-(1)-NJFN-JFN-(1)-NJFN-JFN	0	1	0	1
⑥	NJGN-NJFN-NJFN-JFN-JFN	0	1	0	1
	合計	3	3	1	7

(1) 前置詞（de）、あるいは前置詞と定冠詞を組み合わせたもの（do, da, dos, das）の位置を示す。ただし、本研究ではこれらを名前として数えていない。
(2) 直近のNJFN が「Junior」（ジュニア）、「Filho」（息子）、「Neto」あるいは「Netto」（孫）であることを示す。
* 入手したデータ3,477件中にはあったが、2005年から2007年に生まれたとして2007年までに出生届がなされた子どもの名前にはなかった配列である。

7.3.3.8 登録された名前が六つのグループ

登録された名前が六つというケースは、入手できた3,477人のデータの中に2件、2005年から2007年に生まれたとして出生届が2007年までに提出された子ども2,844人の名前のうちには1件しかなかった。表16にその詳細を記したが、事例があまりにも少ないので、有意義な分析は困難である。

表16　名前六つの場合の名と姓の配列の詳細　　　（単位：人）

	2005年	2006年	2007年	累計
2GN-4FN NJGN-NJGN-NJFN-(1)-NJFN-NJFN-JFN	0	0	0	0*
4GN-2FN NJGN-NJGN-NJGN-JGN-JFN-JFN	1	0	0	1
合計	1	0	0	1

(1) 前置詞（de）、あるいは前置詞と定冠詞を組み合わせたもの（do, da, dos, das）の位置を示す。ただし、本研究ではこれらを名前として数えていない。
* 入手したデータ3,477件中にはあったが、2005年から2007年に生まれたとして2007年までに出生届がなされた子どもの名前にはなかった配列である。

7.4　登録された名前の表記の特徴

第1部第5章6では、言語学的な観点からの分析を六つの事例を素材に行った。本節では、今回得られた名前のデータの表記を分析する。

現在の日本語のローマ字表記には、第1部第5章1の2で述べたように、大きく分けてヘボン式と訓令式がある。現在の学校の英語の授業等では訓令式の表記が主に使われているが、パスポートの氏名表記などにはヘボン式が使われている。表17は、入手した全データ3,477件から、訓令式やヘボン式以外の表記法が使用されている日本名・日本姓の表記をまとめたものである。

第7章 日本で出生登録がされたブラジル人の名前　221

表17　訓令式やヘボン式とは異なる表記例（日本名・日本姓）

	音素	日本式			ポルトガル語式	
		ヘボン式	訓令式	音声記号	表記	事例
(1)	/i/	I	I	[i]	Y	SAKURAY, YWANAGA, ISHY, YSSAO, HIROSHY
(2)					HI	HIEDA, HUKUHI, TSUTIHIRI, KENHITI
(3)	/w/	U	U		W	INOWE
(4)	/uh/	U	U		UU	YUUKI, YUUSSUKE, YUUKA
(5)				[uw]	UL	YULTA
(6)	/e/	E	E	[e]	HE	HEIJI, HEITI, SAHEKI
(7)	/e/	E	E		YE	MAYEDA, UYEDA, LIYE
(8)	/o/	O	O		HO	ISSAHO
(9)					OO	KATOO
(10)					OH	ITOH, SOHTA
(11)					O'	O'HARA
(12)	/oh/	O	O	[ow]	OU	KOUJI, KENZOU
(13)				[ow]	OW	SAITOW
(14)	/ka/	KA	KA	[ka]	CA	NACATA, CAORI, CAZUO
(15)	/ki/	KI	KI	[ki]	QUI	SUZUQUI, TAQUIDA, IOSHISAQUI
(16)	/ku/	KU	KU	[ku]	CU	FUCUDA
(17)	/ke/	KE	KE	[ke]	QUE	IQUEDA, HORIQUERI
(18)	/ko/	KO	KO	[ko]	CO	CODAMA, YOCICO, HARUHICO
(19)	/sa/	SA	SA	[sa]	SSA (語中,語尾)	MISSAKI, ORIGAVASSA, ISSAMU, ASSAMI
(20)					SSI (語中,語尾)	NISSIYAMA, HIROSSI
(21)				[si]	CI	HAYACIDA, TOCUYOCI, YOCIHIRO
(22)					SHJI	YAKUSHJI
(23)	/si/	SHI	SI		SSY	ISSY
(24)				[ʃi]	SCHI	SCHIBATA, MIZUSCHIMA
(25)				[ʃi]	CHI	KOBAYACHI, TAKECHI
(26)				[si]	SI	YOSIMOTO, KANAGUSIKO
(27)				[ʃi]	XI	FUGIXIMA

	音素	日本式		ポルトガル語式		
		ヘボン式	訓令式	音声記号	表記	事例
(28)	/sw/	SU	SU	[su]	SSU (語中、語尾)	MASSUDA, KEISSUKE
(29)	/se/	SE	SE	[se]	SSE (語中、語尾)	NOSSE, YANASSE
(30)					CE	HACEBE, HIROCE
(31)	/so/	SO	SO	[so]	SSO (語中、語尾)	HOSSONO, ISSOE
(32)	/ci/	CHI	TI	[tʃi]	TI	TIYODA, UTIDA, TAGUTI, KOITI, TIEMI
(33)				[tʃi]	TTI	MIZOGUTTI
(34)				[tʃi]	THI	THIEMY, THIEMI
(35)	/cu/	TSU	TU	[tu]	TU	TUTIHASHI, KOMATU, TETUIA, KATU
(36)	/ha/	HA	HA	[fa]	FA	YAMAFATA
(37)	/hi/	HI	HI	[fuj]	FUI	FUIGUTI
(38)	/hu/	FU	HU	[u]	HU	HUKUHI
(39)	/ho/	HO	HO	[xo]	RO (語頭)	ROCODA
(40)					RRO (語中)	NACARRODO
(41)				[fo]	FO	MIFO, FOSHI
(42)	/ya/	YA	YA		IA	IAMAMOTO, TAKABAIASHI, TETUIA, TAKUIA
(43)	/yu/	YU	YU	[iw]	IU	IUKI
(44)	/yo/	YO	YO		IO	IOSHISAQUI, IOSHIKO
(45)	/ra/	RA	RA	[la]	LA	KAWAHALA
(46)	/ri/	RI	RI	[li]	LI	LIE, LIKA
(47)	/ru/	RU	RU	[lu]	LU	LUMI, LUNA, LUI
(48)	/re/	RE	RE	[le]	LE	LEIKO, LEINA
(49)	/wa/	WA	WA	[va]	VA	FUJIVARA, VATANABE, SAVAY, ISHICAVA
(50)					A	KUAZIMA
(51)				[ua]	UA	SUGAUARA
(52)	/gi/	GI	GI	[gi]	GUI	SUGUIYAMA, TSUGUIO

(53)	/ge/	GE	GE	[ge]	GUE	AGUENA, KAGUEIAMA, SHIGUEMITSU
(54)	/zi/	JI	ZI	[zi]	ZI	KAZIYAMA
(55)				[dʒi]*	DI	FUDIMOTO, DIOSSAKU, YUDI
(56)				[dʒi]*	DY	YUUDY, YUDY, KOUDY, KEIDY
(57)				[ʒi]*	GI	FUGIMURA, TAGIMA, SHINGI
(58)					DJI	KENDJI, KUAZIMA, KOZIMA
(59)					GHI	KINGHIRO
(60)	/sho/	SHO	SYO		SYO	SYOUKA
(61)	/ju/	JU	ZYU		JYU	JYURI
(62)	/ryu/	RYU	RYU		LYU	LYU, LYUJI
(63)					RIU	RIUTO, RIUZIM
(64)					RIYU	RIYUJI

　名簿は文字データのみで構成されており実際の発音が不明なものが多い。しかし、それでも標準的なポルトガル語表記だけでなく、かなり多様な綴り方が用いられていることがわかる。たとえば、[tʃi] が標準的なポルトガル語表記である「TI」の代わりに「TTI」「THI」と表記されていたり（32、33、34番）、[dʒi] がやはり標準的なポルトガル語表記である「DI」だけでなく「DY」と表記されたり（55、56番）といった具合である。

▼日本語の音素を重視したと考えられる例

　表17のうち、日本語の音素を重視し、それを一般的なポルトガル語の表記に写したと考えられる例について、以下で簡単に解説する（( ) 内は表中の番号）。

1. 日本語の「か」/ka/ を「CA」、「こ」/ko/ を「CO」、「く」/ku/ を「CU」と表記する（(14)(16)(18)）。
2. 日本語の「き」/ki/ を「QUI」、「け」/ke/ を「QUE」と表記する（(15)(17)）。
3. 日本語の「ぎ」/gi/ を「GUI」、「げ」/ge/ を「GUE」と表記する（(52)(53)）。

4. 日本語の「さ」/sa/ に関して、ポルトガル語では語頭の「SA」は [sa] と発音するが、「s」が母音の間に挟まれると [z] と発音されるので、語中、または語尾の「SA」を [sa] と発音する場合は「SSA」と表記する ((19))。

5. 日本語の「し」/si/ を「chi」または「xi」[ʃi] と表記する ((25)(27))。SCHI (24) も [ʃi] と発音できるが、これは、ポルトガル語には無い表記で、ドイツ語の影響を受けた表記と推測できる。

6. 日本語の「す」/sw/ に関して、ポルトガル語では語頭の「SU」は [su] と発音するが、母音の間に挟まれた「s」は [z] と発音されるので、語中、または語尾で [su] と発音する場合は「SSU」と表記する ((28))。

7. 日本語の「せ」/se/ を「CE」と表記する ((30))。

8. 日本語の「せ」/se/ に関して、ポルトガル語では語頭の「SE」は [se] と発音するが、母音の間に挟まれた「s」は [z] と発音されるので、語中、または語尾で [se] と発音する場合は「SSE」と表記する ((29))。

9. 日本語の「そ」/so/ に関して、ポルトガル語では語頭の「SO」は [so] と発音するが、母音の間に挟まれた「s」は [z] と発音されるので、語中、または語尾で [so] と発音する場合は「SSO」と表記する ((31))。

10. 日本語の「ち」/ci/ を「TI」[tʃi] と表記する ((32))。

11. 日本語の「ほ」/ho/ すなわちポルトガル語式音声記号では [xo] と表す音に関して、ポルトガル語では語頭の「RO」は [xo] と発音するが ((39))、母音の間に挟まれた「r」は [r] と発音されるので、語中、または語尾で [xo] と発音する場合に「RRO」と表記する ((40))。

12. ポルトガル語では、K、W、Y は基本的に外来語のみに使用される。たとえば、/wa/ という音は「UA」などの綴りで表記される ((51))。つまり、「UA」という表記は「わ」/wa/ と発音されるので、(50) は、日本語の「くわ」/kuwa/ をポルトガル語式で表記する場合に /w/ の部分を省略して「KUA」と表記した例であろうと推測できる。これと似たようなケースであろうと推測できるのが (3) で、日本語の「うえ」[ue] がポルトガル語式で表記する際に「WE」とされたのであろ

う。

13. 日本語の「や」/ya/ を「IA」、/yo/ を「IO」、/yu/ を「IU」[iw] と表記する((42)(43)(44))。(64) の「RIYU」は、日本語の「RYU」という拗音はポルトガル語話者には聞き取りにくいので、二音節に分けて表記された可能性がある。また、(63) の「RIU」は、上述 11 のように語頭の「R」が [xo] と発音されるため日本語の「RYU」と発音がかなり異なるので、日本語のローマ字表記とポルトガル語式の表記とが混合したケースだと推測される。

14. 語頭の「h」がポルトガル語では発音されないというルールに則ったと考えられるのが(2)の「HI」と(6)の「HE」である。さらに同じルールを語間の「H」にも使ったと推測できるのが(8)の「HO」である。ポルトガル語には「ão」[āw] という二重鼻母音があるため、[ā] と [o] を分けるために「h」を使用した可能性もある。

15. ポルトガル語では、母音が続くと鼻音になる場合がある。たとえば、「ae」は「āe」という鼻音になる。このような鼻音化した音でないことを示すために、(7) では「ae」の間に「y」を追加して「AYE」と表記した可能性があるほか、日本語旧来の音声や表記(たとえば、「エ」を「YE」と表記したなど)の影響の可能性もある。ただ、それを今回得た名簿だけで確認するのは不可能であった。

16. /uh/ という長母音を表すため、(5) では「UL」というポルトガル語表記が使われている。ポルトガル語では、母音の後に続く「l」を [w] と発音するため、[uw] という発音を用いることで /uh/ を示す工夫をしている。また、(4) では「UU」と表記する方法が用いられている。

17. /oh/ という長母音を表すために、五種類の表記法が用いられていた((9)〜(13))。

18. ポルトガル語の固有名詞では、「WA」と「VA」を、「Walter」と「Valter」のように、同じ音を表すために使用することがある。その影響ではないかと思われるのが、(49) である。

19. 日本語の「し」/si/ を訓令式では「SI」と表記するが、ポルトガル語

では「SI」を「すぃ」[si] と発音する。[ʃi] という音のポルトガル語での表記法については、上記5を参照。また、母音の間に挟まれた「s」は [z] と発音されるので、語中で [si] と発音する場合に、「SSI」または「CI」と表記する ((20)(21))。

20. 日本語の「つ」/cu/ を訓令式では「TU」と表記するが、ポルトガル語では「TU」を「とぅ」[tu] と発音する。(35) の「TU」は、その例と推測される。この (35) の事例には、一つの名前にヘボン式と訓令式が併用されていると考えられるケースがある。たとえば、TUTIHASHI の「TU」「TI」は訓令式、「HA」は訓令式もヘボン式も同じであるが、「SHI」はヘボン式である。

21. [x] の音と [f] の音の区別が日本語話者には難しいようであるが、ポルトガル語では両者の発音ははっきりと異なる。(36)(37)(41) は、この二つの音の違いがポルトガル語表記を決定する場面で何らかの形で伝わった結果ではないかと推測される。たとえば、(37) の「FUIGUTI」の元の表記は、日本姓の「HIGUTI」だったのではないかと推測される。

22. 日本語の「じ」/zi/ を訓令式では「ZI」と表記するが、「ZI」をポルトガル語では [zi] と発音し、これをひらがな表記なら「じ」よりも「ずぃ」が近い ((54))。(57) の「GI」という表記は、ポルトガル語では [ʒi] と発音し、日本語の「じ」とは異なる。日本語の「じ」に最も近い音を表すのが (55) で使われている「DI」[dʒi] である。(58) の「DJI」は、ポルトガル語の標準的な表記ではないが、日本語の「じ」に最も近い音を表そうとして選ばれた表記であろう。

23. 日本語の「しょ」/sho/ を訓令式では「SYO」と表記するが、(60) のポルトガル語表記は、訓令式の表記を影響を受けたものと推測される。(26) の「SI」、(38) の「HU」も訓令式の表記を使用している。

24. ポルトガル語の一般的な発音とは異なることを示すために「H」を使用していると推測されるのが、(59) の「GHI」である。また、ポルトガル語では違う発音になってしまうので、日本語の発音により近

くするために訓令式の表記を変更していると推測されるのが、(46)「LI」、(47)「LU」、(48)「LE」、(61)「JYU」や(62)「LYU」である。(45) の「LA」も同様である。

25. 日本語の影響ではないが、ポルトガル語では一般的に使用されない「K」「Y」「W」を個人名に使うケースが外国名の影響を受けて生じた推測されるのが、(1)(23)(56)である。やはり外国名の影響であると思われるのが、ドイツ語の影響と思われる(24)の「SCHI」、イタリア語の影響と思われる(33)の「TTI」である。また、(34)の「THI」や(22)の「SHJI」のようにポルトガル語の発音上は特に必要ではない場所に「H」を使用することがあり、これも外国名の影響であろう。

▼ 名前が変形して登録されたと考えられる事例

第1部第5章2の「ケース・スタディ」でも事例を挙げたが、日本姓または日本名の音が変更を受けて登録されたと考えられる事例が、今回得た名簿の中にも見つけられた。表18は、それをまとめたものである。これらの名前を日本で改めて登録するときに慎重な配慮が必要なことは、上記「ケース・スタディ」のケース2で見たとおりである。

表18 日本姓・日本名が変更を受けたと考えられる事例

	日本式	変形後	事例
1	A	O	KINOSHIT<u>O</u>
2	GU	GO	O<u>GO</u>RA
3	SHI	SHU	YO<u>SHU</u>SAKI
4	MIYA	MIA	<u>MIA</u>GUSUKU, <u>MIA</u>TA, <u>MIA</u>ZAKI, <u>MIA</u>GUCHIKU
5	MIYA	MYA	<u>MYA</u>UTI, <u>MYA</u>SATO, <u>MYA</u>SHITA
6	MURA	MUR	<u>MUR</u>NAGA
7	O	U	ON<u>U</u>, MIT<u>U</u>, TAKE<u>U</u>, MIKI<u>U</u>, TOSHI<u>U</u>
8	YU	U	TOSHI<u>U</u>KI, MI<u>U</u>KI

7.5　結論

以上の分析から、次のことがわかる。

①姓を一つだけを登録しているケースでは、圧倒的多数が日本姓を選択している。

②姓に関しては日本姓が登録される傾向が強い一方で、姓が複数ある場合、圧倒的多数に非・日本姓が少なくとも一つある。

③名に関しては少なくとも一つは非・日本名を登録する傾向が強い。筆者には、日系・非日系双方のルーツやアイデンティティを大切にしたいという保護者の願いが現れているように思える。

④二つの名が登録されている場合は、非・日本名を登録する傾向が強いだけではなく、非・日本名が前に来る傾向が強い。

⑤第1部で分析した名前にはなかった「日本名―日本名」という組み合わせや「日本名―非・日本名」という配列の名前があった。

⑥多民族国家であることを示す、さまざまなルーツの名前が存在し、綴りも多様である。

⑦名前の数も姓と名の組み合わせも極めてバラエティに富んでいる。

⑧日本姓・日本名の表記も、訓令式やヘボン式のものだけでなく、音を忠実に再現しようとしたポルトガル語式のものなど、バラエティに富んでいる。

分析を終えてあらためて強く感じるのは、これほどバラエティに富んだ名前を姓一つ名一つの形に押し込めて、しかも日本語式の読み方で統一して名簿をつくることの困難さである。そして、第1部第6章で述べた結論の正当性である。多様性が受け入れられ、すべての人が尊厳を持って生きられる社会を目指すうえでは、その困難を乗り越えて、新たな制度設計を実現していかねばならない。

そのような制度設計のための指針をわずかだが示すため、ここで、第1部

の基となった博士論文執筆後に得た追加情報として、二つの自治体で教育委員会が使用している氏名に関する調査票を紹介したい。両自治体を仮にA市とB市とするが、A市では日本語版とポルトガル語版の「氏名調査票」（239〜240ページに掲載）が、B市では日本語版、ポルトガル語版、スペイン語版の「調査票」（241〜243ページに掲載）が使用されている。

　A市では、日本語版では、保護者・子どもとも「本名」か「通称名」かを選択するようになっているが、翻訳されたポルトガル語版では、保護者と子どもの名前をパスポートおよび外国人登録証に記載されているまま「本名」欄に記載するように指示した下に、「通称名」欄があり、そこでは「姓」と「名」を一つずつ選ぶように指示している。本来、通称名にそのような形の強制がなされることはない。担当窓口で確認すると、翻訳文の意味することはわからず、本名と通称名の選択式になっていないとは気づいていなかったとのことであった。「本名」と「通名」についての認識が担当者と翻訳者に充分に共有されていなかったために生じた結果である。筆者はここで、名前登録手続の制度設計において配慮を徹底すべき事項の一つが「本名」と「通名」についての正確な知識とその歴史的・社会的背景であることを、あらためて強調しておきたい。そしてそれには、名簿作成に携わる日本人を含む担当者が、日本社会におけるマイノリティの名前の歴史や役割について、正確に知ることが不可欠なのである。

　一方、B市の調査票は、「入学通知書」と「出席簿」等のために使用する名前を記入することになっているが、ニューカマーの保護者には日本社会における名前の使われ方や歴史的問題について知識がなく、そこに記入した名前が子どもの今後にどのような影響を及ぼしうるのか見当もつかないのが実情であろう。それゆえ、名前登録の制度設計においては、上述のように日本社会におけるマイノリティの名前の歴史や役割についての正確な知識が必要なだけでなく、それらの知識を異文化背景を持つ人々に正しく伝えて適切な判断を促すための知識提供のあり方の検討とマニュアル作成も不可欠である。その前提として、名簿作成に携わる者が、名前を登録に訪れた人の文化的・社会的背景を知ろうと努力することも必要であろう。

国語審議会の答申が、言語や文化の多様性を人類全体が意識し生かしていくべきであるという観点から、英語教科書の姓名のローマ字表記方法について、日本人も「姓─名」という順にすべきであると提案し、教科書会社の8割が早速その提案に沿って教科書作成を進めたという動きを踏まえて、日本の公立学校に通う外国籍の子どもたちの名前にも同様の配慮がなされるべきである[3]。仮に、「姓─名」という順序での登録にこだわるのであれば、第4章5節で例示した「SANTOS, Ligia Yoshiko SATO」のように、図書館の文献目録で著者名を表示する際に用いられている国際的ルールに従うという方法も、姓のすべてが前に来るとは限らなくても、一考に値するであろう。今後、さらに増加していくであろう外国にルーツをもつ人々の多様性を日本社会がどう受け入れるのか、名前が一つのバロメーターとしての機能を果たすであろう。

　第1部、第2部全体を含めた本書の研究と分析が、学校教育を人間教育の中に位置づけて、他者に対する真の尊重と相互理解が開く世界への希望を生み育んでいく助けとなることを願ってやまない。

注
[1]　参考文献の [25] を参照。
[2]　参考文献の [30] 等を参照。
[3]　参考文献の [24] を参照。

付録

233ページから236ページは、『8訂版　外国人のための入国・在留・登録手続の手引』（日本加除出版、2007）より転載。

在留期間更新許可申請書

Part 1 / その1

日本国政府法務省
Ministry of Justice, Government of Japan

在留期間更新許可申請書
APPLICATION FOR EXTENSION OF PERIOD OF STAY

To the Director General of **東京** Regional Immigration Bureau 入国管理局長 殿

出入国管理及び難民認定法第21条第2項の規定に基づき、次のとおり在留期間の更新を申請します。
Pursuant to the provisions of Article 21, Paragraph 2 of the Immigration-Control and Refugee-Recognition Act, I hereby apply for extension of period of stay.

1. 国籍 Nationality: **中国**
2. 氏名 Family name: **張** / Given names: **学友**
3. 性別 Sex: **Male** / Female
4. 生年月日 Date of birth: **1975** Year **3** Month **3** Day
5. 出生地 Place of birth: **中国上海市**
6. 配偶者の有無 Marital status: 有 / **無** (Married / Single)
7. 職業 Occupation: **中国語教師** / 本国における居住地 Home town / city: **中国上海市**
9. 日本における居住地 Address in Japan: **東京都品川区東大井 3-4-5-303**
   電話番号 Telephone No.: **03-3476-8888**
10. 旅券 Passport (1) 番号 Number: **3903932** (2) 有効期限 Date of expiration: **2008** Year **9** Month **3** Day
11. 上陸許可又は在留資格取得年月日 Date of entry or permission to acquire status of residence: **2004** Year **2** Month **20** Day
12. 現に有する在留資格 Status of residence: **教育**
    在留期間 Period of stay: **1年**
    在留期限 Date of expiration: **2005** Year **2** Month **20** Day
13. 外国人登録証明書番号 Alien registration certification number: **B 258237893**
14. 希望する在留期間 Desired length of extension: **1年**
15. 更新の理由 Reason for extension: **新京学院の中国語講師として引き続き勤務するため**
16. 在日親族 (父・母・配偶者・子・兄弟姉妹など) 及び同居者
    Family in Japan (Father, Mother, Spouse, Son, Daughter, Brother, Sister or others) or co-residents

続柄 Relationship	氏名 Name	生年月日 Date of birth	国籍 Nationality	同居 Residing with applicant or not	勤務先・通学先 Place of employment/school	在留資格 Status of residence
	NONE			はい / いいえ Yes / No		
				はい / いいえ Yes / No		
				はい / いいえ Yes / No		
				はい / いいえ Yes / No		
				はい / いいえ Yes / No		

(注) 様式その2及びその3にも記載してください(裏面参照)。 Note: Please fill in Form Part 2 and Part 3. (See Notes on Reverse Side.)

官用欄 FOR OFFICIAL USE ONLY

様式 32

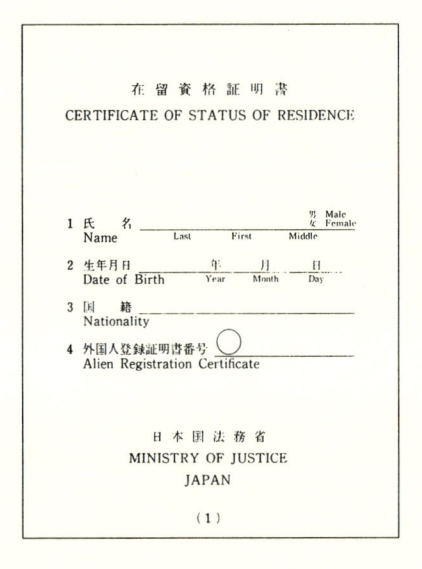

(1)

在 留 資 格 証 明 書
CERTIFICATE OF STATUS OF RESIDENCE

1 氏　名 _____ 男 Male / 女 Female
　 Name　　Last　　First　　Middle

2 生年月日 ___年___月___日
　 Date of Birth　Year　Month　Day

3 国　籍 _____
　 Nationality

4 外国人登録証明書番号 _____
　 Alien Registration Certificate

日 本 国 法 務 省
MINISTRY OF JUSTICE
JAPAN

(2)

OFFICIAL USE ONLY

(3)

OFFICIAL USE ONLY

(4)

OFFICIAL USE ONLY

注　意
Notice

1 本証明書は、在留資格関係申請をする場合に提示して下さい。
　Please show this certificate when you file any application for Immigration Procedures.

2 本証明書は、旅券に代わる証明書ではありません。
　This certificate should not be considered as a passport or a certificate in lieu thereof.

外国人登録証明書（16歳以上）

外国人登録証明書(16歳未満)

年月日	記　　載　　欄	印
・　・		
・　・		
・　・		
・　・		
・　・		
・　・		
・　・		
・　・		
・　・		

— 4 —

外国人登録証明書

CERTIFICATE
OF
ALIEN REGISTRATION

日 本 国 政 府

この証明書の切替（確認）の申請は、16歳に達した日から30日以内にしなければならない。

An application for the renewal of this certificate (confirmation) shall be made within 30 days after reaching the age of 16.

— 1 —

Ⓚ第　　　　　号

(1) 氏名 NAME

生年月日 DATE OF BIRTH
　　　　　年　　月　　日　男 M.　女 F.

(2)(13) 国籍等 NATIONALITY

(12) 出生地 PLACE OF BIRTH

(4)(5) 旅券 PASSPORT
　　　　　年　　月　　日発行

(9) 上陸許可 LANDING
　　　　　年　　月　　日

(10) 在留の資格 STATUS

— 2 —

(11) 在留期限 PERIOD OF STAY
　　　　　年　　月　　日

(14) 居住地 ADDRESS

(15) 世帯主 HOUSEHOLDER

(16) 続柄 RELATIONSHIP

(3)(17) 職業等 OCCUPATION

交付年月日　　　年　　月　　日
発 行 者
(ISSUED BY)　　　　　　　　職印

— 3 —

外国人登録申請書

外国人登録申請書
APPLICATION FOR ALIEN REGISTRATION

To Mayor, Head of Ward, Town or Village of 京都市中京区 市区町村長殿

氏名及び性別 Name in full and sex	姓(Surname) 名(Given names) (Middle name)	男 M. 女 F.
		国 Nationality 籍
生年月日 Date of birth	年(Year) 月(Month) 日(Day)	職業 Occupation
旅券番号 Number of passport		旅券発行年月日 Date of issue of passport
上陸許可年月日 Date of landing permit		在留期間 Authorized period of stay From: 年(year) 月(month) 日から(day) / To: 年(year) 月(month) 日まで(day)
在留の資格 Status of residence		
出生地 Place of birth		
国の属する国における住所又は居所 Address in home state		
居住地 Address while in Japan		
世帯主の氏名 Name of head of household		世帯主との続柄 Personal relationship to head of household
勤務所又は事務所の名称及び所在地 Name and location of office where applicant is engaged		

※ 登録証明書番号(市区町村記載欄) Ⓑ No.

○ 該当のない項目については、「なし」と記入すること。
○ You are required to write "nil" in respect to irrelevant items.

家族事項 Family information

続柄 Relationship	氏名 Name	生年月日 Date of birth	国籍 Nationality	続柄 Relationship	氏名 Name	生年月日 Date of birth	国籍 Nationality
父 Father	□同一世帯 Same household □別世帯 Separate household						
母 Mother	□同一世帯 Same household □別世帯 Separate household						
配偶者 Spouse	□同一世帯 Same household □別世帯 Separate household						

同一世帯又は別世帯のうち該当するものに☑を付けること。 You are required to write ☑ in respect to relevant item.

──日本国内に滞在する父・母・配偶者── ──同一世帯を構成する者（父・母・配偶者を除く。）──
Father, Mother or Spouse who stays in Japan Household members (except Father, Mother or Spouse)

○申請者が世帯主である場合…
現に日本国内に滞在する者（同一世帯の者一時に海外渡航中の者も含む。）を記入する。
If you are the head of the household, you are required to write about family members in Japan at present.

○申請者が世帯主でない場合…
現に日本国内に滞在する者を記入する。
If you are not the head of the household, you are required to write who is staying in Japan at present.

○申請者が世帯主である場合…
父・母・配偶者以外の世帯構成員を記入する。
If you are the head of the household, you are required to write the household members except father, mother or spouse.

○申請者が世帯主でない場合…
記入を要しない。
If you are not the head of the household, there is no need to fill in the blanks.

〈1年未満の在留期間を決定され、その期間内にある者（在留期間の更新又は在留資格の変更により、当初の在留期間の始期から起算して1年以上本邦に在留することができることとなった者を除く。）については、記入を要しない。〉
Not applicable if your period of stay has been prescribed to be less than one year and staying within such prescribed period without permission for you to stay for one year or more counting from commencement of the initial period of stay as the result of an extension of the period of stay or change in the status of residence.

〈申請者の在留の資格が「永住者」又は「特別永住者」である場合には記入を要しない。〉
This is for non-permanent residents or non-special permanent residents only.

私は □本人 □代理人 は、上記のとおり外国人登録の申請をします。
I □myself hereby apply □for applicant submit this application for registration as above mentioned.

本人（代理人）の氏名 Name of applicant (proxy)　　印（又は署名）Signature　　本人（代理人）の電話番号 Phone number of applicant (proxy)

代理人の居住地 Address of proxy　　（代理人によって申請がなされた場合のみ記入すること。）(For application being made by other than applicant only)　　本人との続柄 Relationship with applicant

市区町村記載欄（以下は記入しないこと。 For official use only）

決裁欄	係印	原票写番号	票台帳	係長			市区町村長印
受付年月日	平成 年 月 日			受付番号			
代理申請事由	1. 16歳未満 2. 身体の故障			E.D.No.			
申請事由	1. 入国 2. 出生 3. 日本国籍離脱・喪失 4. その他						
登録年月日	平成 年 月 日			次回確認の基準日		年 月 日	
登録証明書交付予定期間	平成 年 月 日から 年 月 日まで			登録証明書交付年月日	平成 年 月 日		

⊙裏面の注意参照。See the notes on the back.

H17.7(NC50)

変更登録申請書・家族事項等登録申請書

【A市】

氏 名 調 査 票

教育委員会

★ お子様と保護者のお名前について、「本名」と「通称名」のどちらの使用をご希望されるか、お伺いします。
　なお、本名を希望される場合については、お子様の入学式での名前の呼び方についてもお伺いします。

1. 入学案内書や出席簿等に記載する児童生徒および保護者の氏名について、希望される方を〇で囲んで下さい。

「本名」　　　　「通称名」

2. 1．で、本名を希望される場合は、<u>お子様の入学式での名前の呼び方をカタカナで</u>下記にご記入ください。

呼び方（カタカナ）

3. 1．で通称名を希望される場合は、使用する名前についてお書き下さい。

ふりがな
保護者名

ふりがな
児童・生徒名

【A市】

FICHA DE MATRICULA

Preencha a presente ficha :
Esta ficha esta valendo também para o livro de chamada（livro de freqüencia）bem como para a chamada dos alunos na cerimônia da aula inaugural.

本名　NOME COMPLETO DO PAI OU RESPONSÁVEL　（保護者）
（conforme está no passaporte e no gaikokujin touroku sho）

本名　NOME COMPLETO DO (A) FILHO (A)：　（児童・生徒）
（conforme está no passaporte e no gaikokujin touroku sho）

通称名　NOME E SOBRENOME DO PAI OU RESPONSÁVEL　（保護者）
（eleger um dos sobrenomes e um dos nomes, se forem múltiplos）

フリガナ

通称名　NOME E SOBRENOME DO (A) FILHO (A)：（児童・生徒）
（eleger um dos sobrenomes e um dos nomes, se forem múltiplos）

フリガナ

【B市】

調査票

1 ○印をつけてください。

　　市立の小学校に入学を希望　（　する　・　しない　）

2 「1」の質問で「しない」に○印をつけられた方にお聞きします。
　　他の学校で就学される場合、支障がない範囲でお答えください。

　　学校名　_____

　　入学日　_____

3 「1」の質問で「する」に○印をつけられた方にお聞きします。
　① 入学通知書や学校での出席簿等に記入するお子さんのお名前について、
　　（本名と通称名のどちらを希望されるか）記入してください。

　　フリガナ　_____

　　お名前　_____

　② 学校生活における希望等について、あれば記入してください。
　　_____
　　_____
　　_____

　　住所　_____
　　保護者名　_____
　　お子さんとのご関係　_____
　　電話番号　_____

242　第1部　マイノリティの名前の扱い

【B市】

調査票（ポルトガル語）

Ficha de Enquete

1. Favor marcar com um x.
   Gostaria de entrar na escola pública de 　　　? (☐ Sim.する　☐ Não.しない)

2. Caso seja a resposta negativa "Não" na pergunta "1", faremos a pergunta.
   Se entrar no outro tipo da escola, favor responder se você não achar incômodo.

   Nome da escola _____

   Data provável da entrada _____

3. Caso seja a resposta afirmativa "Sim" na pergunta "1", faremos a pergunta.
   ① Favor preencher o nome da criança que queira colocar no Aviso do Ingresso da Escola (NYUUGAKU TSUUCHISHO), Diário de Classe (SHUSSEKIBO), etc.
   (Pode ser o nome completo ou o nome de estilo japonês.)

Katakana:
Nome da criança:

   ② Favor escrever sobre o desejo referente à vida escolar, etc.

   _____
   _____
   _____
   _____

   Endereço: _____

   Nome do tutor: _____

   Relação familiar com a criança: _____

   Nº. de tel.: _____

【B 市】

調査票（スペイン語）

Hoja de investigación (encuesta)

1. Marque con un círculo , por favor.
   El niño (a) piensa ingresar a una escuela primaria estatal de
   （　□SÍ．する　．　□NO．しない　）

2. En esta parte sólo respondan las personas que en la pregunta anterior respondieron " NO ". En caso de ingresar a otras escuelas , por favor responda los siguientes datos.

   Nombre de la escuela :

   Día de ingreso :

3. En esta parte sólo respondan las personas que en la pregunta anterior respondieron " SÍ ".

   ① Acerca del nombre del niño (a) , en la lista de la escuela , informes del ingreso a la escuela , etc , en todos estos documentos desea que figure el nombre original del niño (a) o el nombre superlativo.
   (A continuación , elija y escriba el nombre)

Escriba el nombre en Katakana :
Nombre :

   ② Rellenar estas lineas en caso de tener algún comentario sobre la vida de su niño (a) en la escuela.

   _____
   _____
   _____

   Dirección :

   Nombre de la persona encargada del niño :

   Relación con el niño :

   No. Telf. :

参考文献

(1) ABE, Kazuhiro (1989). *Japanese Capitalism and the Korean Minority in Japan: Class, Race, and Racism*. Ph. D. thesis, University of California, at Los Angeles.
(2) AKINNASO, F. Niyi. (1981). 'Names and Naming Principles in Cross-Cultural Perspective'. *Names*: Journal of the American Name Society, 29.1:37–63.
(3) ALATIS, James E. (1955). 'The Americanization of Greek Names'. *Names*: Journal of the American Name Society, 3: 137–156.
(4) ALFORD, Richard D. (1987). *Naming and Identity: a cross-cultural study of personal naming practices*. New Haven: HRAF Press.
(5) ARARAGI, Shinzo 蘭信三 (eds.) (2000).『「中国帰国者」の生活世界』：行路社.
(6) ASAHI SHIMBUM 朝日新聞.「国語審答申：答申内容要旨」、朝日新聞、2000 年 12 月 9 日朝刊.
(7) BEFU, Harumi (1994).『日本文化の特殊性、普遍性―比較文化論の立場から』. In synopsis of the Kyoto Conference on Japanese Studies, I Volume, pp.345–354.
(8) BOCK, Philip K. (1969). *Modern Cultural Anthropology: An Introduction*. New York: Knopf.
(9) CHOE, Chang-Hwa 崔昌華 (1979).『名前と人権』：酒井書店.
(10) CHE, Kil Son 崔吉城 (1999).「韓国人の名前に関する人類学的研究」、『名前と社会 ― 名づけの家族史』(上野和男、森謙二編)、pp.145-175：早稲田大学出版部.
(11) COLMAN, Andrew M., David J. HARGREAVES, and Wladyslaw SLUCKIN (1980). 'Psychological Factors Affecting Preferences for First Names'. *Names*: Journal of the American Name Society, 28.2:113–129.
(12) DE VARENNES, Fernand. F・ド・ヴァレンヌ、小林マリ訳 (1999).「名前、地名、国際法」、『ことばと社会：多言語社会研究― 1 号』(『ことばと社会』編集委員会・編)：三元社.
(13) DE VOS, George A. (1992). *Social cohesion and alienation: minorities in the United States and Japan*. San Francisco: Westview Press.
(14) DE VOS, George and Lola ROMANUCCI-ROSS (eds.) (1982). *Ethnic Identity: Cultural Continuities and Change*. Chicago: The University of Chicago Press.
(15) DE VOS, George and WAGATSUMA, Hiroshi (1995), Cultural Identity and Minority Status in Japan. *"Ethnic Identity: Creation, Conflict, and Accomodation. 3rd edition"*, Lola ROMANUCCI-ROSS and George DE VOS (eds.) California: AltaMira Press.
(16) FASOLD, Ralph. (1984). *The Sociolinguistics of Society*. Oxford: Blackwell.

(17) FASOLD, Ralph. (1990). *The Sociolinguistics of Language*. Oxford: Blackwell.
(18) FAYER, Joan M. (1988) 'First Names in Puerto Rico: A Change in Progress'. *Names*: Journal of the American Name Society, 36:1–2:21–27.
(19) FUCHIGAMI, Eiji 渕上英二 (1995).『日系人証明：南米移民、日本への出稼ぎの構図』：新評論.
(20) FUJISAKI, Yasuo 藤崎康夫 (1992).『出稼ぎ日系外国人労働者』：明石書店.
(21) GARDNER, Sheena F. (1999). 'Personal Names as Neglected Sociolinguistic Resource: Use of English in Botswana'. *Names*: Journal of the American Name Society, 47.2:139–156.
(22) GENGO (1990).「世界の名付け」,『言語』、19(3):20–74.
(23) HATANO, Lilian Terumi リリアン・テルミ・ハタノ (1997).「多言語多文化社会におけるアイデンティフィケーション—在日日系ブラジル人児童・生徒の事例を通して—」.大阪大学修士論文（未出版）.
(24) HATANO, Lilian Terumi リリアン・テルミ・ハタノ (2002).「日本におけるマイノリティの個人名扱いについて—言語文化教育を「人間教育」としてとらえる立場から—」,『言語文化教育学の可能性を求めて』(森住衛・監修、言語文化教育研究論集編集委員会・編). pp.3–17：三省堂.
(25) HATANO, Lilian Terumi リリアン・テルミ・ハタノ (2006).「「新たな到達点」にして「新たな出発点」—梶田孝道・丹野清人・樋口直人『顔の見えない定住化—日系ブラジル人と国家・市場・移民ネットワーク—』を読む—」.『ラテンアメリカ研究年報』No26, pp.141–167.
(26) HERBERT, Robert K. (1999). 'Personal Names as Social Protest: The Status of African Political Names'. *Names*: Journal of the American Name Society, 47.2:109–124.
(27) HOLMES, Janet (1992). *An Introduction to Sociolinguistics*. London: Longman.
(28) HOMU-SHO NYUKOKUKANRI-KYOKU 法務省入国管理局 (1998).『在留外国人統計 平成10年版』：入管協会.
(29) HOMU-SHO NYUKOKUKANRI-KYOKU 法務省入国管理局 (1999).『在留外国人統計 平成11年版』：入管協会.
(30) HOMU-SHO NYUKOKUKANRI-KYOKU 法務省入国管理局 (2000).『在留外国人統計 平成12年版』：入管協会.
(31) HOMU-SHO NYUKOKUKANRI-KYOKU 法務省入国管理局 (2008).『在留外国人統計 平成20年版』：入管協会.
(32) HUTNIK, Nimmi (1991). *Ethnic Minority Identity : A social psychological perspective*. Oxford: CLARENDON PRESS.
(33) ICHIJI, Noriko 伊地知紀子 (1994).『在日朝鮮人の名前』(双書 在日韓国・朝鮮人の法律問題；4)：明石書店.
(34) JACOB, James E. (1998). 'Comment vous appelez-vouz?: Why the French Change Their Names'. *Names*: Journal of the American Name Society, 46.1:3–2.
(35) JERNUDD, Bjorn H. (1995). 'Personal names and human rights', in T. Skutnabb-Kangas and

R. Phillipson (eds.) ; in collaboration with Mart Rannut. *Linguistic human rights: overcoming linguistic discrimination*. New York: Mouton de Gruyter.

(36) KANI-SHI KIKAKUBU MACHI-DUKURI SUISHIN-KA 可児市企画部まちづくり推進課 (2005).『外国人の子どもの教育環境に関する実態調査：2004年度調査報告書』：可児市国際交流協会.

(37) KIMURA, Masashi 木村正史 (1997).『続 英米人の姓名―由来と史的背景』：鷹書房弓プレス.

(38) KLYMASZ, Robert (1963). 'Canadianization of Slavic Surnames: A Study in Language Contact (Part I)'. *Names*: Journal of the American Name Society, 11:81–105.

(39) KLYMASZ, Robert (1963). 'Canadianization of Slavic Surnames: A Study in Language Contact (Part II)'. *Names*: Journal of the American Name Society, 11:182–195.

(40) KLYMASZ, Robert (1963). 'Canadianization of Slavic Surnames: A Study in Language Contact (Part III)'. *Names*: Journal of the American Name Society, 11:229–253.

(41) KOMAI, Hiroshi 駒井洋 (1997).『新来・定住外国人がわかる事典』：明石書店.

(42) KONTRA, Miklós, Robert PHILLIPSON, Tove SKUTNABB-KANGAS and Tibor VÁRADY (1999). *Language: a right and a resource : approaching to linguistic human rights*. Budapest: Central European University Press.

(43) KOSEI RODO SHO 厚生労働省（子ども家庭総合研究事業）「多民族文化社会における母子の健康に関する研究」班 (2004).『共に育むふれあい交流都市を求めて―岐阜県可児市の歩み―行政・民間団体・大学研究者による協働研究・調査～外国人の子どもの教育環境に関する実態調査報告書 (2003年度調査のまとめ)』.可児市.

(44) KYOTO KOKUSAI KORYU KYOKAI 京都市国際交流協会（編）(1998)、「名前への思い」、『チョゴリときもの～在日韓国・朝鮮人―その世代と意識』(京都市国際交流協会)、pp.49–94.

(45) LAWSON, Edwin D. (1984). 'Personal Names: 100 years of Social Science Contributions'. *Names*: Journal of the American Name Society, 32.1:45–73.

(46) LAWSON, Edwin D. (1987). *Personal Names and Naming : An Annotated Bibliography*. New York: Greenwood Press.

(47) LAWSON, Edwin D. and Irina GLUSHKOVSKAYA (1994). 'Naming Patterns of Recent Immigrants from the Former Soviet Union to Israel'. *Names*: Journal of the American Name Society, 42.3:157–180.

(48) LAWSON, Edwin D. (1995). *More about Names and Naming : An Annotated Bibliography*. Westport, CT: Greenwood Press.

(49) LOMBARD, Federica K. (1984). 'The Law on Naming Children: Past, Present and Occasionally Future'. *Names*: Journal of the American Name Society, 32.2:129–137.

(50) LOUIE, Emma Woo (1985–86). 'A New Perspective on Surnames among Chinese Americans'. Amerasia Journal,12.1:1–22.

(51) LOUIE, Emma Woo (1991). 'Names Styles and Structure of Chinese American Personal

Names'. *Names*: Journal of the American Name Society, 39.3:225–237.
(52) LOUIE, Emma Woo (1998). *Chinese American Names: Tradition and Transition*. North Carolina: McFarland & Company.
(53) LU Zhongti with Celia MILLWARD (1989). 'Chinese Given Names Since the Cultural Revolution'. *Names*: Journal of the American Name Society, 37.3:265–280.
(54) MAASS, Ernest (1958). 'Integration and Name Changing among Jewish Refugees from Central Europe in the United States'. *Names*: Journal of the American Name Society, 6:129–171.
(55) MAHER, John C. and Gaynor Macdonald (eds.) (1990). *Diversity in Japanese Culture and Language*. New York: Kegan Paul International.
(56) MAHER, John C. and Yumiko KAWANISHI with YONG Yo Yi (1995). 'Maintaining Culture and Language: Koreans in Osaka'. In MAHER, John C. and Gaynor Macdonald (eds). *Diversity in Japanese culture and language*. New York: Kegan Paul International.
(57) MASUMOTO,Toshiko 増本敏子― HISATAKE Ayako 久武綾子 and ITODA Hirofumi 伊戸田博史 (1999).『氏と家族 ―氏「姓」とは何か』：大蔵省印刷局.
(58) MATSUMOTO, Shusaku 松本脩作 , and OIWAKAWA Futaba 大岩川嫩 (1994).『第三世界の姓名：人の名前と文化』：明石書店.
(59) MINOURA,Yasuko 箕浦康子 (1991).『子供の異文化体験』：思索社.
(60) Minzokumei wo Torimodosu Kai 民族名をとりもどす会（編）(1990).『民族名をとりもどした日本籍朝鮮人：ウリ・イルム（私たちの名前）』：明石書店.
(61) MIYAJIMA, Takashi 宮島喬 and KAJITA Takamichi 梶田孝道 (1996).『外国人労働者から市民へ ― 地域社会の視点と課題から』：有斐閣.
(62) MIZUNO, Naoki 水野直樹 (2008).『創氏改名―日本の朝鮮支配の中で』：岩波書店.
(63) MONBU KAGAKU SHO 文部省 (1993). 平成 5 年度日本語教育が必要な外国人児童生徒の受け入れ状況などに関する調査.
(64) MONBU SHO 文部省 (1995). 平成 7 年度日本語教育が必要な外国人児童生徒の受け入れ状況などに関する調査.
(65) MONBU SHO 文部省 (1997). 平成 9 年度日本語教育が必要な外国人児童生徒の受け入れ状況などに関する調査.
(66) MONBU SHO 文部省 (1999). 平成 11 年度日本語指導が必要な外国人児童生徒の受け入れ状況などに関する調査.
(67) MORIZUMI, Mamoru 森住衛 (1997).「英語に表れる日本人名の表記法」、『英語科教育における創造性―渡辺時夫教授還暦記念論文集』：三省堂.
(68) MOSER, Gerald M. (1960). 'Portuguese Family Names'. *Names*: Journal of the American Name Society, 8:30–52.
(69) MURAI, Masami. "Textbooks to flip order of Japanese names." *Daily Yomiuri*. 27 Nov. 2000, Morning ed.: D2.
(70) MURRAY, Thomas E. (1999). 'The Law and Newborns Personal Names in the United States'.

Names: Journal of the American Name Society, 47.4:339–364.
(71) NAGANO, Takeshi 永野 武 (1994).『在日中国人：歴史とアイデンティティ』：明石書店.
(72) NAKANISHI, Akira 中西 晃 (研究代表) (1994). 外国人児童・生徒の受け入れとその指導・教育に関する実践的研究. Report on the results of investigation. 文部省科学研究費補助金研究成果報告書. 目白学園女子短期大学英語英文科.
(73) NAKANISHI, Akira 中西晃 and SATO Gun-ei 佐藤郡衛 (編) (1995).『外国人児童・生徒教育への取り組み—学校共生の道』：教育出版.
(74) NAKAO, Katsumi 中生勝美 (1999).「中国の命名法と輩行政」、『名前と社会 — 名づけの家族史』(上野和男、森謙二・編)、pp.176–196：早稲田大学出版部.
(75) NEARY, Ian (1997). 'Burakumin in contemporary Japan'. In: M. WEINER (ed.). *Japan's Minorities: the illusion of homogeneity*. London: Routledge. pp.50–78.
(76) NINOMIYA, Masato (org.) (1992). *Simpósio sobre o fenômeno chamado "Dekassegui"*. São Paulo: Estação Liberdade.
(77) NISHIGAKI, Toru 西垣通 (1999).「サイバースペース多言語主義と言語／権力フォーラム」、『ことばと社会：多言語社会研究— 1 号』、pp.123–127：三元社.
(78) NIWA, Masao 丹羽雅雄 (2003).『マイノリティと多民族社会—国際人権時代の日本を問う』、p.174：解放出版社.
(79) OGBU, John U. (1991). 'Immigrant and Involuntary Minorities in Comparative Perspective'. In GIBSON, Margaret A. and John U. OGBU (eds.) *Minority Status and Schooling: a comparative study of immigrant and involuntary minorities*. New York: Garland Publishing. pp.3–33.
(80) OGBU, John U. (1994). 'Overcoming Racial Barriers to Equal Access'. In GOODLAD, John I. and Pamela KEATING (eds.). *Access to knowledge: the Continuing agenda for our nation's schools*. New York: College Entrance Examination Board. pp.59–89.
(81) OMIYA, Tomonobu 大宮知信 (1997).『デカセーギ — 逆流する日系ブラジル人』：草思社.
(82) OTA, Haruo 太田晴雄 (1995).「日系外国人の学校教育の現状と課題—日本語教室の批判的検討を通じて」. 帝塚山大学教養学部紀要 vol.44.
(83) OTA, Haruo 太田晴雄 (1996a).「日本語教育と母語教育—ニューカマー外国人の子どもの教育課題」. In MIYAJIMA, T. 宮島 喬 et alii『外国人労働者から市民へ—地域社会の視点と課題から—』：有斐閣.
(84) OTA, Haruo 太田晴雄 (1996b).「ニューカマー外国人の子どもの教育と人権—フィールドノートからの確証」. 帝塚山大学人権同和教育推進委員会会誌 vol.7. 大阪.
(85) OTA, Haruo 太田晴雄 (1998).「ニューカマーの子どもの学校教育」. In EBARA, Takekazu 江原武一.『多文化教育に関する総合的比較研究—公教育におけるエスニシティへの対応を中心に』. 文部省基盤研究 (A). pp.193–208.
(86) OTA, Haruo 太田晴雄 (2000).『ニューカマーの子どもと日本の学校』：国際書院.
(87) PETERSEN, William, Michael NOVAK, Philip GLEASON (1982). *Concepts of Ethnicity*.

London: Belknap Press of Harvard University Press.
(88) PLUTSCHOW, Herbert (1995). *Japan's Name Culture: The significance of names in a religious, political and social context*. Kent: Japan Library.
(89) RANDALL, Richard R. (1990). 'The U.S. Board on Geographic Names and Its Work in Foreign Areas'. *Names*: Journal of the American Name Society, 38:173–181.
(90) RENNICK, Robert M. (1965). 'Judicial Procedures for a Change-of-Name in The United States'. Names: Journal of the American Name Society, 13:145–168.
(91) ROMANUCCI-ROSS, Lola and George DE VOS (eds.) (1995). *Ethnic identity: creation, conflict, and accommodation*. Walnut Creek: Altamira Press.
(92) ROSENWAIKE, Ira. (1990). 'Leading Surnames Among American Jews'. *Names*: Journal of the American Name Society, 38:31–38.
(93) ROSENWAIKE, Ira. (1991). 'The Most Common Spanish Surnames in the United States: Some New Data Sources'. *Names*: Journal of the American Name Society, 39.4:325–331.
(94) SATO, Ikuya 佐藤郁哉 (1995). 『フィールドワーク ― 書を持って街へ出よう』：新曜社.
(95) SELLEK, Yoko (1997). 'Nikkeijin: the phenomenon of return migration'. In: M.WEINER (ed.) *Japan's Minorities: the illusion of homogeneity*. London: Routledge.
(96) SHIMA, Mutsuhiko 嶋陸奥彦 (1999).「韓国人の名前―併存する複数の名前と呼び名―」、『名前と社会 ― 名づけの家族史』(上野和男、森謙二編)、pp.230–251：早稲田大学出版部.
(97) SHIMAMURA, Shuji 島村修治 (1977).『世界の姓名』：講談社.
(98) SHIMIZU, Kokichi 志水宏吉 (2000).「ニューカマーの子どもたちと日本の学校文化」.『変動社会のなかの教育・知識・権力 ― 問題としての教育改革：教師・学校文化』(藤田英典、清水宏吉・編)、pp.473–496：新曜社.
(99) SHUTSUNYUKOKU KANRI HOUREI KENKYU KAI 出入国管理法令研究会（編）(2007). 外国人のための入国・在留・登録手続の手引 8 訂版：出入国管理法令研究会.
(100) SIDDLE, Richard (1997). 'Ainu: Japan's indigenous'. *Japan's Minorities: the illusion of homogeneity*. M. WEINER (ed.) London: Routledge.
(101) SKUTNABB-KANGAS, Tove and Robert (1989). 'Mother tongue': the theoretical and sociopolitical construction of a concept. *Status and function of languages and language varieties*, Ulrich Ammon (ed), Berlin: de Gruyter.
(102) SKUTNABB-KANGAS, Tove and Robert PHILLIPSON and Mart Rannut (eds.) (1995). *Linguistic Human Rights: Overcoming Linguistic Discrimination*. New York: Mouton de Gruyter.
(103) SMITH, Elsdon C. (1967). *Treasury of name lore*. New York: Harper & Row Publishers.
(104) STAHL, Abraham (1992). 'Children's Names as a Reflection of Ideological Differences among Israeli Parents'. *Names*: Journal of the American Name Society, 40.4:283–294.
(105) STAHL, Abraham (1994). 'The Imposition of Hebrew Names on New Immigrants to Israel': Past and Present. *Names*: Journal of the American Name Society, 42.4:279–288.

(106) Tagengo Shakai Kenkyukai 多言語社会研究会 (1999). 特集「地名の政治言語学」『ことばと社会：多言語社会研究─1号』：三元社.
(107) TAIRA, Koji (1997). 'Troubled national identity: The Ryukyuans / Okinawan's. In M. WEINER (ed.). *Japan's Minorities: the illusion of homogeneity*. London: Routledge.
(108) TAKAHASHI, Hidemine 高橋秀実 (1995).『にせニッポン人探訪記─帰ってきた南米日系人たち』：草思社.
(109) TAKAHASHI, Masao 高橋正夫 and Sharan S. VAIPAE シャロン S. バイパエ (1996).『「ガイジン」生徒がやって来た─「異文化」としての外国人児童・生徒をどう迎えるか』：大修館書店.
(110) TANAKA, Katsuhiko 田中克彦 (1996).『名前と人間』：岩波書店.
(111) TANAKA, Hiroshi 田中宏 (1995).『在日外国人：法の壁、心の壁〈新版〉』：岩波書店.
(112) TANAKA, Hiroshi 田中宏 (2007).「日本の社会保障・学校教育と国籍─コリア系介護事業所の背景となっていること」『介護・家事労働者の国際移動─エスニシティ・ジェンダー・ケア労働の交差』(久場嬉子・編) pp.59–65：日本評論社.
(113) TESHIMA, Takamasa (1995). *Toward the Shattering of the Myth of the Mono-Ethnic State: Japan, the Ainu, and the Rights of Indigenous Peoples*. Ph. D. Thesis, University of Washington.
(114) THONUS, Terese. (1991). 'The Influence of English on Female Names in Brazil'. *Names*: Journal of the American Name Society, 39.1:27–38.
(115) TSUDA, Takeyuki (1996). *Strangers in the Ethnic Homeland: The Migration, Ethnic Identity, and Psychosocial Adaptation of Japan's New Immigrant Minority*. Ph. D. thesis, University of California at Berkeley.
(116) UEDA, Kazuo 上野和男 and MORI, Kenji 森謙二 (編) (1999).『名前と社会 ─ 名づけの家族史』：早稲田大学出版部.
(117) VANDEBOSH, Heidi (1998). 'The Influence of Media on Given Names'. *Names*: Journal of the American Name Society, 46.4:243–262.
(118) VASISHTH, Andrea (1997). 'A model minority: the Chinese community in Japan'. In M. WEINER (ed.). *Japan's Minorities: the illusion of homogeneity*. London: Routledge. pp.108–139
(119) WATANABE, Masako 渡辺雅子 (1995).『共同研究─出稼ぎ日系ブラジル人〈上〉論文篇・就労と生活─』：明石書店.
(120) WEINER, Michael (ed.) (1997). *Japan's Minorities: the illusion of homogeneity*. London: Routledge.
(121) WEINER, Michael (ed.) (1997). 'The representation of absence and the absence of representation'. In M. WEINER (ed.). *Japan's Minorities: the illusion of homogeneity*. London: Routledge. pp.79–107.
(122) WORMSLEY, William E. (1980). 'Tradition and Change in Imbonggu Names and Naming Practice'. *Names*: Journal of the American Name Society, pp.183–194.
(123) WU, Ellen Dionne (1999). '"They Call Me Bruce, But They Won't Call Me Bruce Jones:"

Asian American Naming Preferences and Patterns'. *Names*: Journal of the American Name Society, 47.1:21–50.

(124) YAMAMOTO, Fuyuhiko 山本冬彦 and YOSHIOKA, Masuo 吉岡増雄 (1987).「国際結婚と氏名の変更について」、『在日外国人と国籍法入門―戸籍：国際私法と氏名の問題もふくめて』：社会評論社.

(125) YASUDA, Toshiaki 安田敏朗 and MASHIKO Hidenori ましこ・ひでのり (1999).「戦前・戦後日本の言語事件史」、多言語社会研究会 (eds.) (1999).「地名の政治言語学」、『ことばと社会―多言語社会研究― 1 号』pp.185–211：三元社.

(126) YOSHIOKA, Masuo 吉岡増雄 ― YAMAMOTO Fuyuhiko and KIM Yong Dal (1984). 『在日外国人と日本社会―多民族社会と国籍の問題』：社会評論社.

(127) YOSHIOKA, Reimei (1995). Por que migramos do e para o Japão. São Paulo: Palas Athena.

(128) YOMIURI SHIMBUM. 読売新聞.「日本人名のローマ字表記変わる？ 100 年の慣行―教科書の 9 割「姓―名」に；「名―姓」「鹿鳴館」境に定着―歴史人物表記で無理も」. 読売新聞、2000 年 11 月 26 日.

(129) Zai Nihon Daikan Minkoku Seinenkai 在日本大韓民国青年会 (1994).『在日韓国人青年意識調査：中間報告書』. 東京：在日本大韓民国青年会中央本部.

(130) ZGUSTA, Ladislav (1998). 'The Terminology of Name Studies (In Margine of Adrian Room's "Guide to the Language of Name Studies")'. *Names*: Journal of the American Name Society, 46.3:189–203.

(131) ZHU Bin and Celia MILLWARD (1987). 'Personal Name in Chinese'. *Names*: Journal of the American Name Society, 35.1:8–21.

謝辞

　本書第1部の基礎となった博士論文は、日本の公立中学校で本研究者がフィールドワークをしていた時、十代のブラジル人少女と交わした会話の中から生まれた。彼女は、言った。「どうしてだかわからないけど、私が一番好きな名前で、学校では呼ばれたくないの」。それは、彼女のルーツを表すエスニック・ネーム、つまりブラジル名だった。彼女が着想を与えてくれたのだ。

　その後、私は、他の子どもたちにも、名前について尋ねるようになった。一人ひとりの子どもたちが名前に関して日本で経験してきたさまざまな体験を、各人各様の説明を通して聞きながら、私は、子どもたちの反応の違いがどうして生じるのか、その背後にある理由を理解しようと試みた。そして、名前をテーマに研究したいという気持ちが高まっていった。

　これらの理由から、私は、まず、約5年に渡るフィールドワークの中で出会った子どもたちと、インタビューに快く応じてくれた彼・彼女らの両親たちに深い感謝を捧げたい。残念ながら、皆の名前を一人ひとり挙げることはできないが、彼・彼女たちが私を信頼して、日本での経験についての内心の感情や考えを明かしてくれなかったら、この研究はありえなかった。心から感謝している。

　次に、学校、教育行政の場などで出会ったすべての人々、特に教師・教諭、校長、教頭、行政職員ら、学校の先生たちと教育委員会委員の方々に、感謝を捧げたい。幾つもの公立学校での長期に渡るフィールドワークを許可し、協力してくれたことに、深く感謝している。彼・彼女らは、日本の学校というまったく新しい環境に放り込まれ適応しようともがく子どもたちの困難な状況を改善するために、学校にとっても有益な研究をしたい、という本研究者の意図を信頼し、一般にはアクセスの難しい名簿を閲覧する機会さえ与え

てくれた。子どもの置かれた状況を改善したいという点で目的が共通していたからこそ、得られた協力であった。また、彼・彼女らは、フィールドワークを実施していた間、幾度も、私が教育現場、教育行政について厳しく批判的に問題を指摘するだろうと十分に予測しながら、さまざまな場を設け、本研究者の考え、意見を教育関係者に伝える機会を与えてくれた。市区町村あるいは県レベルの教育関係者の集まりに、オブザーバーあるいは講演者として参加する体験は、実に刺激的で有意義だった。これらのミーティングは、研究者のみが利益を得るフィールドワークではなく、研究の場を提供してくれる側、そして研究対象とされる側にとっても有益となる研究を目指すうえで、非常に重要だった。

　この数年の間、調査・研究、地域活動のさまざまな段階で指導にあたってくれた指導教官・教授たちにも深く感謝している。彼・彼女らの激励がなければ、この博士論文執筆を完成させることはできなかっただろう。中には、格別本研究者の相談に応じるべき立場にないにもかかわらず、論文執筆にあたって意見を求める本研究者に対し、ためらうことなく貴重な時間を割き、間接的あるいは直接に助言を与えてくれた方もいる。特別に名前を記し、謝意を表したい。

　Stephen A. C. BOYD 教授は、博士論文のタイトルについて案を提供してくれた。教授と同様に本研究者もまた、日本人が、日本に住む外国人の名前を書きあるいは呼ぶ時に、融通を効かせ、理解と尊重の気持ちを持ってくれれば、在日外国人に歓迎されるだろうということを、この論文が伝える一助になればと願っている。

　三牧陽子教授は、私が1988年、学部生として初めて留学してきた時に出会った日本語指導担当者の一人で、当時、たいへんお世話になった。後に、今度は大学院生として留学してきた時に、偶然にも再び彼女に会えたのは、非常に嬉しく、また幸運でもあった。彼女は、この論文執筆時に、不足している点や説明・例証が欠けている点などを的確に指摘し、指導・助言を与えてくれた。

　森住衛教授は、この論文のテーマに興味を持ち、名前の使われ方に関し

て、また、名前がどのように表記されるべきかなどについて、非常に貴重な助言と示唆を与えてくれた。また、国語審議会に関する貴重な情報を与えてくれたことに、特に感謝を表したい。

Sonia R. L. NINOMIYA教授はじめとするヒオ・デ・ジャネイロ連邦大学の教授たち、そして友人たちは、私が日本の文部省（現・文部科学省）の奨学金を得て日本に留学し日本で暮らすブラジル人の子どもたちの状況についての研究ができるようにと、さまざまな助けをしてくれた。

帝塚山大学の太田晴雄教授は、フィールドワーク研究の基礎を学ぶ機会を与えてくれた。のみならず、教授のご家族も、約8年間の留学生活の中で、精神的にも学術的にも、親身になって私を支援し、指導してくれた。教授とご家族への感謝の気持ちは、とても言葉で表せるものではない。

大谷泰照教授は、大阪大学での最初の指導教官であり、異なる文化背景を持つ人々同士の異文化理解という分野での研究を進めるにあたって、貴重な示唆をいくつも与えてくれた。指導教官ではなくなった後も、刺激的な視点やアイデアを幾度も与えてくれ、研究を深めるうえで、大いに助けられた。

指導教官の高岡幸一教授は、ともすれば挫けそうになる私の能力を信頼し、支えてくれた。論文執筆中のさまざまな段階で与えてくれた支援と助言にも、感謝している。

山田泉教授は、私が研究手法を選び追究するにあたって、目標・手本とした方である。教授は、また、この論文執筆についても貴重な助言を与えてくれた。さまざまな機会に惜しみなく与えてくれた洞察に満ちた助言と示唆に、深く感謝している。また、出版助成を申請する際にもご推薦をいただいた。重ねて感謝を申し上げたい。

天理大学（当時）の吉岡黎明教授とハツヨ夫人には、教授がブラジルで日系人コミュニティのために働いていた時に、留学準備の過程でお会いしていた。教授の紹介で、在日ブラジル人について研究している数多くの研究者グループと会う機会が持てた。教授の与えてくれたさまざまな支援に、深く感謝している。

この論文の英文を、忍耐づよく、また果てしなく校正・チェックしてくれ

た Dennis KAMMERER には、どんな言葉をもってしても感謝を表するに足りない。遅れ続けた原稿を見捨てずにいてくれて、本当に感謝している。

水野直樹教授には、私に不足している在日韓国朝鮮人の歴史や名前に関して様々なアドバイスをいただいた。私の力不足で、それらを本書に充分に反映させることはできなかったように思う。今後の研究活動に取り組む中で、頂戴したアドバイスを活かしていくことで、お礼に代えたい。また、出版助成を申請する際にもご推薦いただいた。この場を借りて、感謝を申し上げたい。

第二部執筆にあたり、基礎となる情報を提供してくださった駐日ブラジル大使館、東京ブラジル総領事館、名古屋ブラジル総領事館関係者にも、感謝を述べておきたい。それらの情報がなければ、第二部の分析はまったく不可能であった。

Agradecimentos em especial à Embaixada do Brasil no Japão, e aos Consulados Gerais de Tóquio e Nagoya pelas valiosas informações sobre os nomes das crianças brasileiras nascidas no Japão. Espero que com a publicação deste livro os nomes das crianças sejam registrados e tratados com devido cuidado e respeito nas creches e escolas japonesas, podendo assim desenvolver sua identidade plena tendo orgulho de seus nomes que com tanto cuidado foram escolhidos pelos pais e familiares e que registram sua história e suas diversas raízes.

本書の出版にあたっては、甲南女子大学学術研究及び教育振興奨励基金の助成を受けた。この助成がなければ、本書の出版はさらに遠い先のことになっていたであろう。本研究の意義をご理解いただき、助成を行ってくれたことに、深く感謝を申し上げたい。

両親と家族、親戚、親友たちにも感謝を捧げたい。私に教育を受ける機会を与え、博士論文完成までの長い期間、両親と家族、親戚たちが支えてくれた。そして、世界中のさまざまな国や街で暮らす親友たちも、私を励まし、後押ししてくれた。大変感謝をしている。ありがとう。

本書の出版を引き受けてくれたうえ、入稿の遅れを辛抱強く寛大に受け入れて、出版にこぎ着けてくれた、ひつじ書房の松本功氏、そしてスタッフの

謝辞

方々には、有益なアドバイスをいただいたのみならず、並々ならぬ苦労をおかけしてしまった。この場を借りて、あらためてお詫びとお礼を申し上げたい。

最後に、本書の研究に協力してくれた子どもたち、そしてその保護者たちに、博士論文で記した言葉を、もう一度記して、本書を締めくくろう。

Muito obrigada em especial a todas as crianças e pais eu tive a felicidade de encontrar nesses anos Japão. Agradeço do fundo do meu coração aos pais por terem oferecido parte das suas preciosas horas de descanso para as entrevistas. Gostaria de agradecer em especial as crianças por terem confiado em mim e terem compartilhado suas experiências comigo. Estarei sempre torcendo, lutando e dando apoio para que seus sonhos se tornem realidade.

日本在住の間に幸運にも出会うことができた子どもたちと保護者にも、大きな感謝を捧げたい。保護者の方々は、厳しい労働の日々の中、貴重な休みの時間を割いてインタビューに応じてくれた。私を信頼し、彼・彼女らの体験を分かち合ってくれたことに、心から感謝している。あなたたちの夢が実現するよう、いつでも応援し、闘い、支援していく決意だ。

Thank you to you all. Muito obrigada a todos. Muchas gracias. Arigato and Ciao. This is the beginning.

皆さん、ほんとうにありがとう！ これが、始まりです。

索引

1989年の入管法改定　55, 57, 59
JSLカリキュラム　61
ICカード　173

あ

アイヌ　52, 71
アイヌ民族を先住民族と認める決議　52
アジア系アメリカ人　23, 37
アジア系移民　6
アメリカ化　38
アメリカ合衆国　6
「イエ」制度　75
移住労働者　4
イニシャル　110
移民マイノリティ　3
イラン　57
イラン人　54
インドシナ難民　54
英語化　167
エンパワメントの道具　30
オールドカマーズ　54
オールドタイマーズ　54, 107, 177
沖縄　82

か

外国人登録　34
外国人登録証明書　92
外国人登録証明書が発行されていない人々の子ども　165
外国籍住民の享有する権利　51
カウンター・アイデンティティ　25, 178
学校基本調査報告書　66
カナダ化　38
義務教育　43, 96
教育委員会　95
教科書無償供与制度　67
訓令式、ヘボン式　220
言語的人権（Linguistic Human Rights）　25, 187
肯定的マイノリティ　24
皇民化政策　71
国語審議会　180, 230
戸籍　91

さ

在日韓国・朝鮮人　52
在留外国人統計　64
在留管理システム　173
サンフランシスコ講和条約　74
児童の権利に関する条約（子ども権利条約）　29, 66
指紋押捺　92
氏名調査票　229
社会的アイデンティティ　20
字訳（transliteration）　36
就学許可　61

就学状況実態調査　65
就学通知　96
住民基本台帳法　92
Junior、Filho、Neto、Netto　44
常時携帯義務　173
情報共有の不徹底　138
常用漢字・人名漢字　92
植民地支配　56, 72
人種差別撤廃条約　16
シンタックス（syntax）　36
税　51
生体情報　93
創氏改名　72, 77
卒業証明書　103
外国籍住民　51

た

多文化・多民族・多言語社会　51
多民族共生教育フォーラム　193
「単一言語、単一文化、単一民族」の国　33
単一民族国家　51
中国帰国者　79
中国残留孤児・中国残留婦人　79
中国残留邦人とその家族　57
中国名　78
朝鮮人　72
朝鮮戦争　56, 73
朝鮮の姓　75
通名　73
通名・通称名　76
通名登録　93
定住化　197
同化を加速する道具　30

特別永住者　51
図書館の目録で著者名を表示するルール　88
取り出し授業　7

に

日系4世　67
日系人　3
日系人の南米における信望　59
日系、日系人　35
日系ペルー人の歴史　87
日本語化　166
日本語教育　30
日本語指導が必要な外国人児童生徒（日本語教育を必要とする外国人児童生徒）　40, 60, 62
日本語指導が必要な外国人児童生徒　105
日本語修得レベル　136
日本語能力　105
日本語のローマ字表記　99, 220
日本人と見なされるために必要な条件　24
日本人の名前の英語表記　180
日本のマイノリティ　52
ニューカマー　54, 56, 61
納税の義務　67

は

パキスタン　57
パキスタン人　54
バングラデシュ　57
バングラデシュ人　54
非・移民マイノリティ　3
否定的マイノリティ　24
ブラジル学校　66
ブラジル人の名前　82
文化的アイデンティティ　184
ベトナム戦争　57
ヘボン式、訓令式　99
ペルー人の名前　85
法務省入国管理局　91
母語（継承語）　100
母語教育・継承語教育　31

ま

マイノリティ　3, 51
無国籍の子ども　165
命名学（onomastics）　21

ら

琉球人・沖縄人　52, 71
ローマ字表記　101

【著者紹介】

リリアン テルミ ハタノ（Lilian Terumi HATANO）

（専門 多文化共生論、在日外国人研究）1992 年、ヒオ・デ・ジャネイロ連邦大学文学部ポルトガル語・英語学科課程卒業、1993 年、同大学ポルトガル語・日本語学科課程卒業、国費留学生として来日、2001 年、大阪大学大学院言語文化研究科言語文化学専攻後期課程修了博士（言語文化学）学位取得。現在、甲南女子大学文学部多文化コミュニケーション学科准教授。
主な論文には、「在日ブラジル人を取り巻く「多文化共生」の諸問題」植田晃次・山下仁編『「共生」の内実―批判的社会言語学からの問いかけ』（2006 三元社）、「在日ブラジル人の語るものとは」庄司博史・金美善編『多民族日本のみせかた―特別展「多みんぞくニホン」をめぐって』国立民族学博物館調査報告書 SER シリーズ 64（2006）、「在日ブラジル学校の現状からみる課題」、世界人権問題研究センター『研究紀要』13（2008）などがある。

マイノリティの名前はどのように扱われているのか
日本の公立学校におけるニューカマーの場合

発行	2009 年 3 月 31 日 初版 1 刷
定価	4200 円＋税
著者	ⓒリリアン テルミ ハタノ
発行者	松本 功
装丁者	上田真未
印刷所	三美印刷株式会社
製本所	田中製本印刷株式会社
発行所	株式会社 ひつじ書房
	〒112-0011 東京都文京区千石 2-1-2 大和ビル 2F
	Tel.03-5319-4916 Fax.03-5319-4917
	郵便振替 00120-8-142852
	toiawase@hituzi.co.jp　http://www.hituzi.co.jp
	ISBN978-4-89476-422-4

造本には充分注意しておりますが、落丁・乱丁などがございましたら、小社かお買上げ書店にておとりかえいたします。ご意見、ご感想など、小社までお寄せ下されば幸いです。

※未刊の書籍の場合、タイトル・価格等に関しては仮のものも含まれています。ひつじ書房のホームページ（www.hituzi.co.jp）で最新情報をご確認ください。

移動労働者とその家族のための言語政策
生活者のための日本語教育
春原憲一郎編　1,600円＋税　978-4-89476-387-6

日本語教育政策ウォッチ2008
定住化する外国人施策をめぐって
田尻英三編　1,600円＋税　978-4-89476-408-8

文化間移動をする子どもたちの学び
教育コミュニティの創造に向けて
齋藤ひろみ・佐藤郡衛編　2,800円＋税　978-4-89476-343-2

多文化社会オーストラリアの言語教育政策
松田陽子著　予価4,200円＋税　978-4-89476-421-7　近刊

ブラジル日系・沖縄系移民社会における言語接触
工藤真由美他著　8,000円＋税　978-4-89476-423-1